京きものデザイン下絵集 ①

モダンアート

The sketches of the Kyoto Kimono Vol.1: MODERN ART

八重山 琉染 蔵

山岡 古都 編

凡 例

1. 本書に掲載した下絵は、
   すべて「八重山琉染」に所蔵されているものである。
2. 本書下部の黒地に白抜きで表記した番号は、
   図版の作品番号である。上部の数字は頁数。
3. 本書には複数の図案を合成した頁が含まれる。
   該当頁に掲載されている図版の作品番号は省略する。

本書では、写実的なものよりも、比較的図案化が進んだ下絵を中心に紹介している。

様々な草花を円形に図案化した文様で、「花丸文」というものがあるが、

この文様は能装束や小袖、現代の着物に至るまで愛好され続けており、

現代では風呂敷などにもよく使用されている。

図案化された花の模様といえば、小紋もよく見受けられる文様のひとつで、

「小桜」などは日本人に好まれている花ということもあり、季節を問わず用いられている。

昔から親しまれている文様とは別に、意外な意匠の流行というのもあった。

本書でもこれが着物の文様なのかと驚くような下絵が見られる。

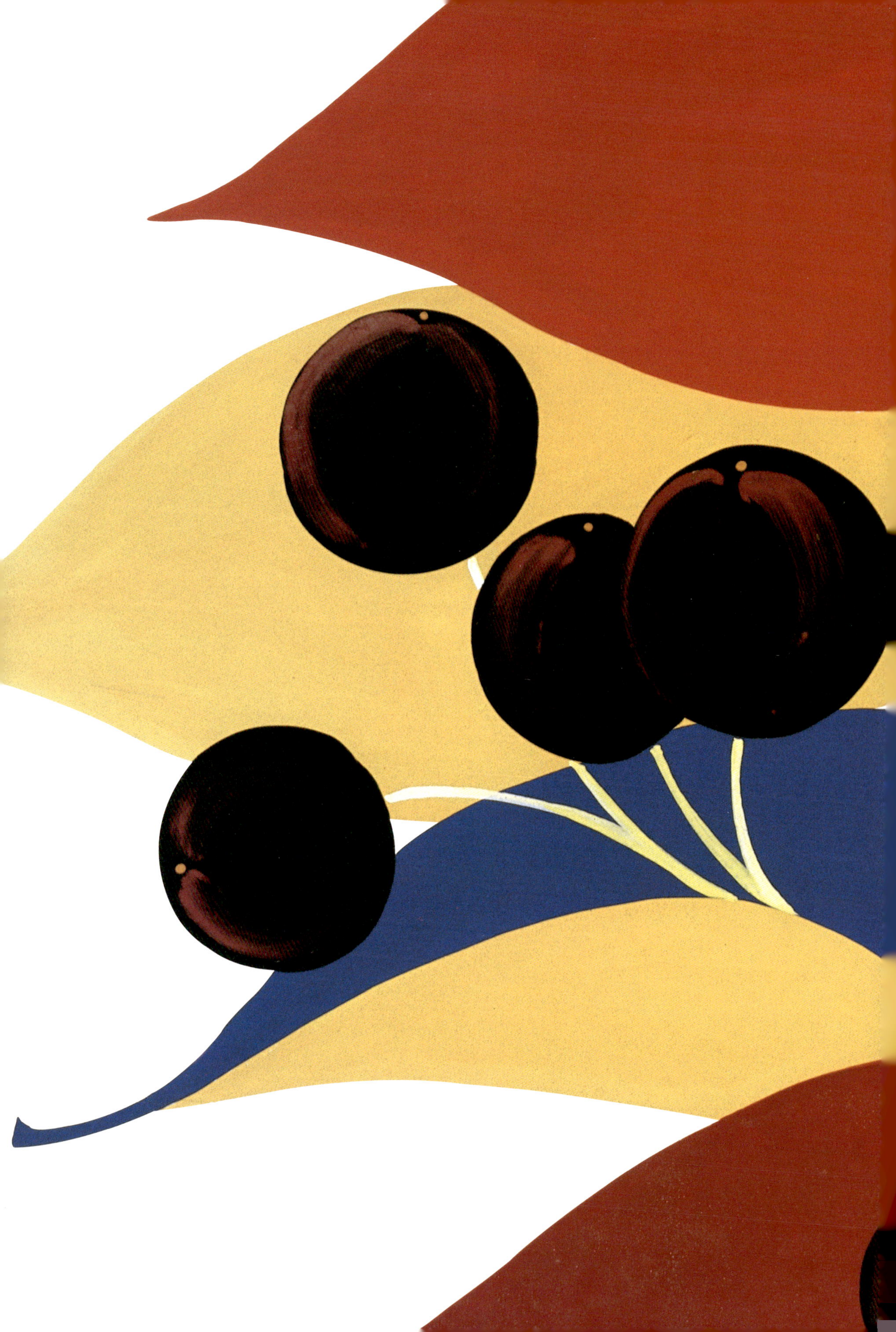

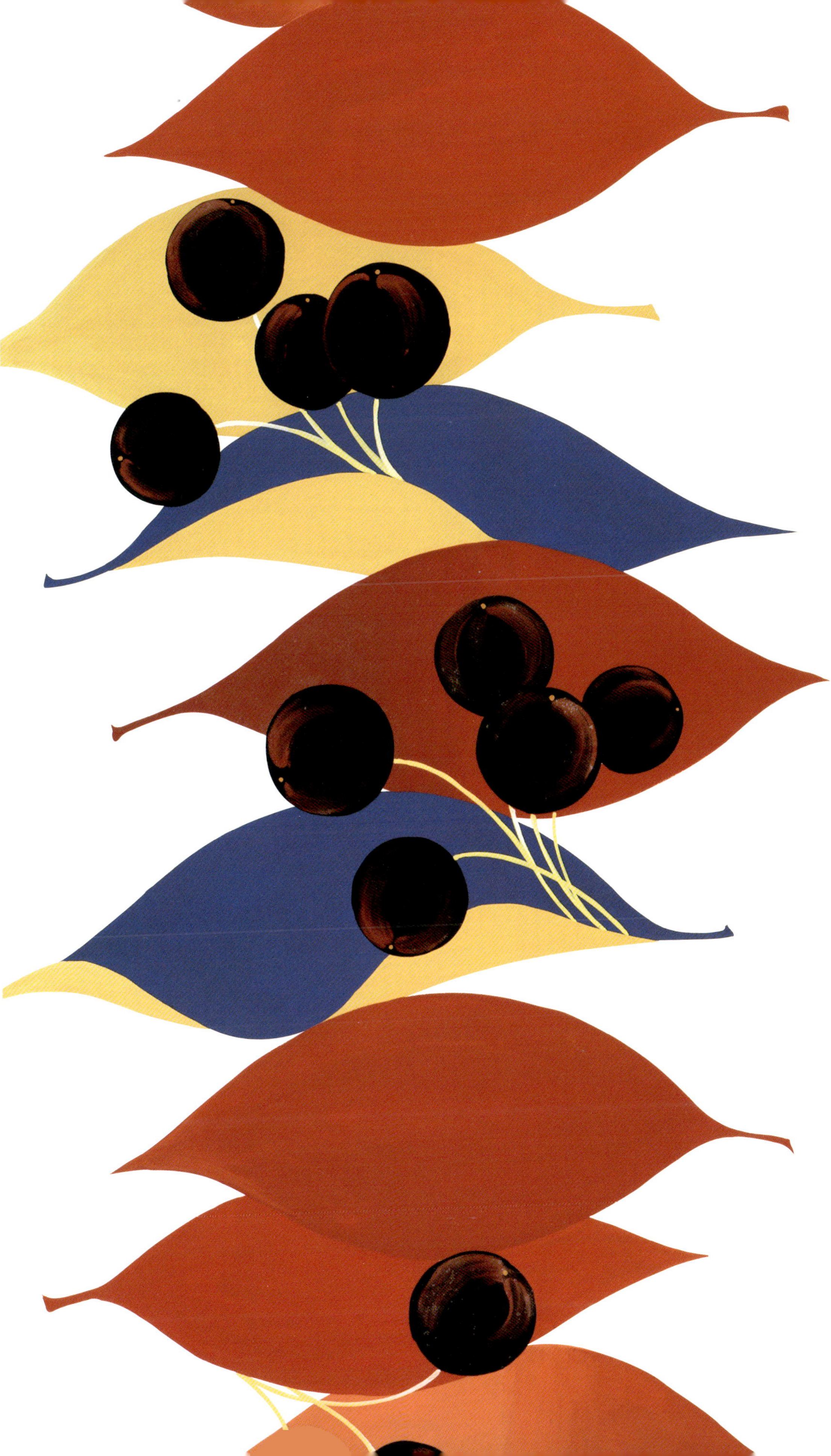

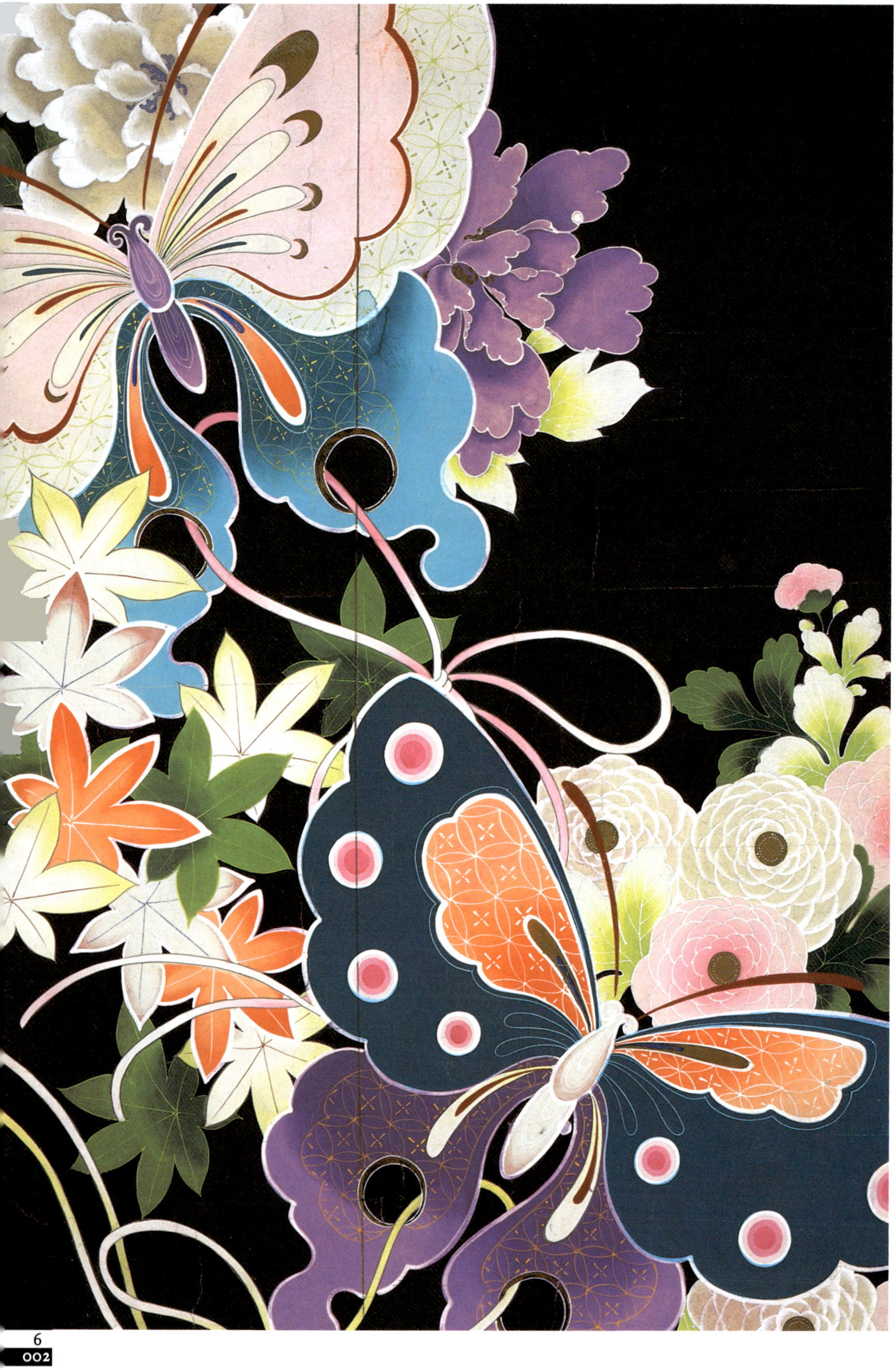

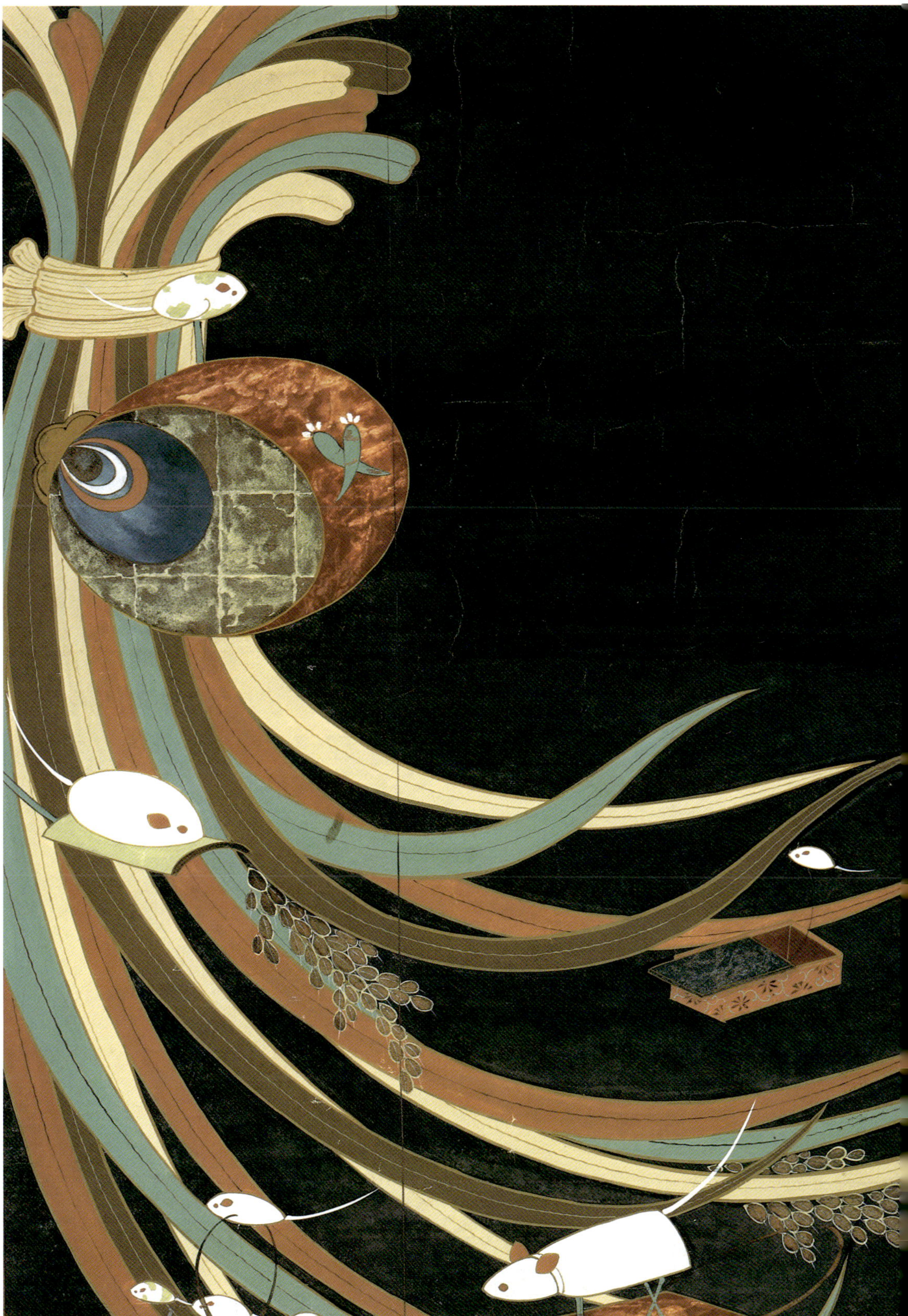

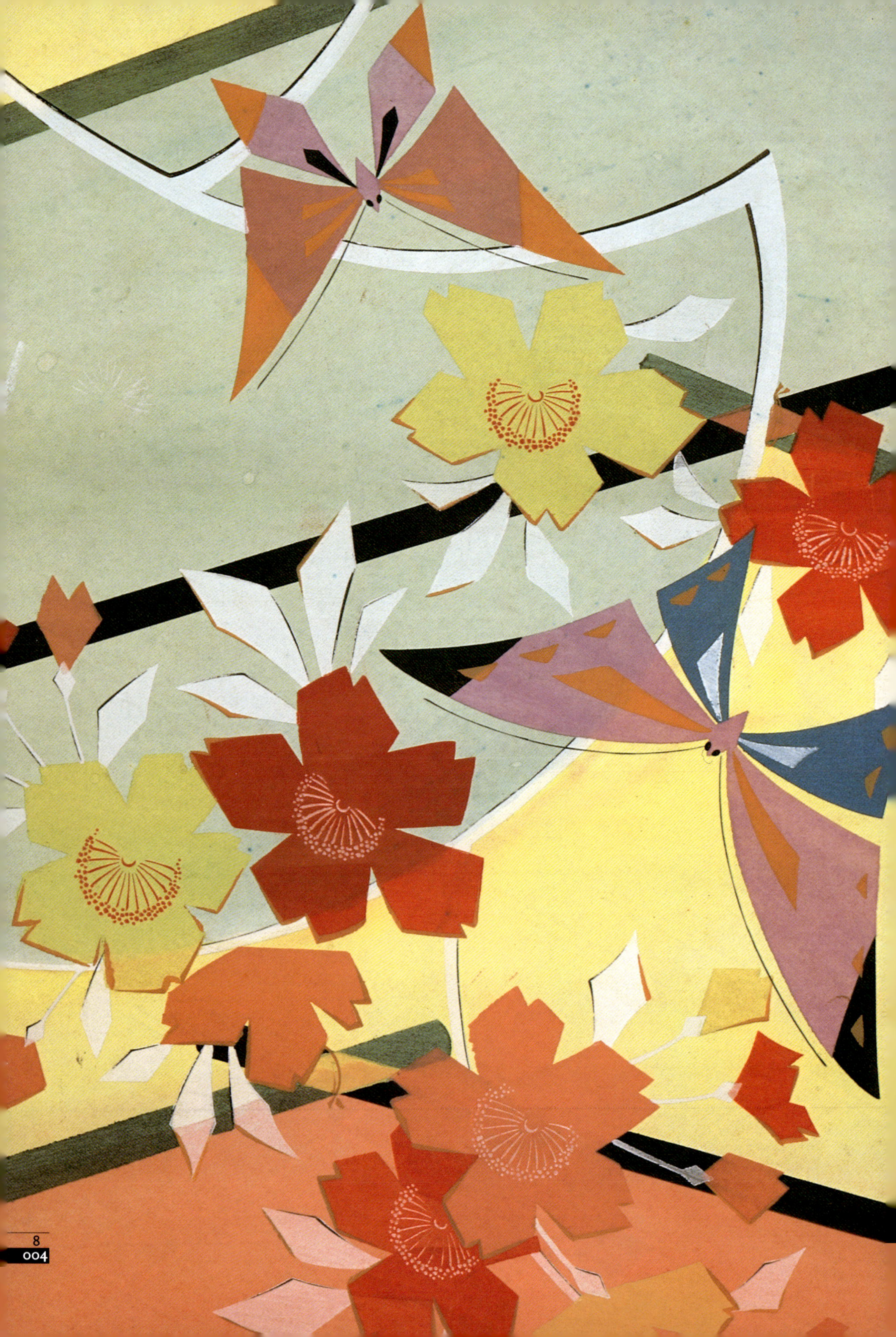

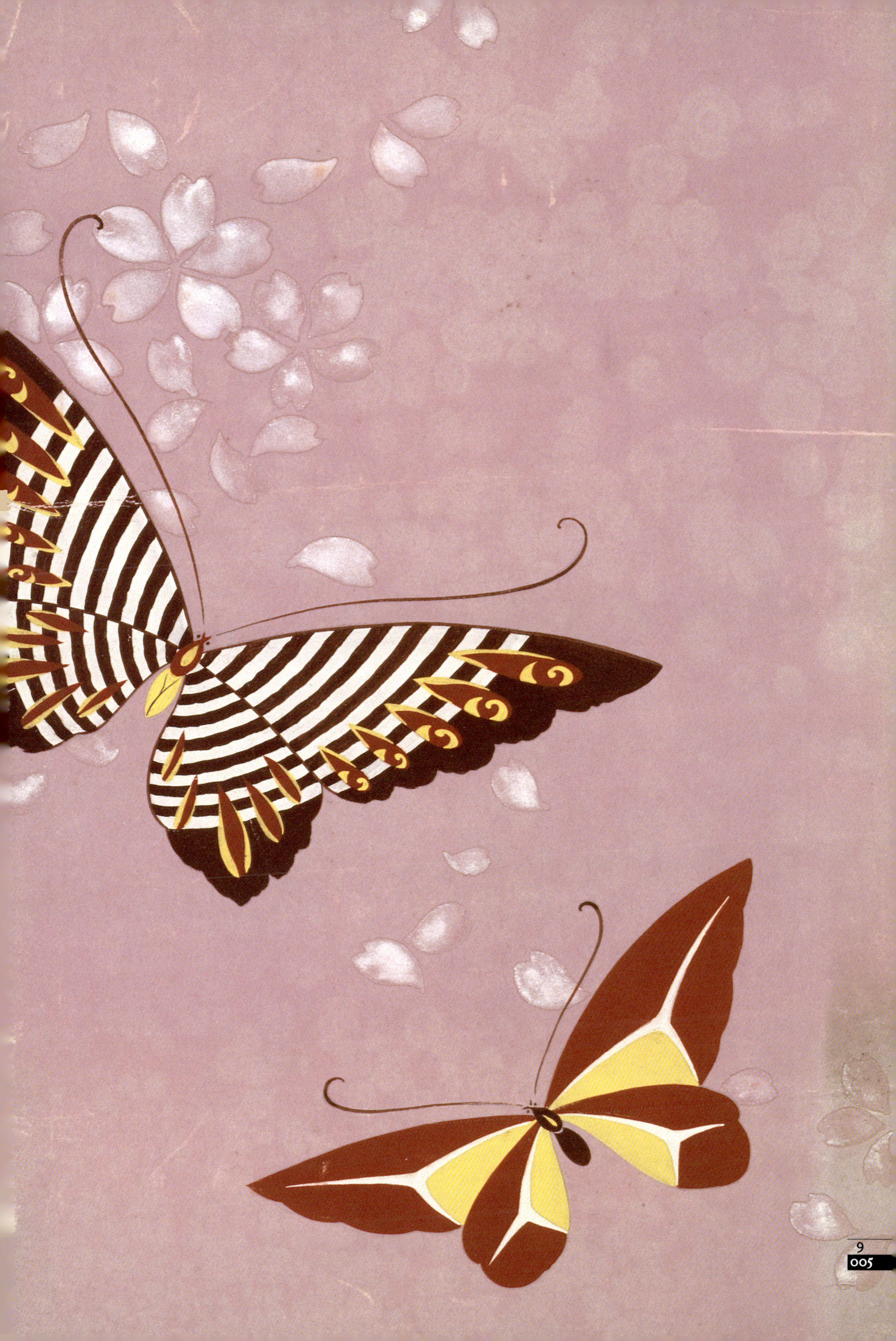

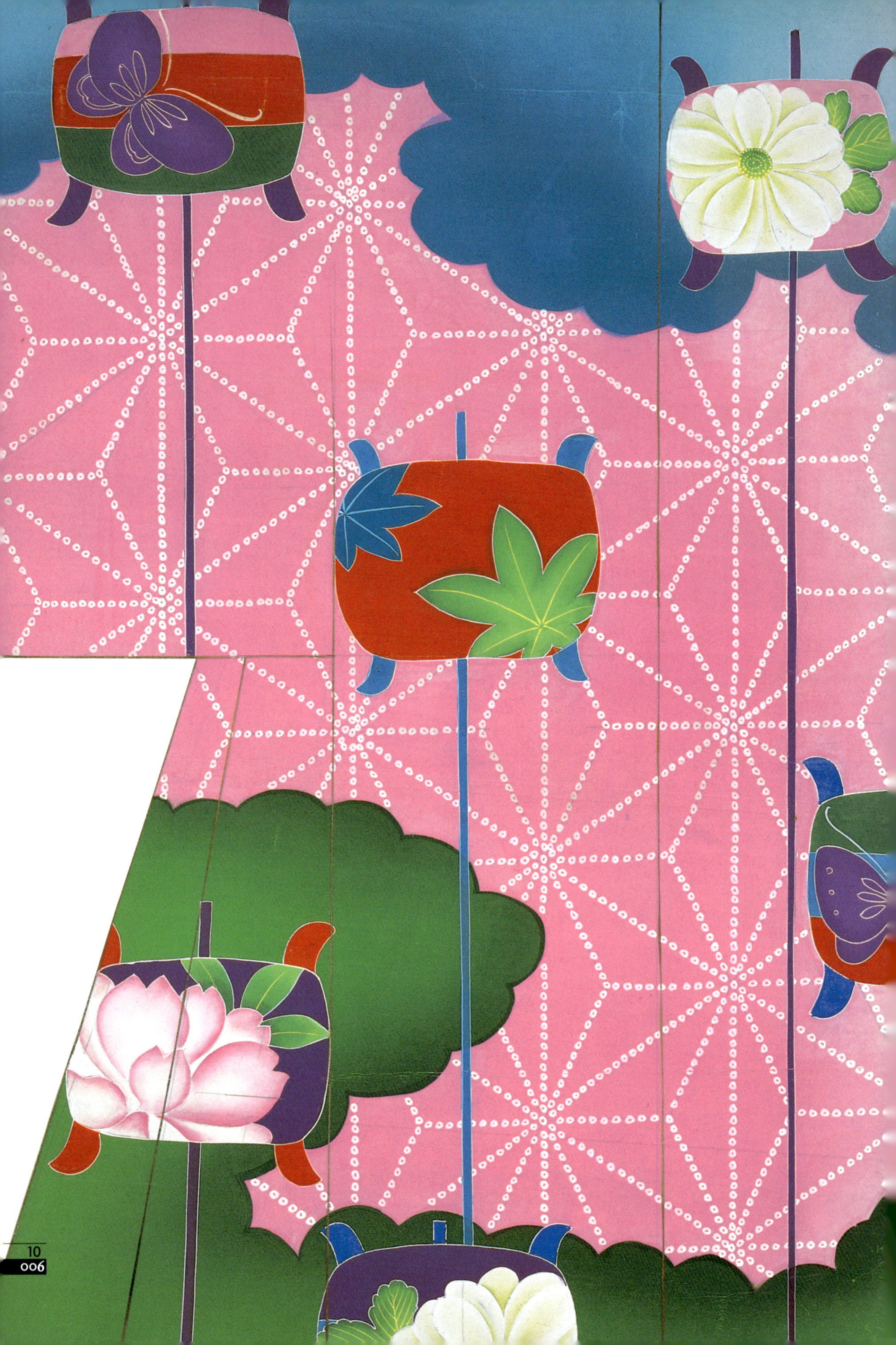

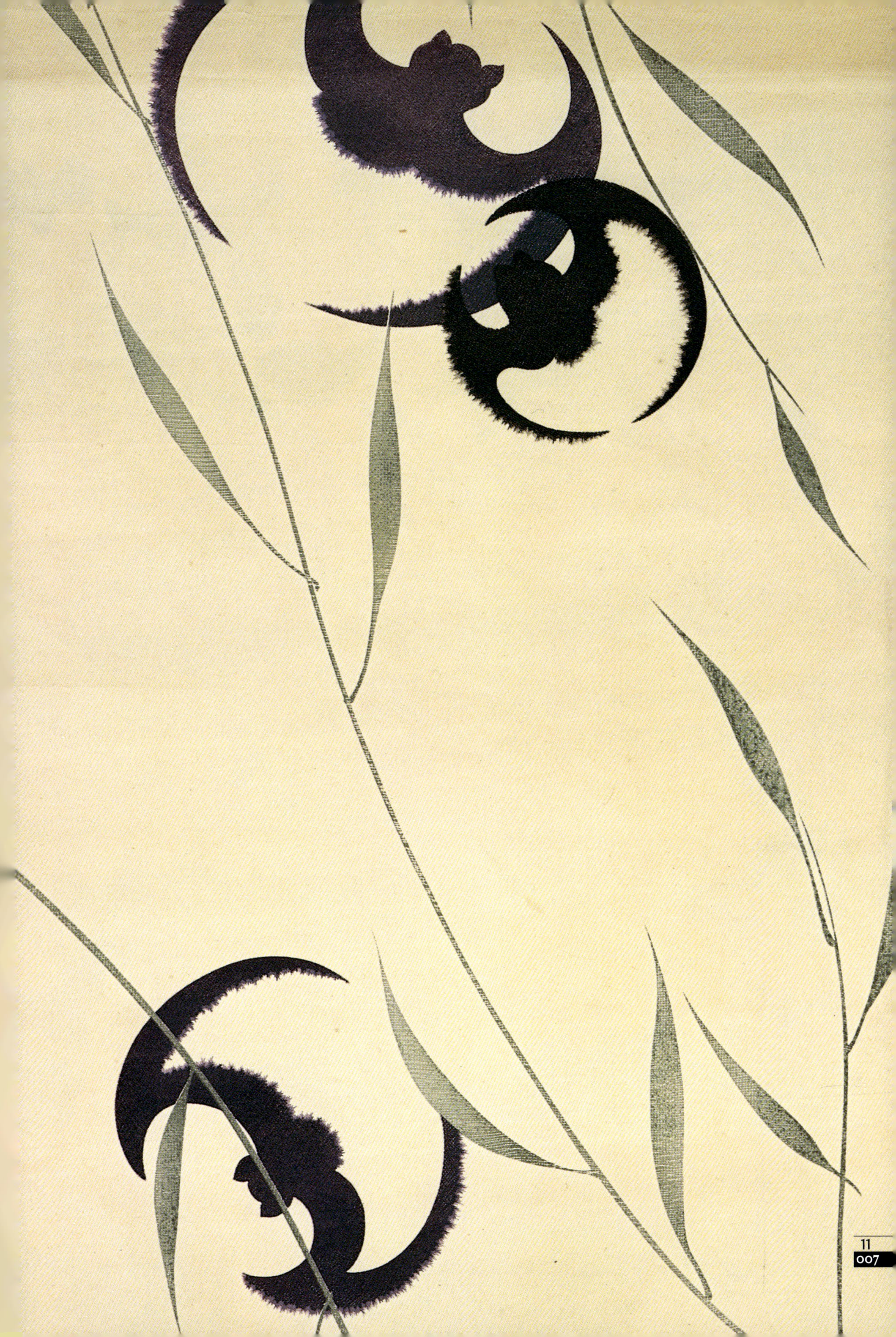

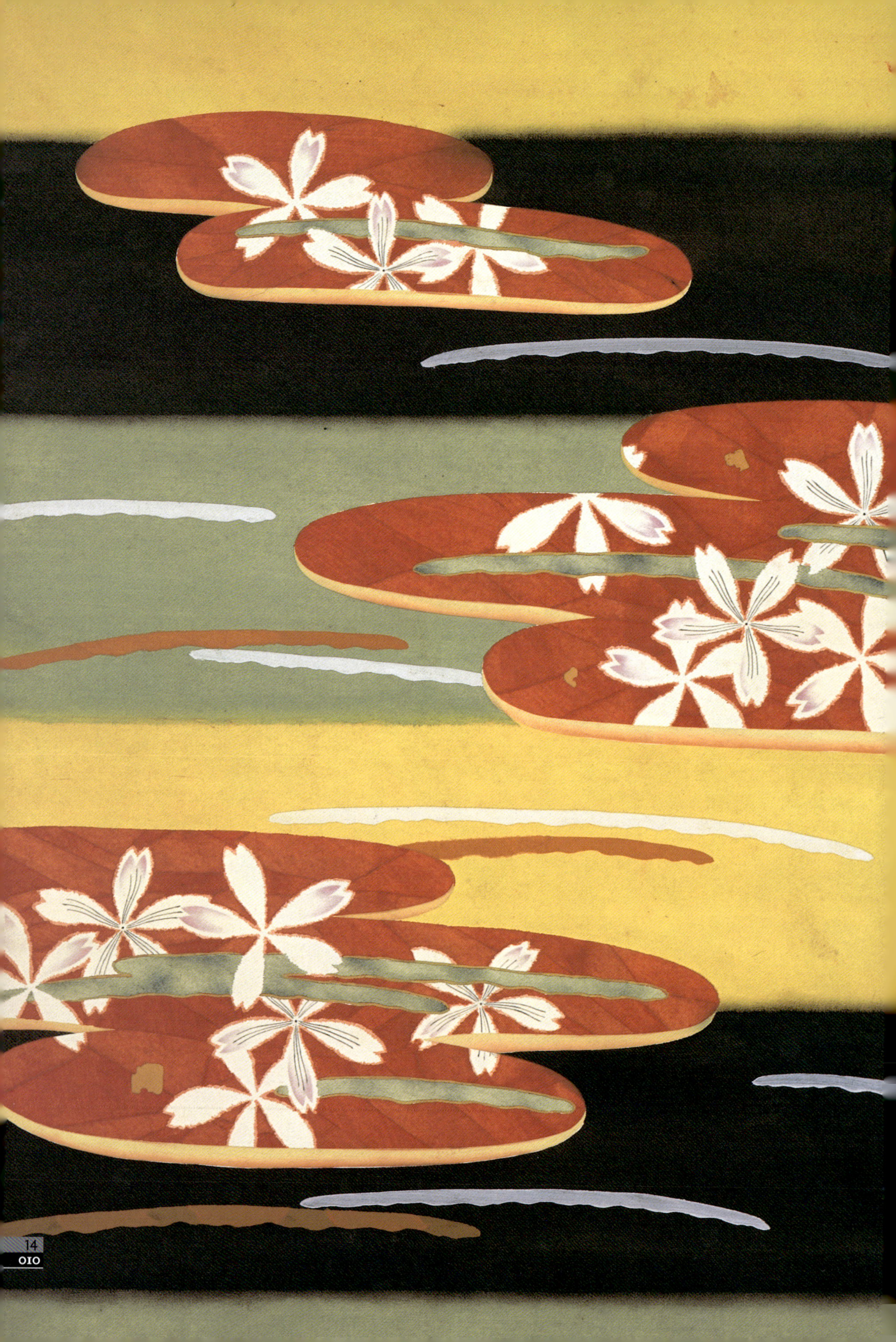

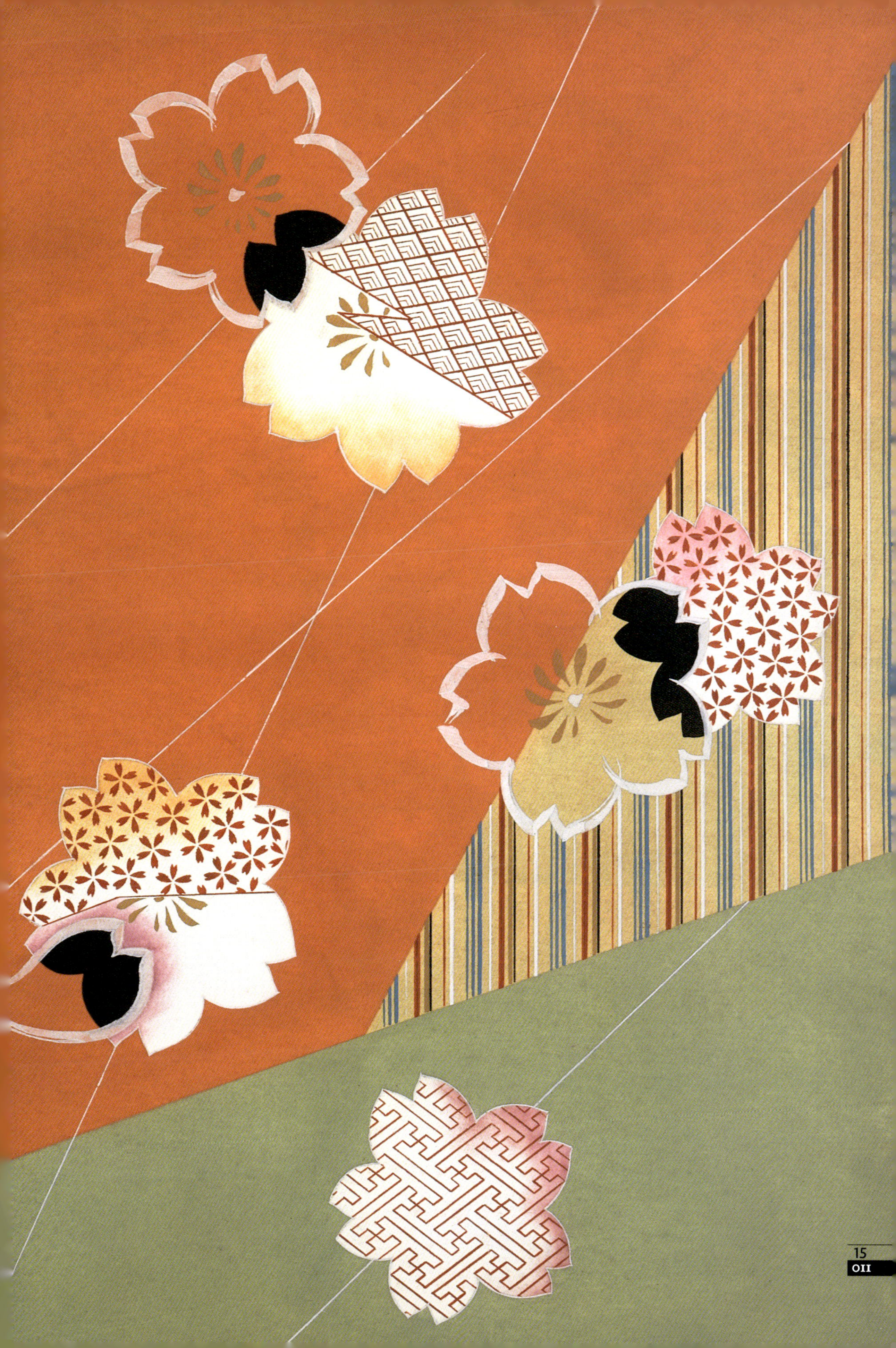

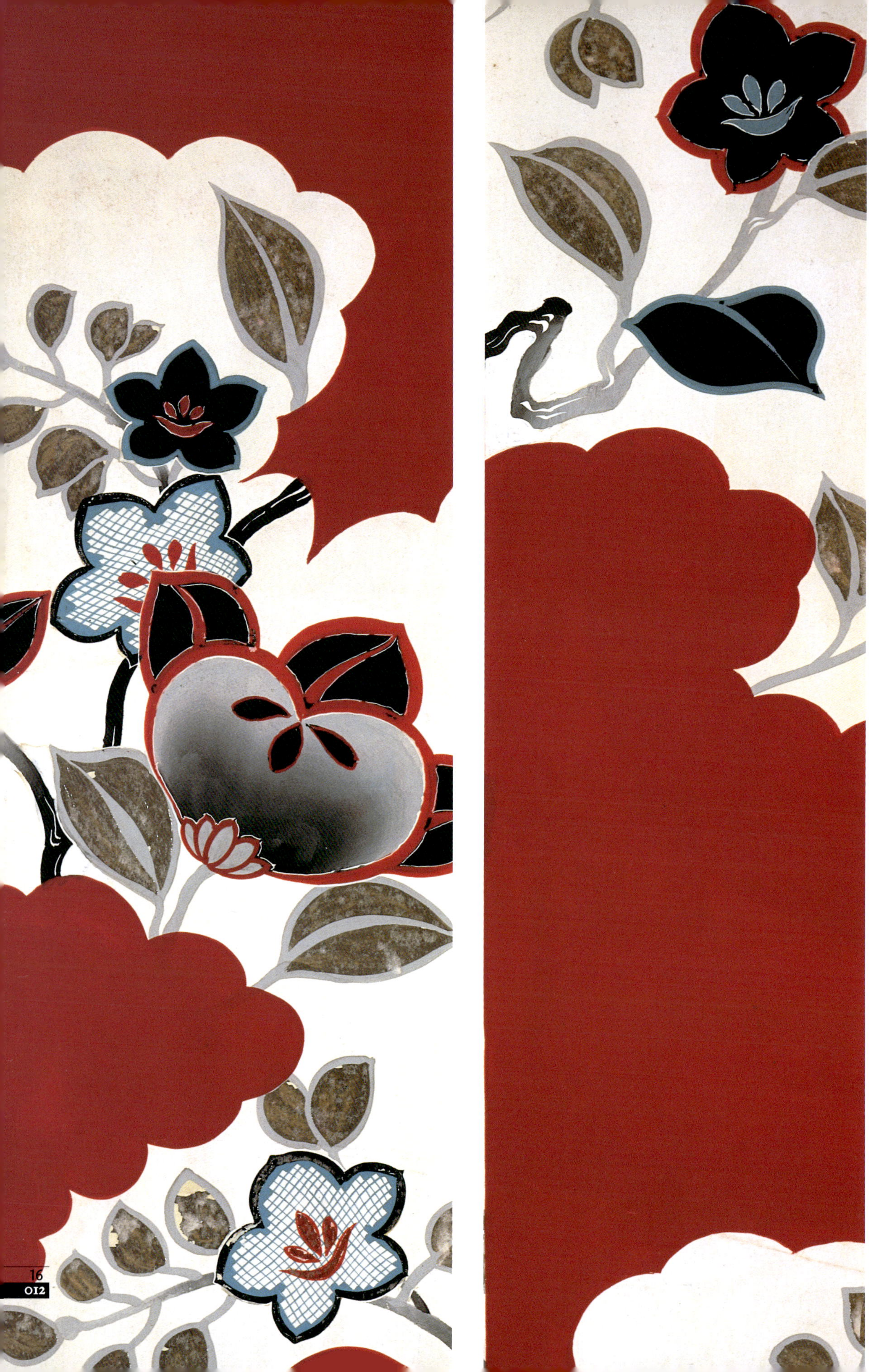

012

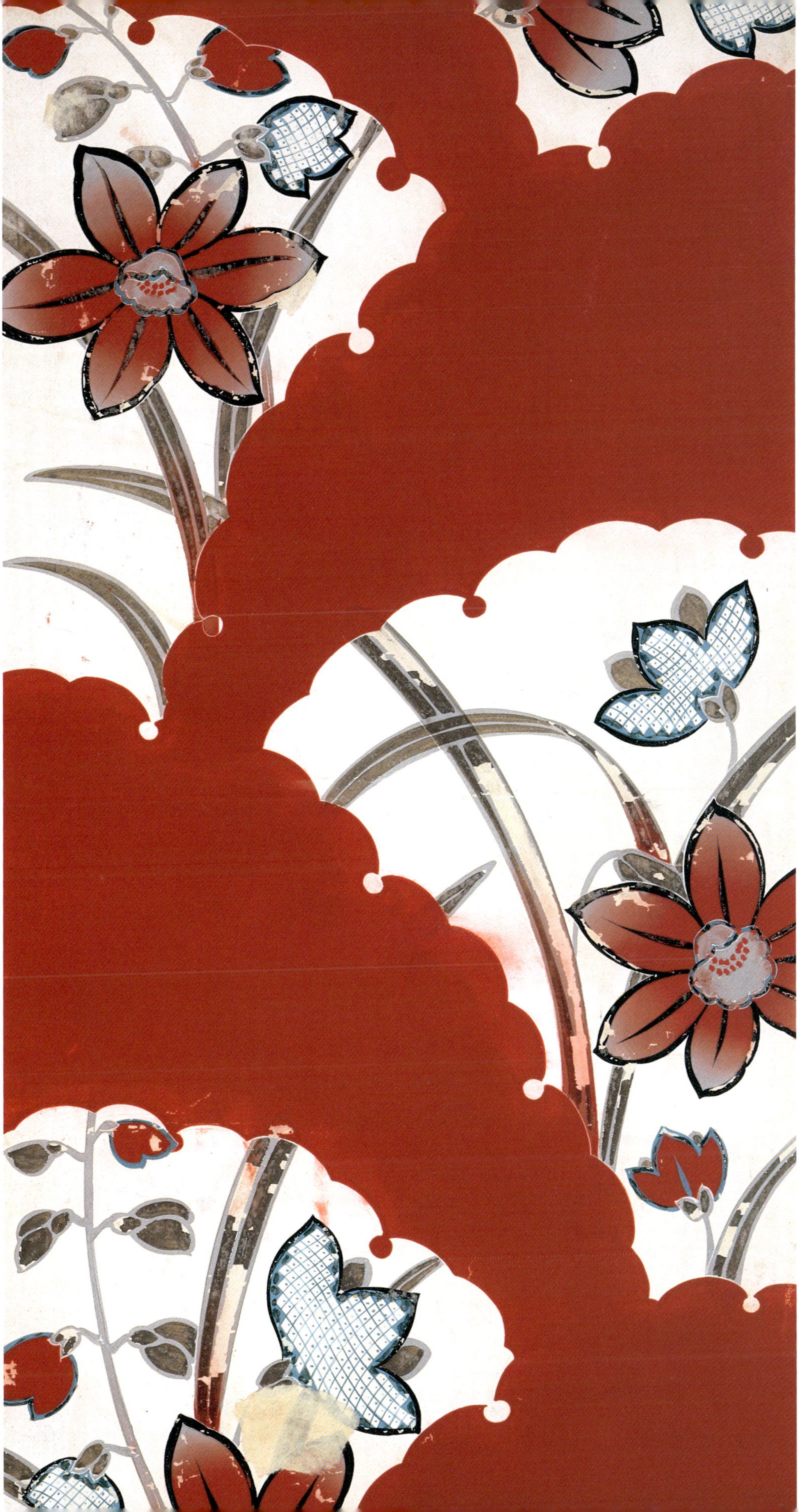

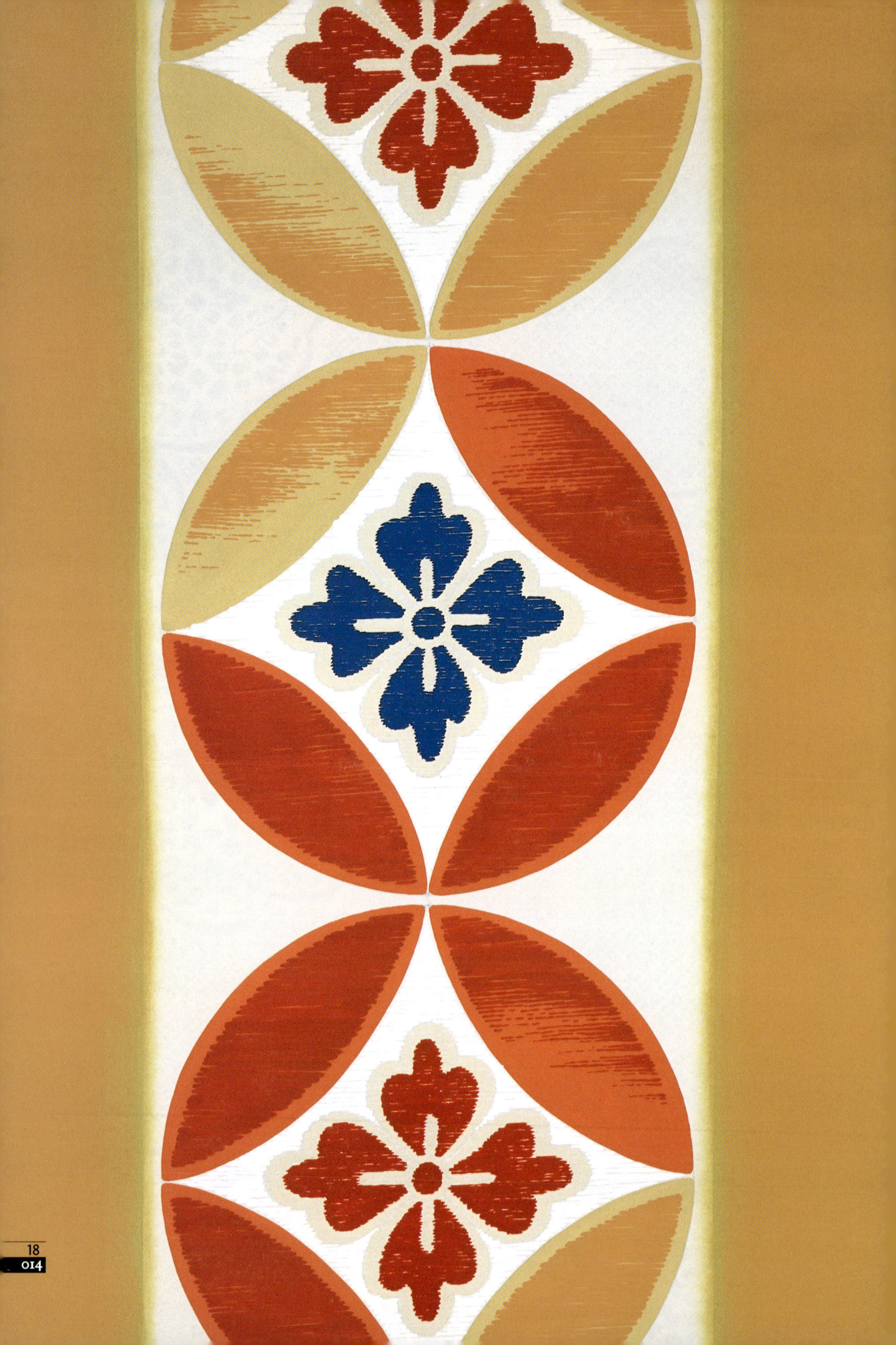

014

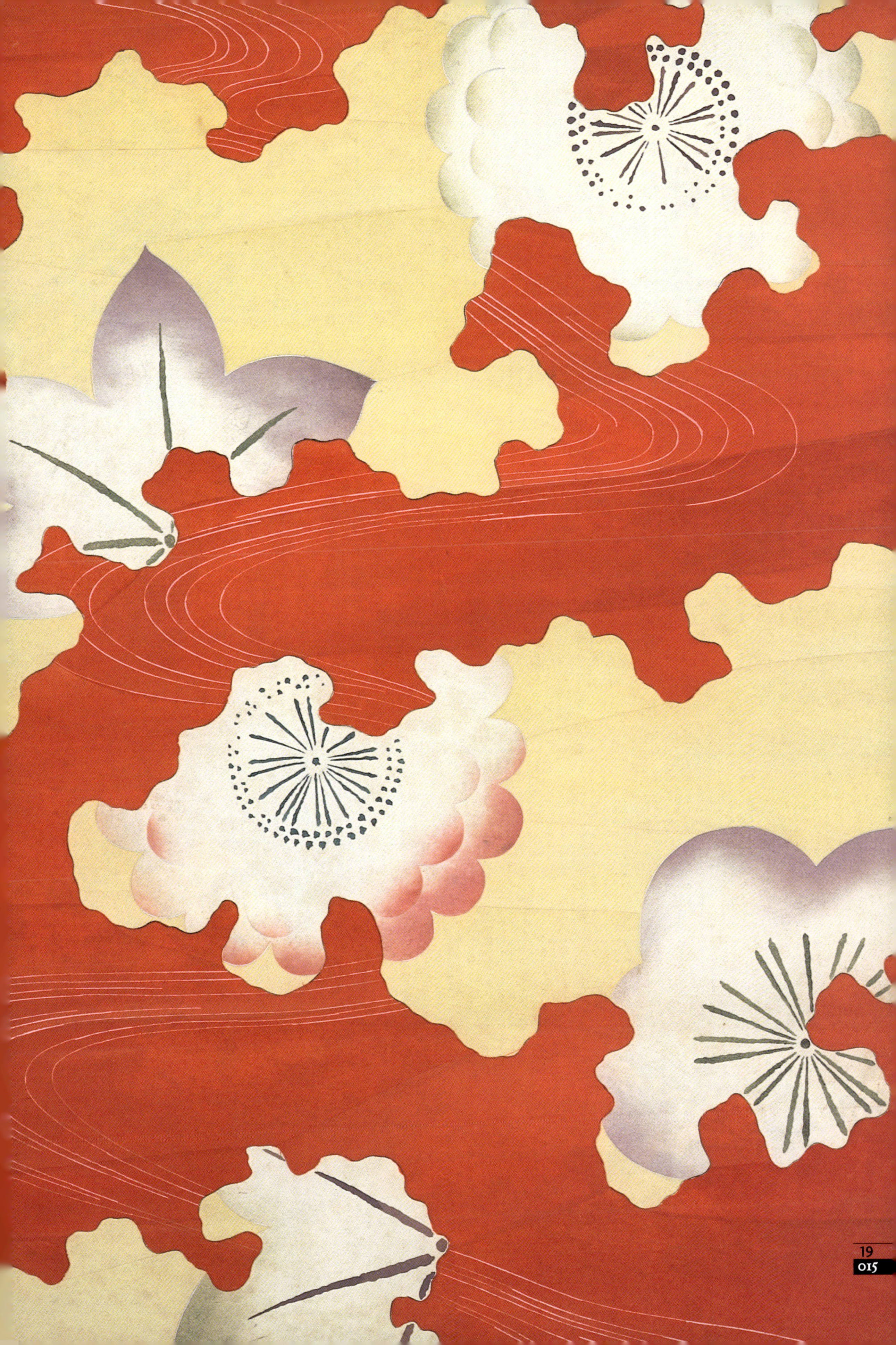

20
016

21
017

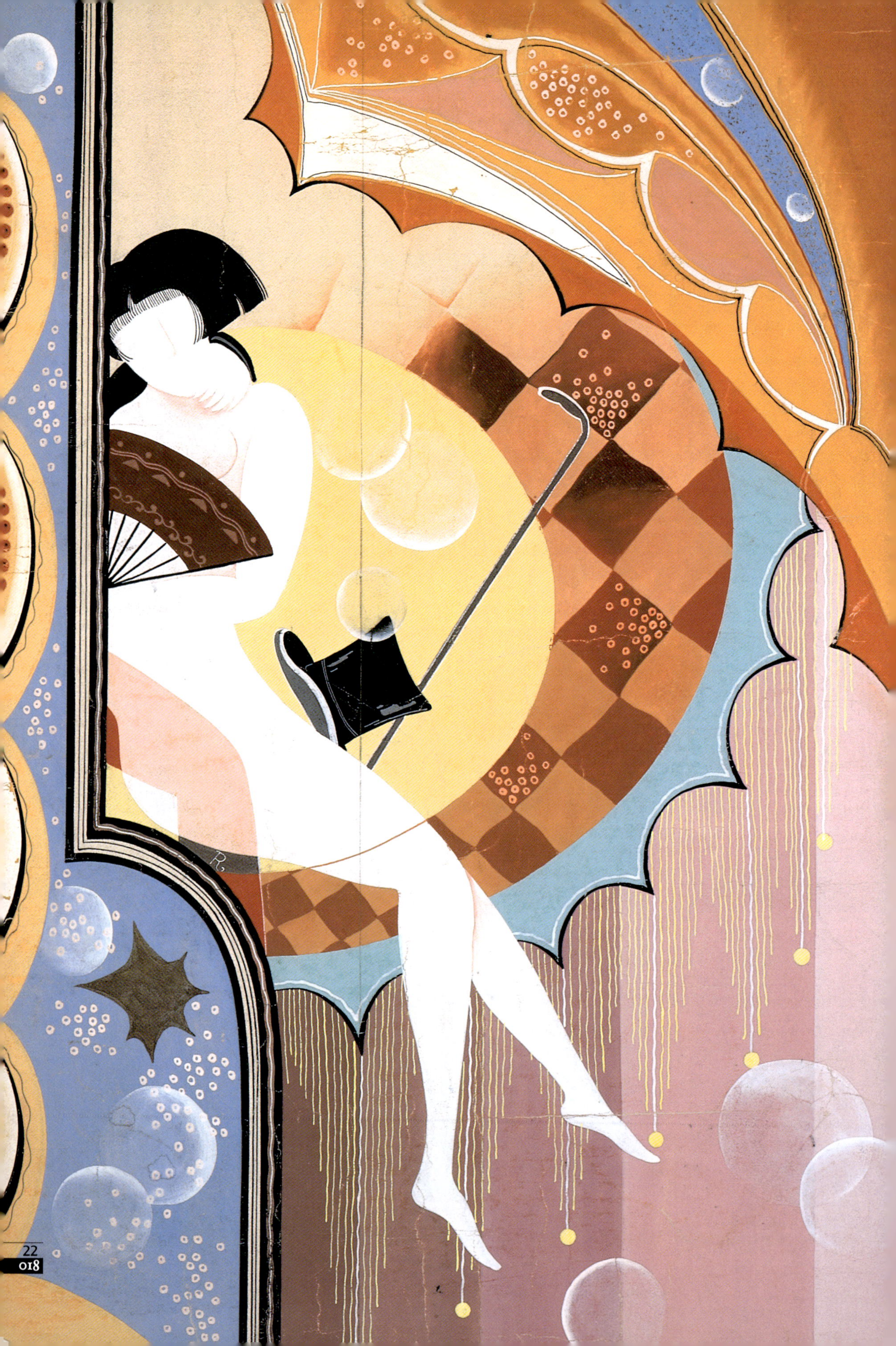

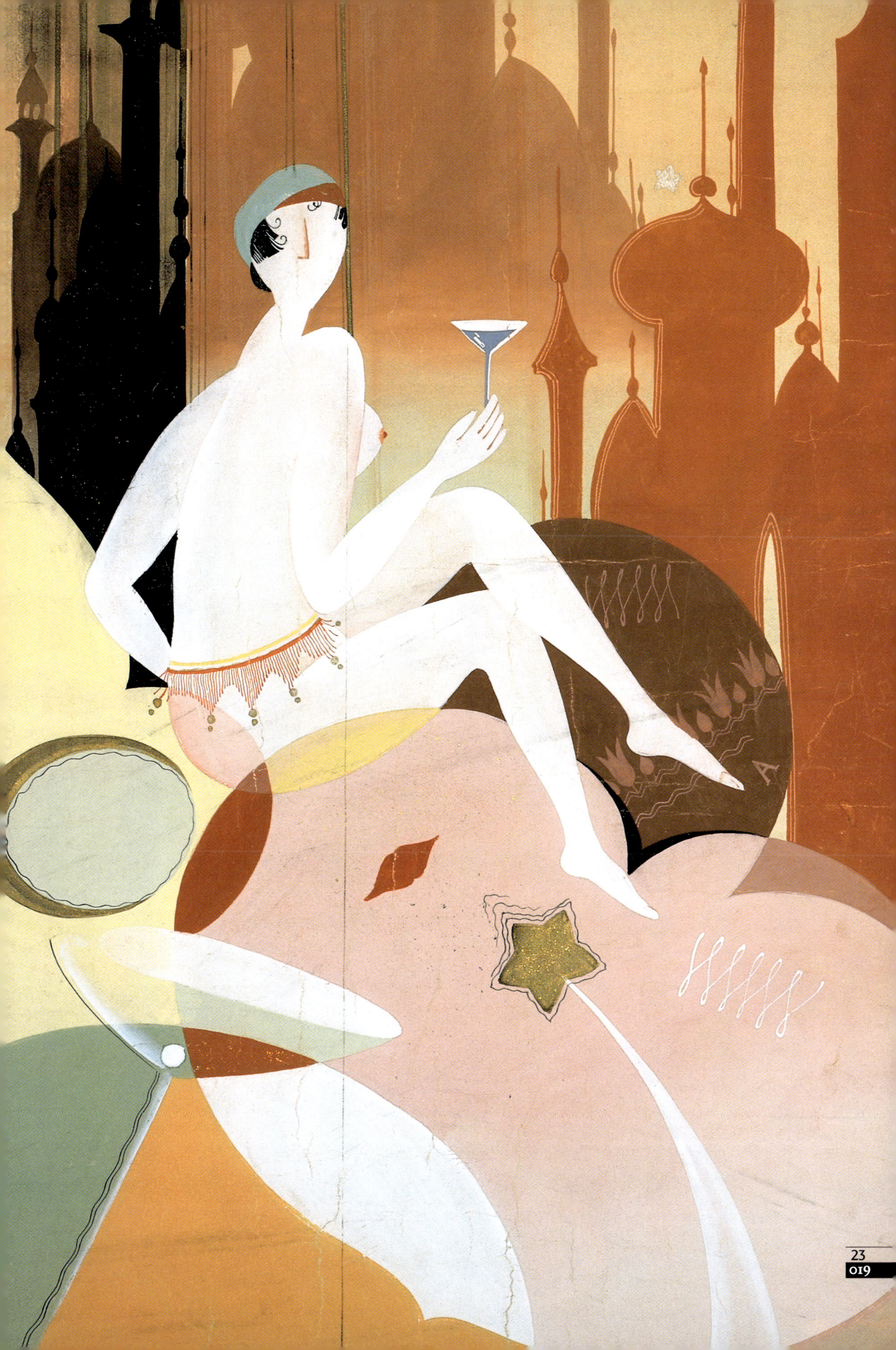

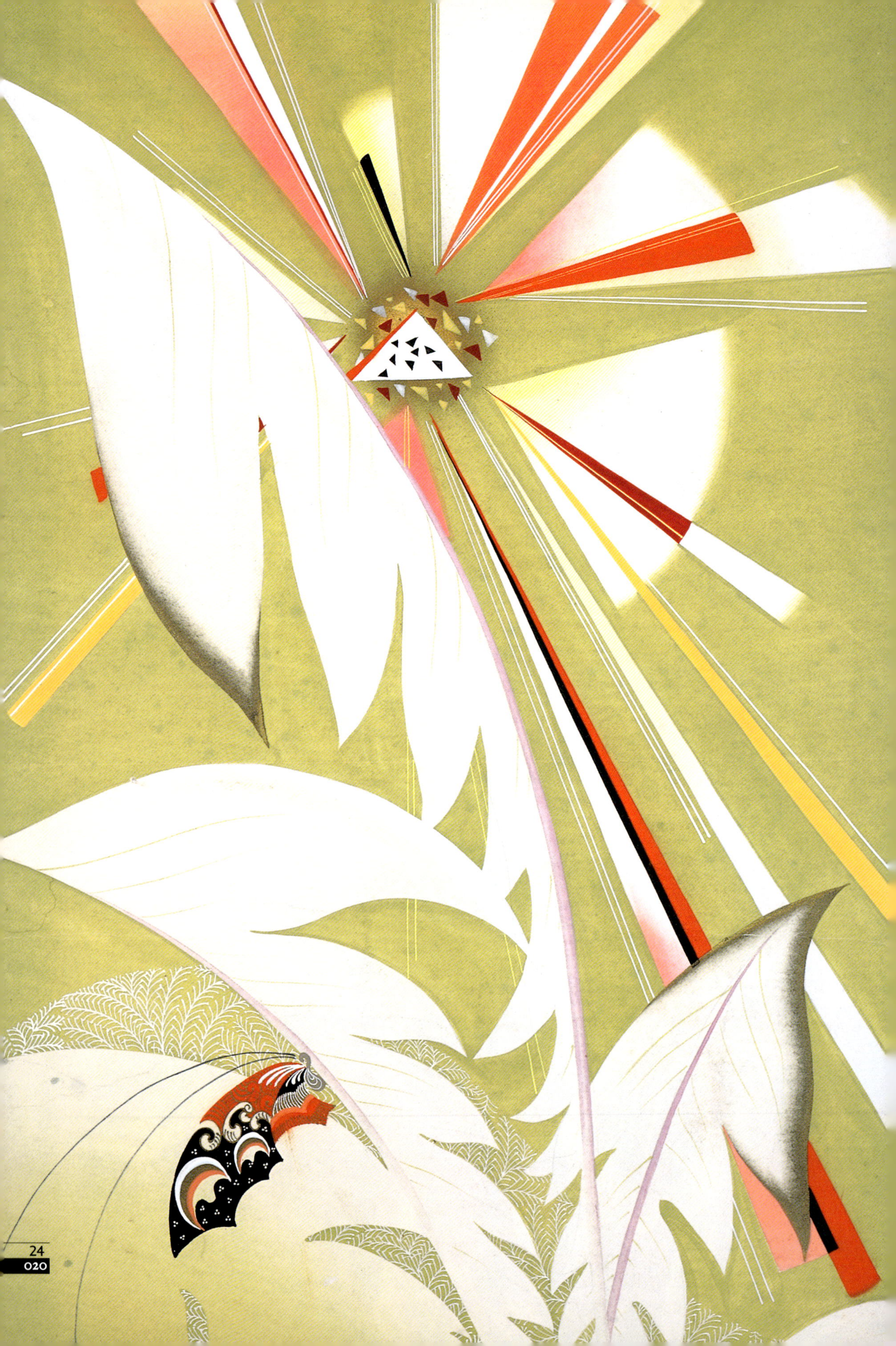

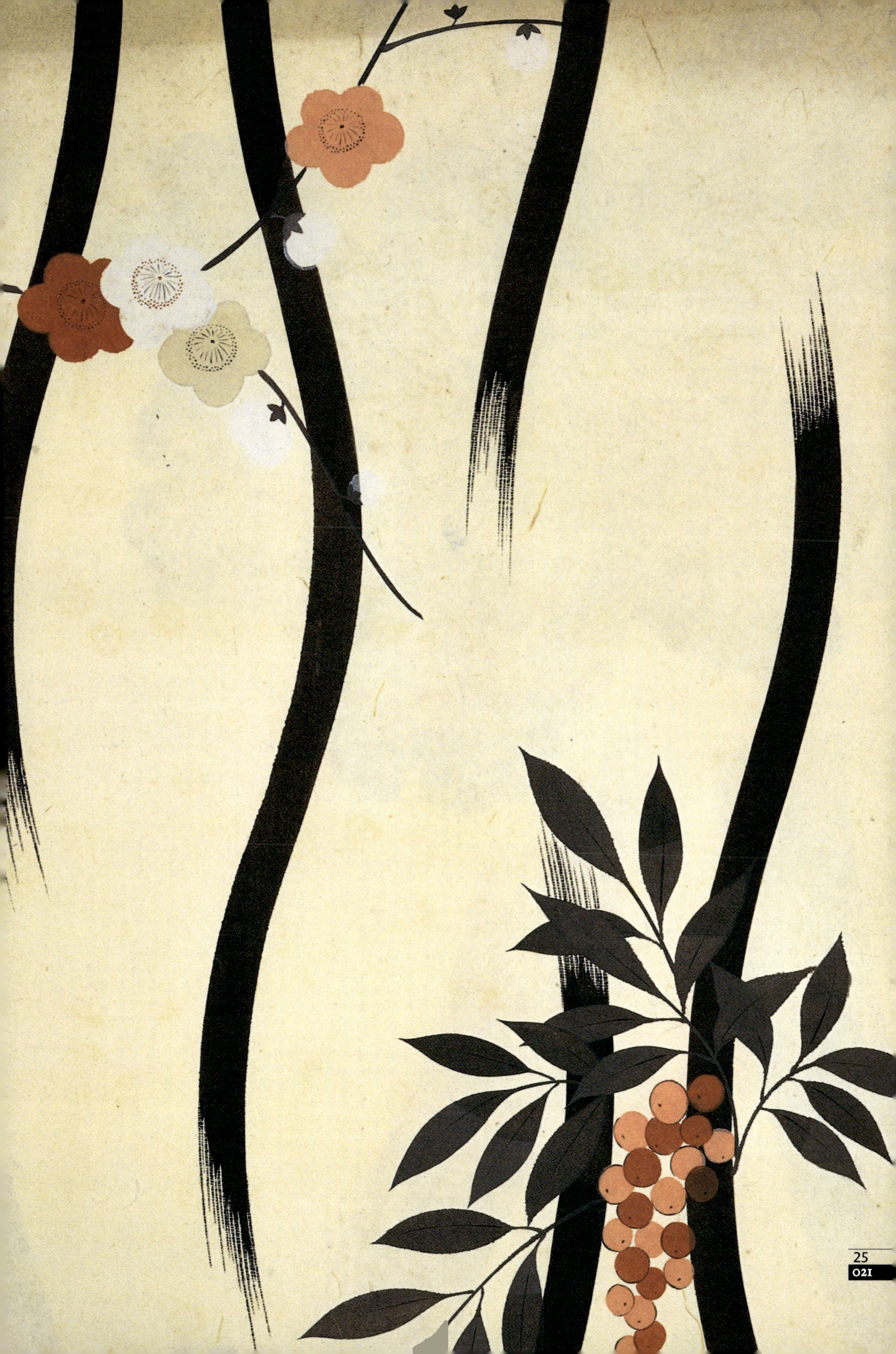

26
022

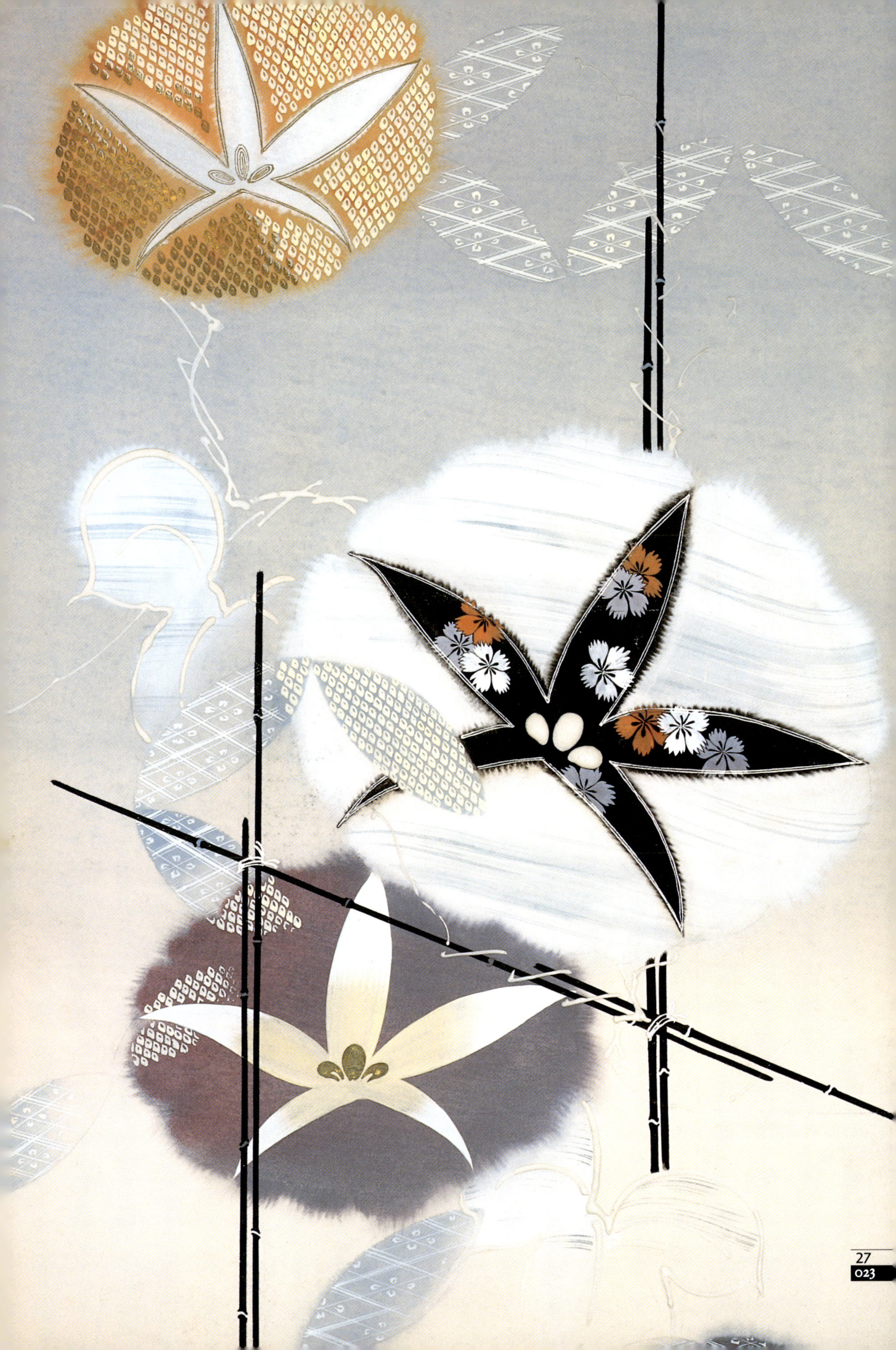

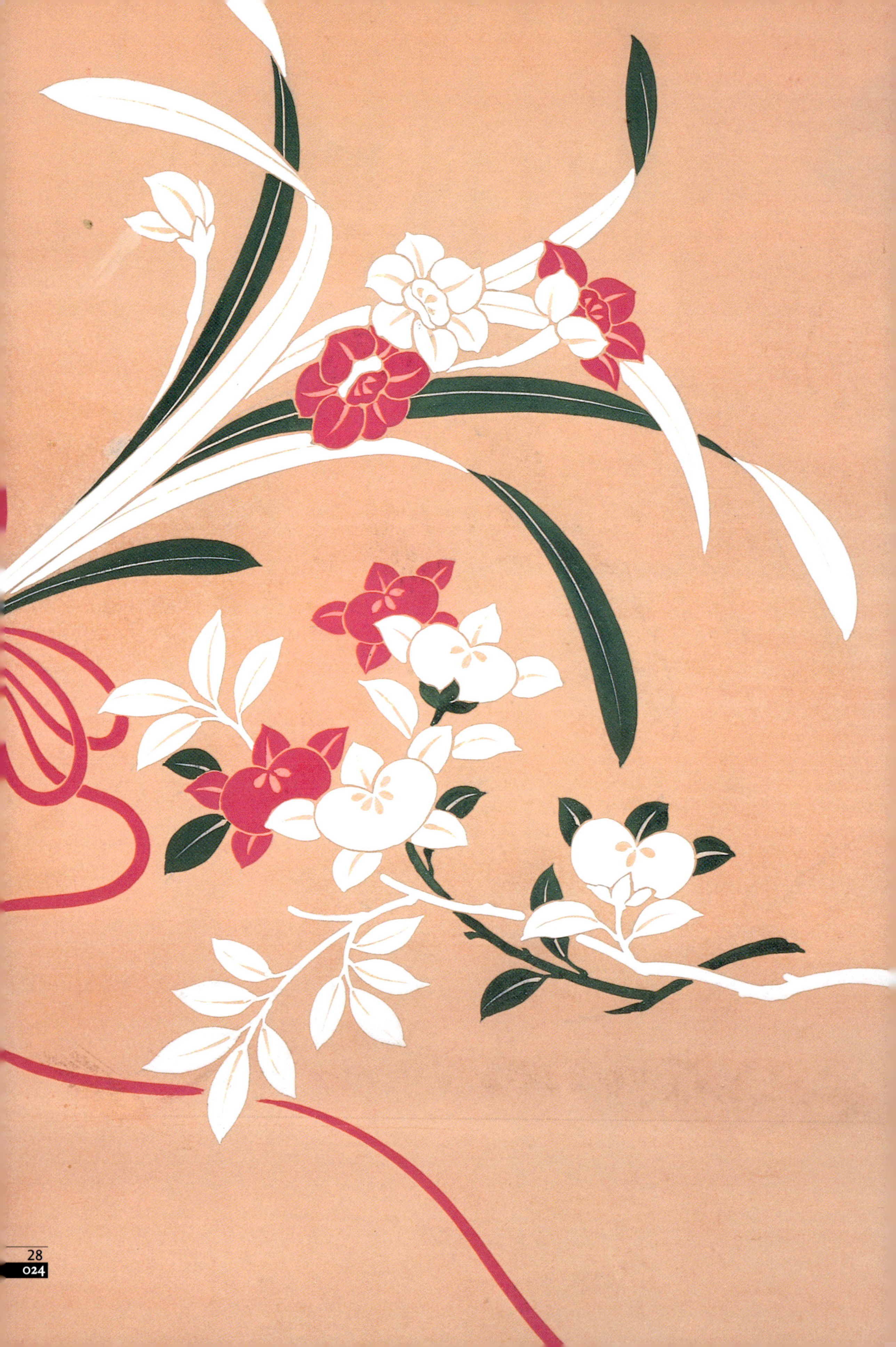

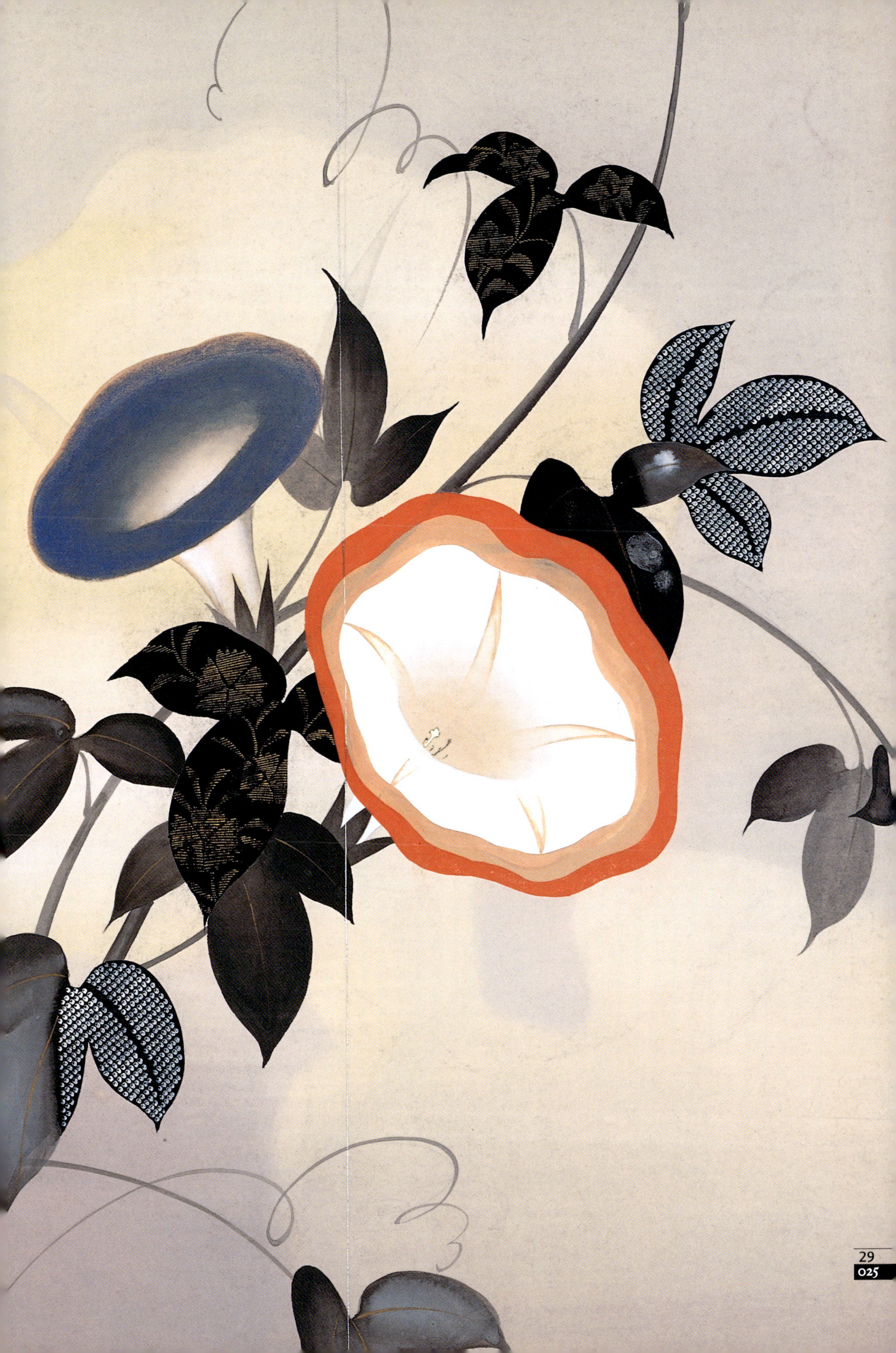

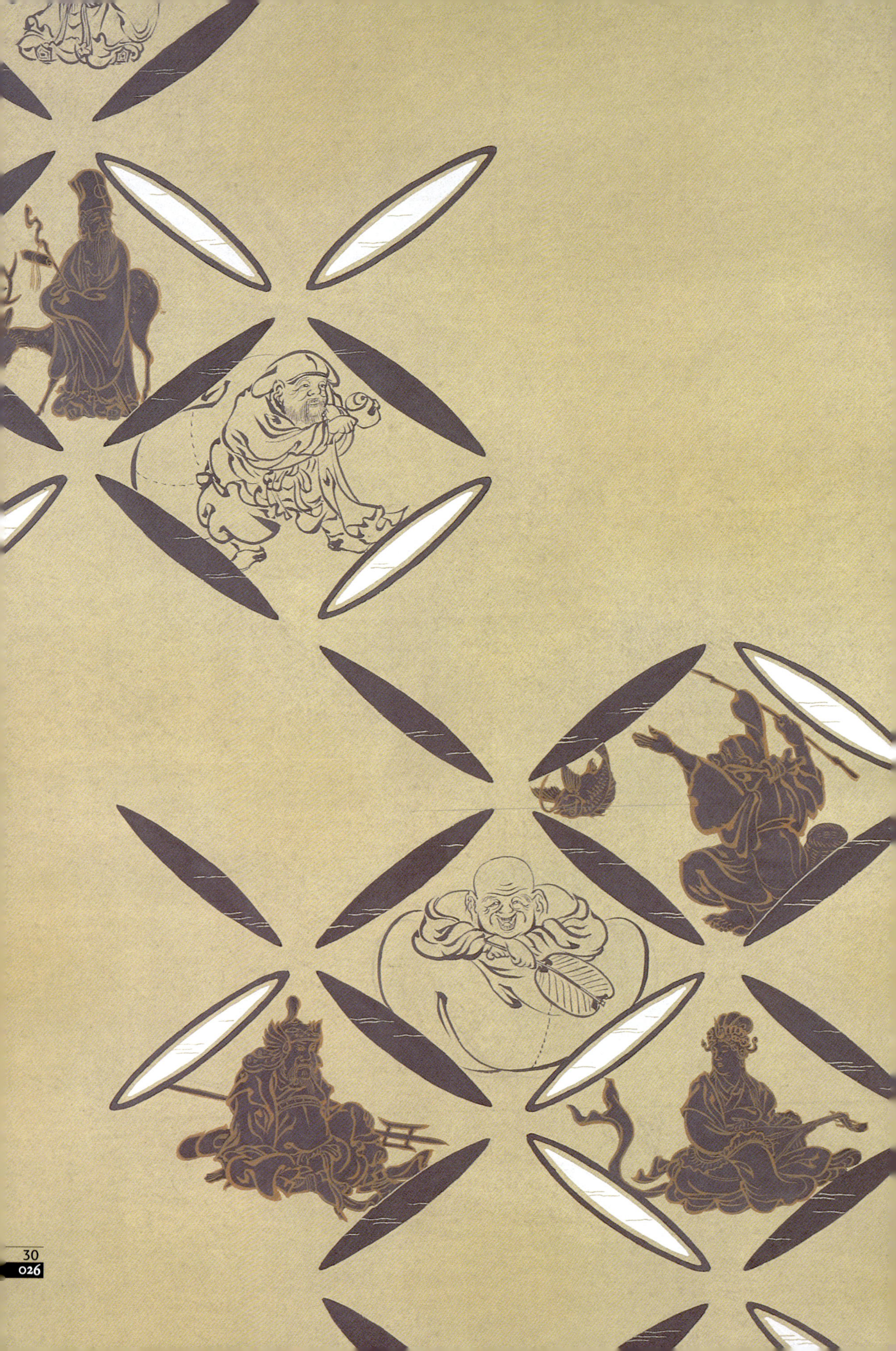

31
027

33

34
028

35
029

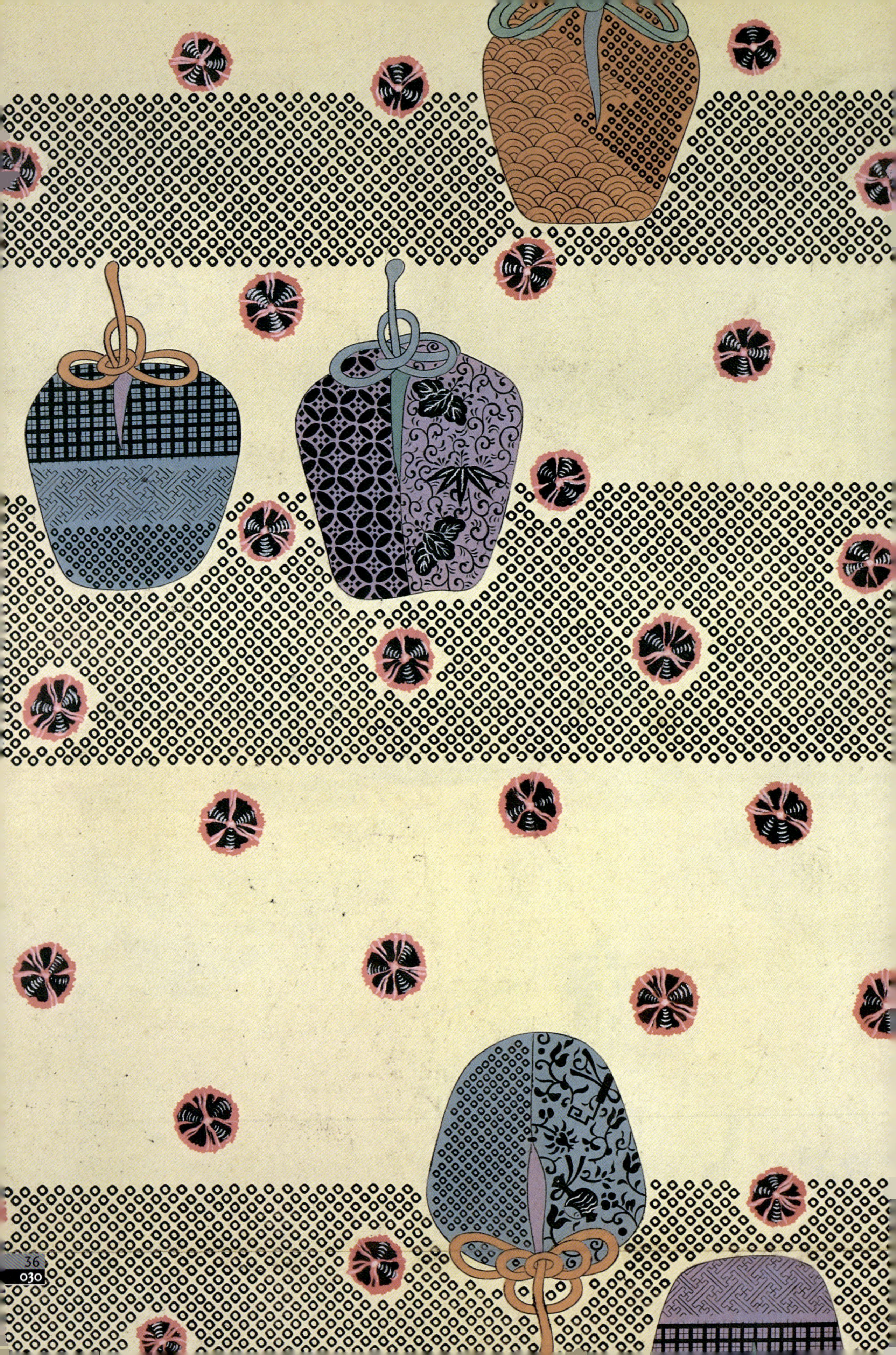

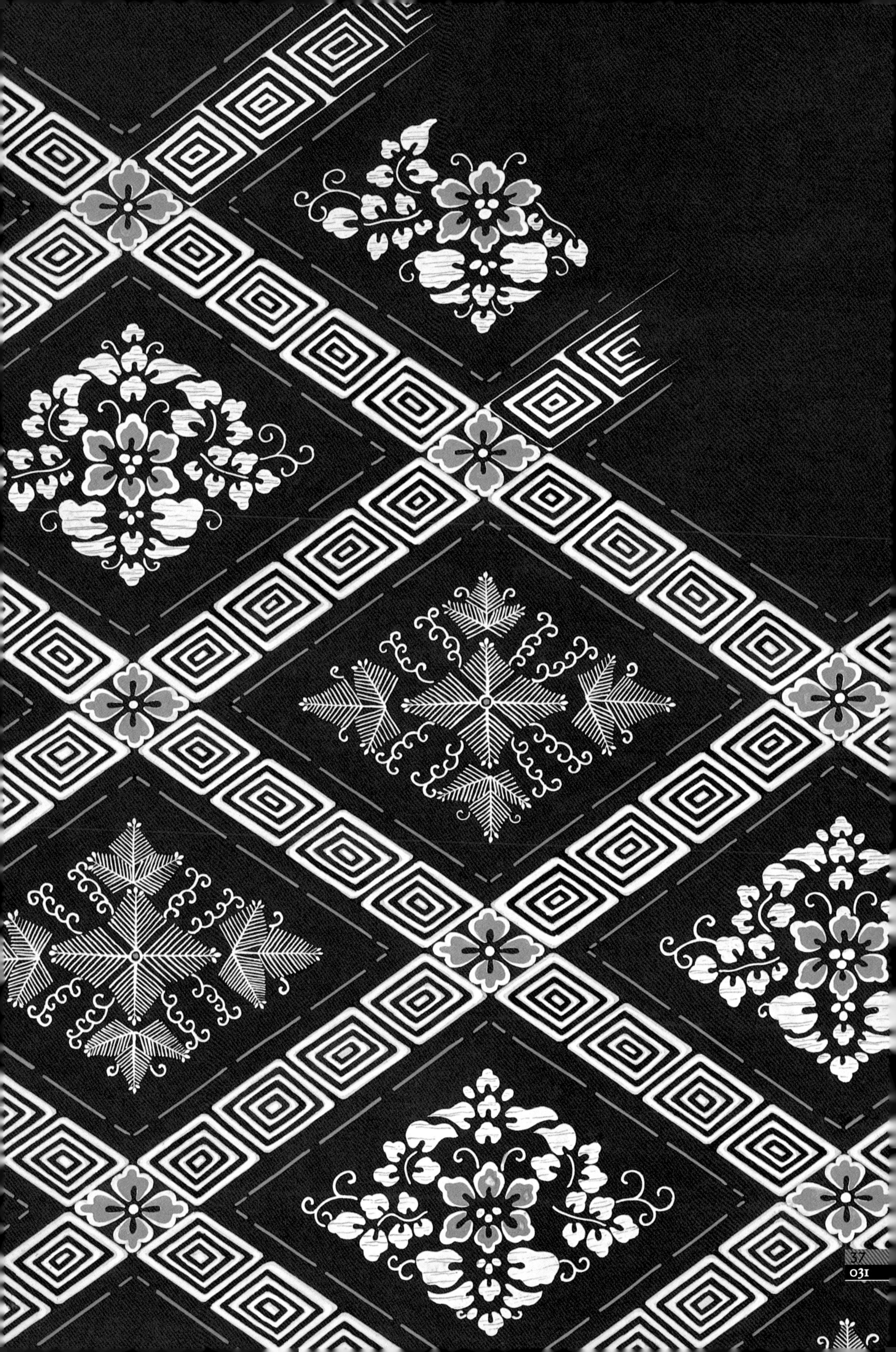

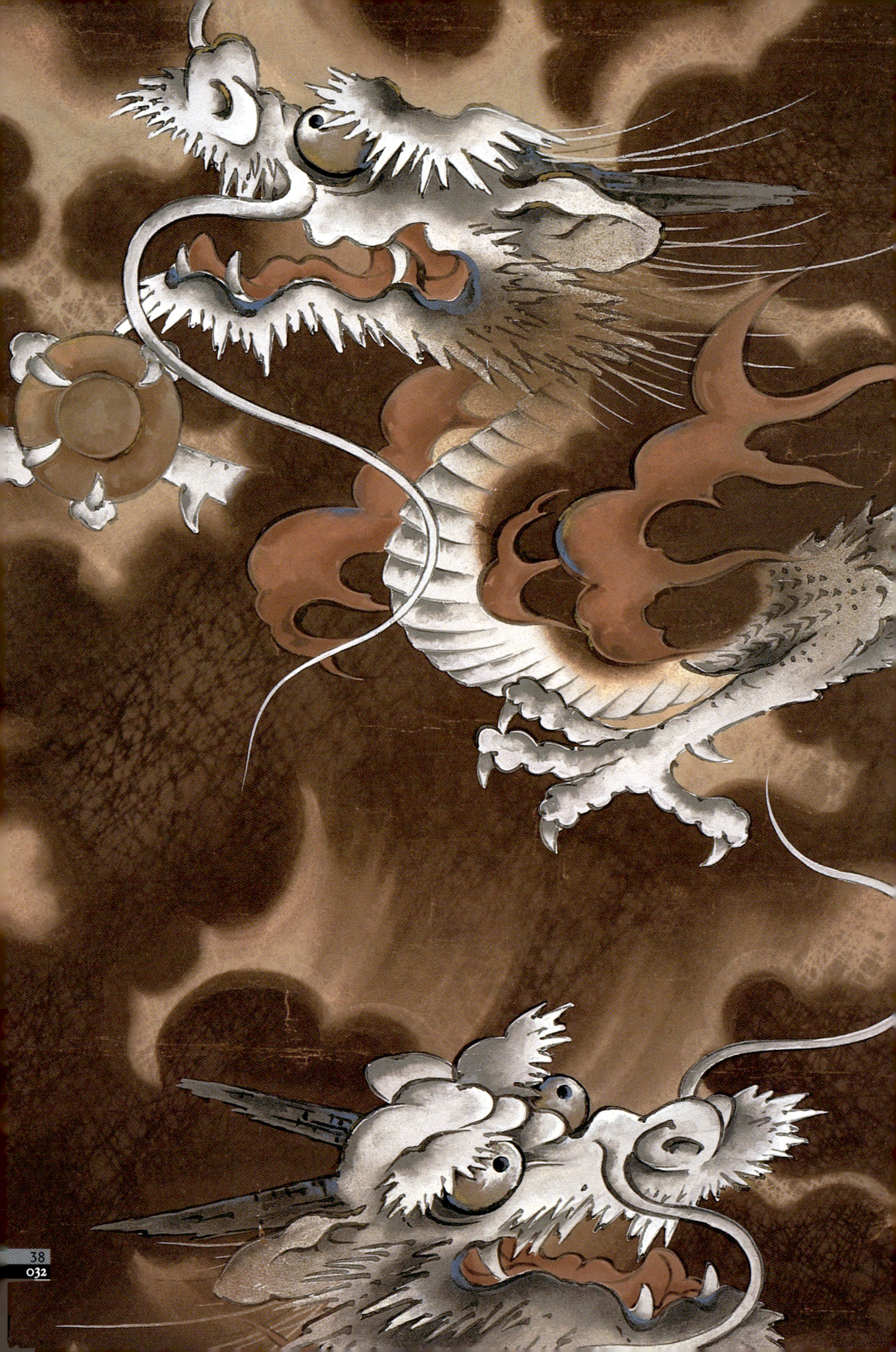

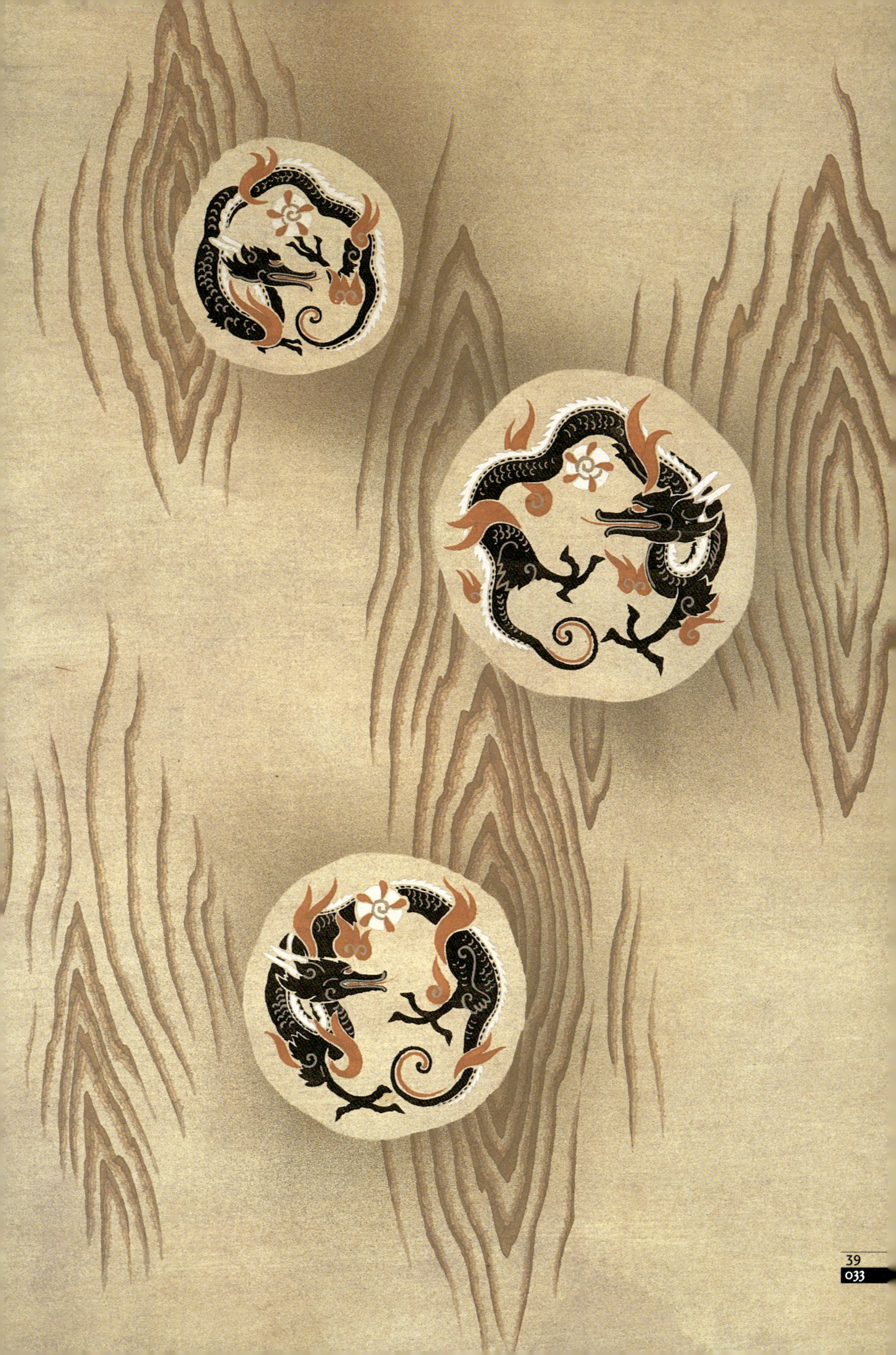

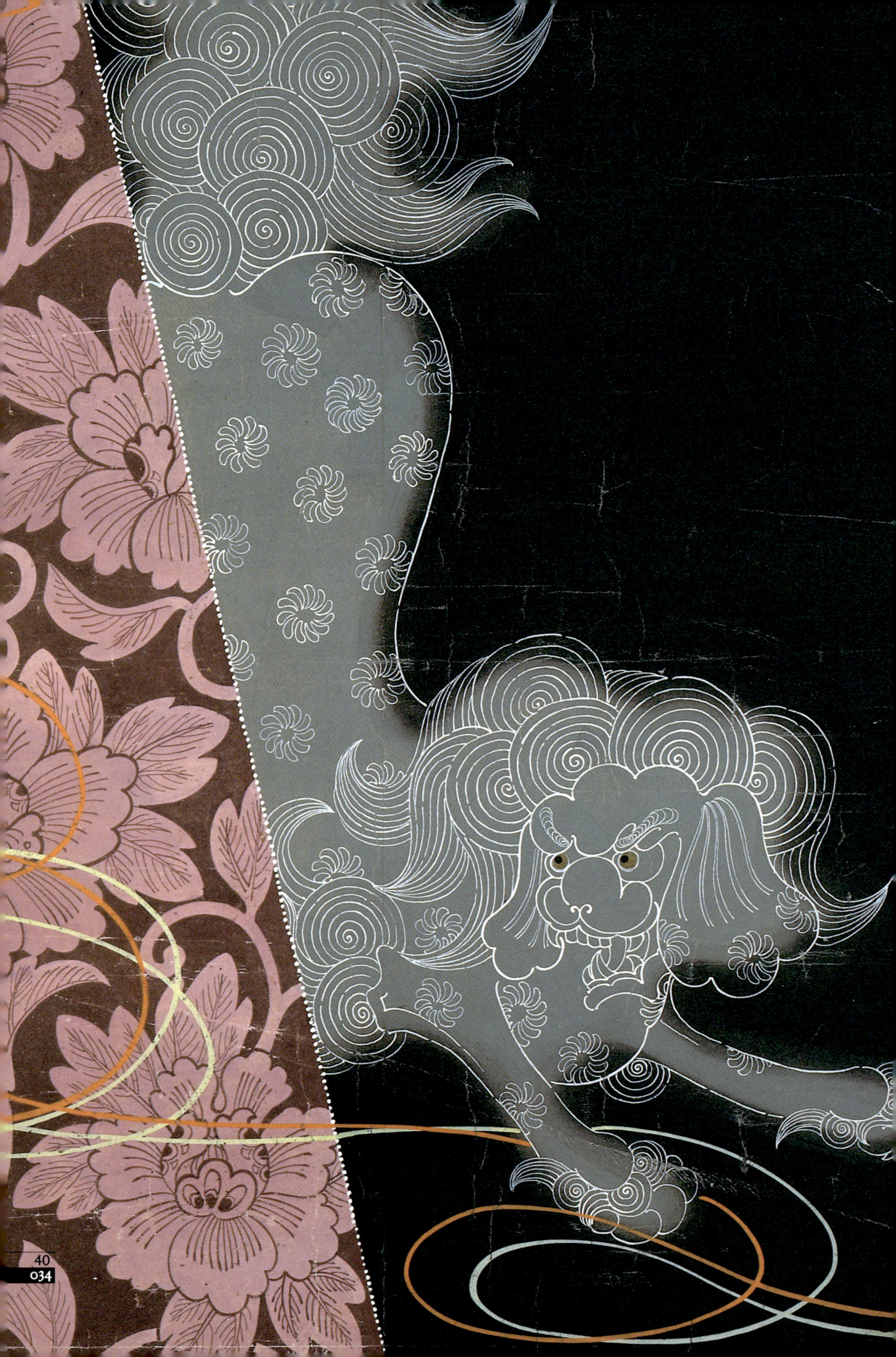

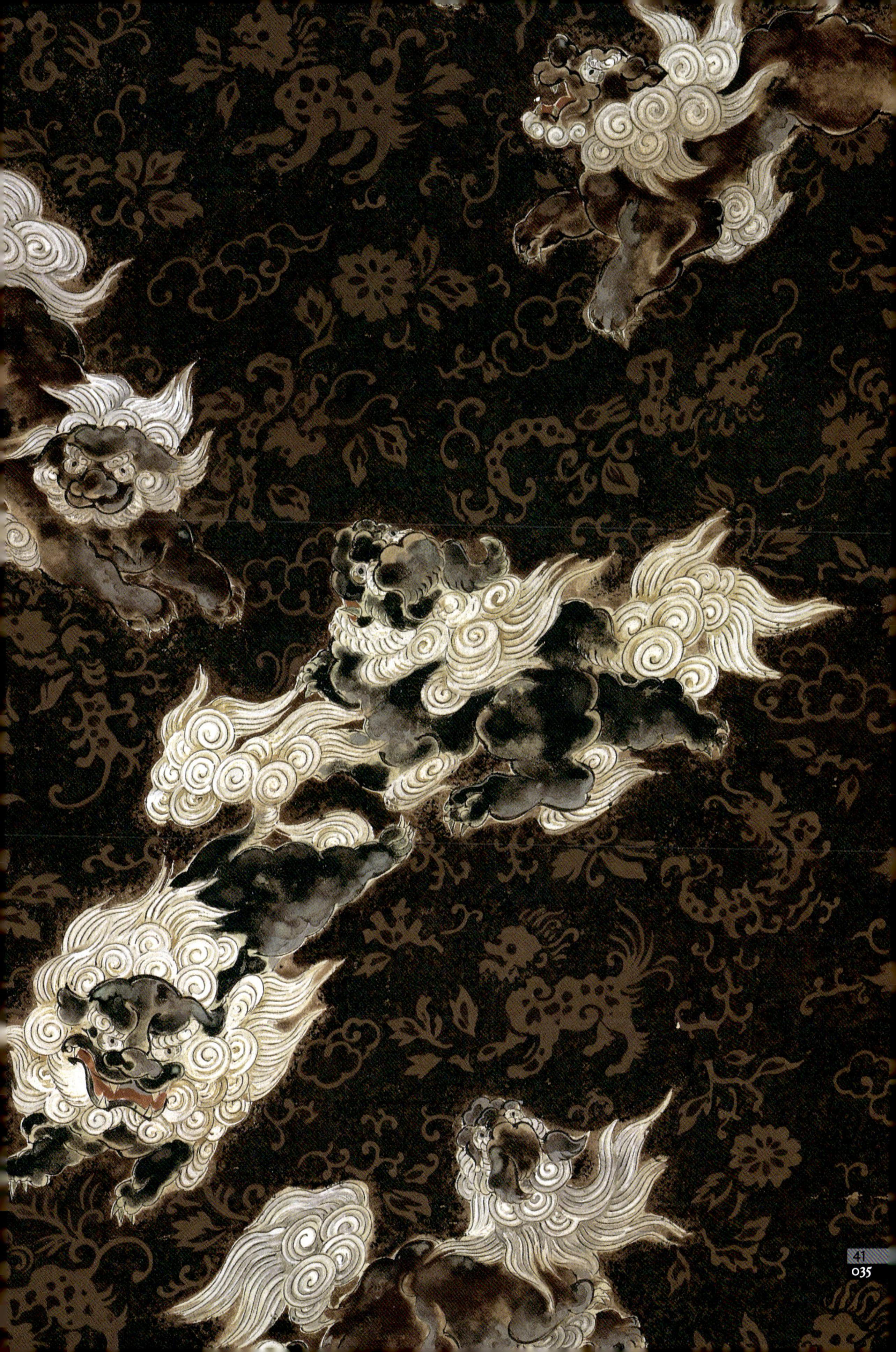

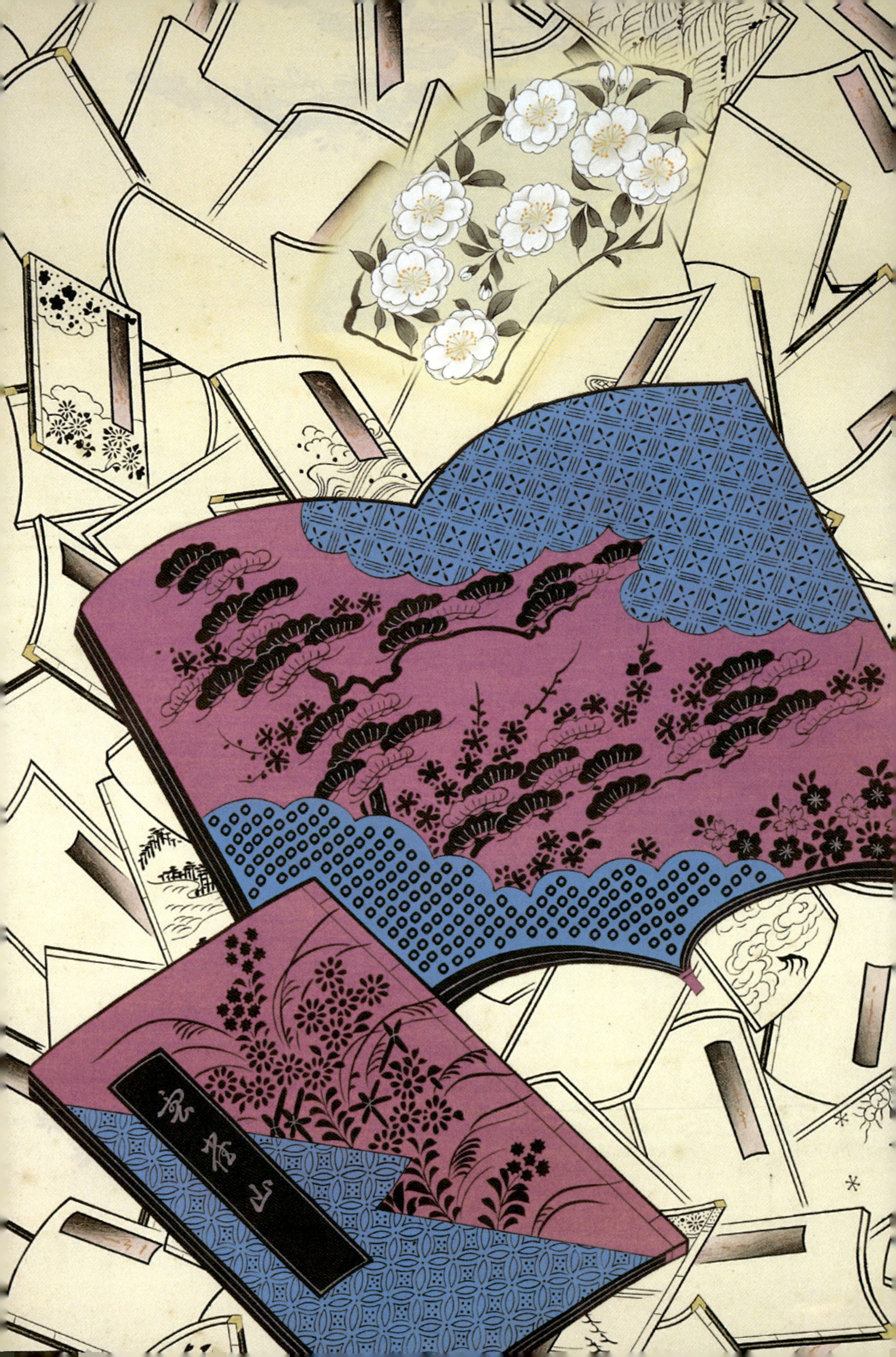

43

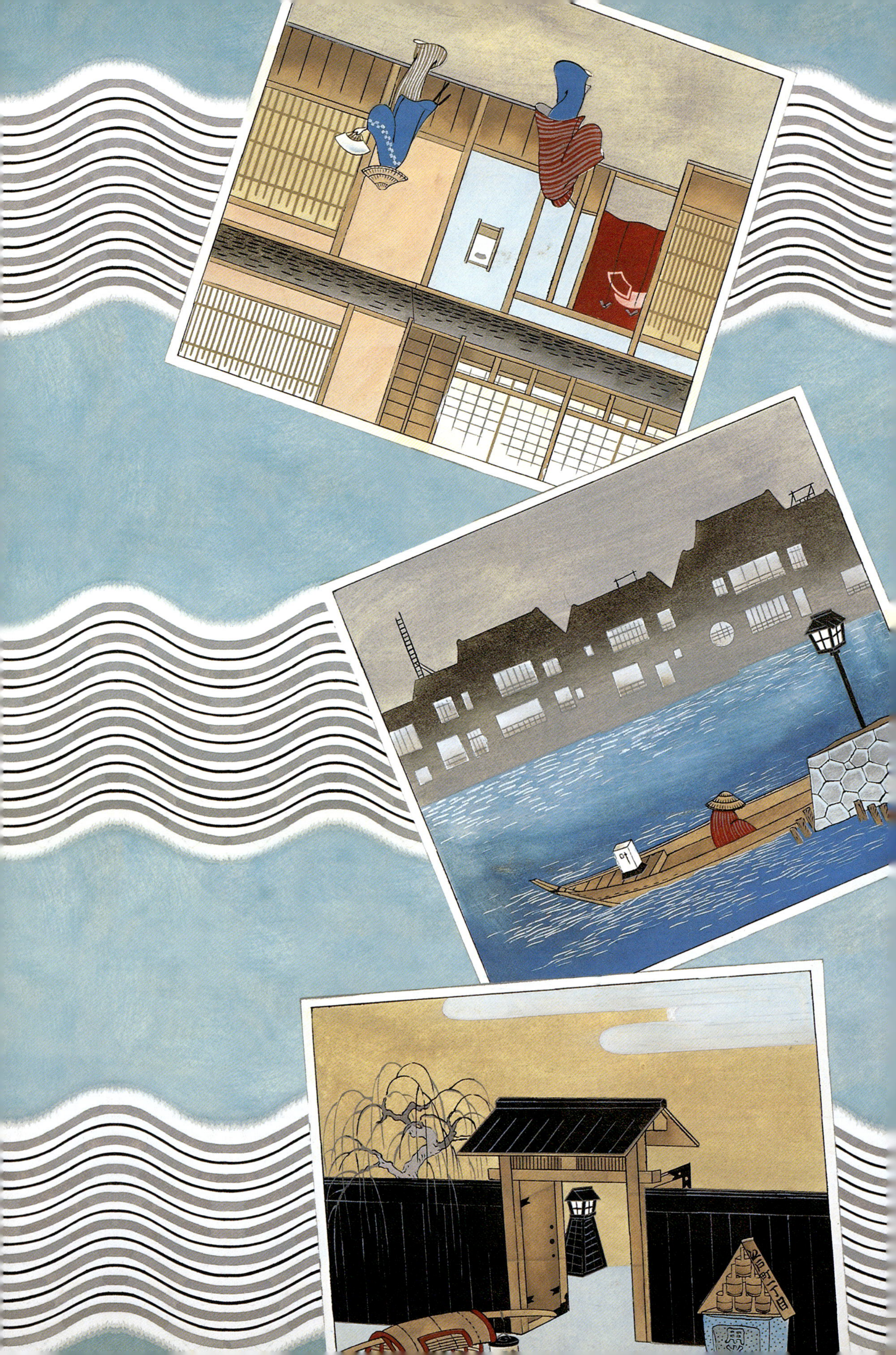

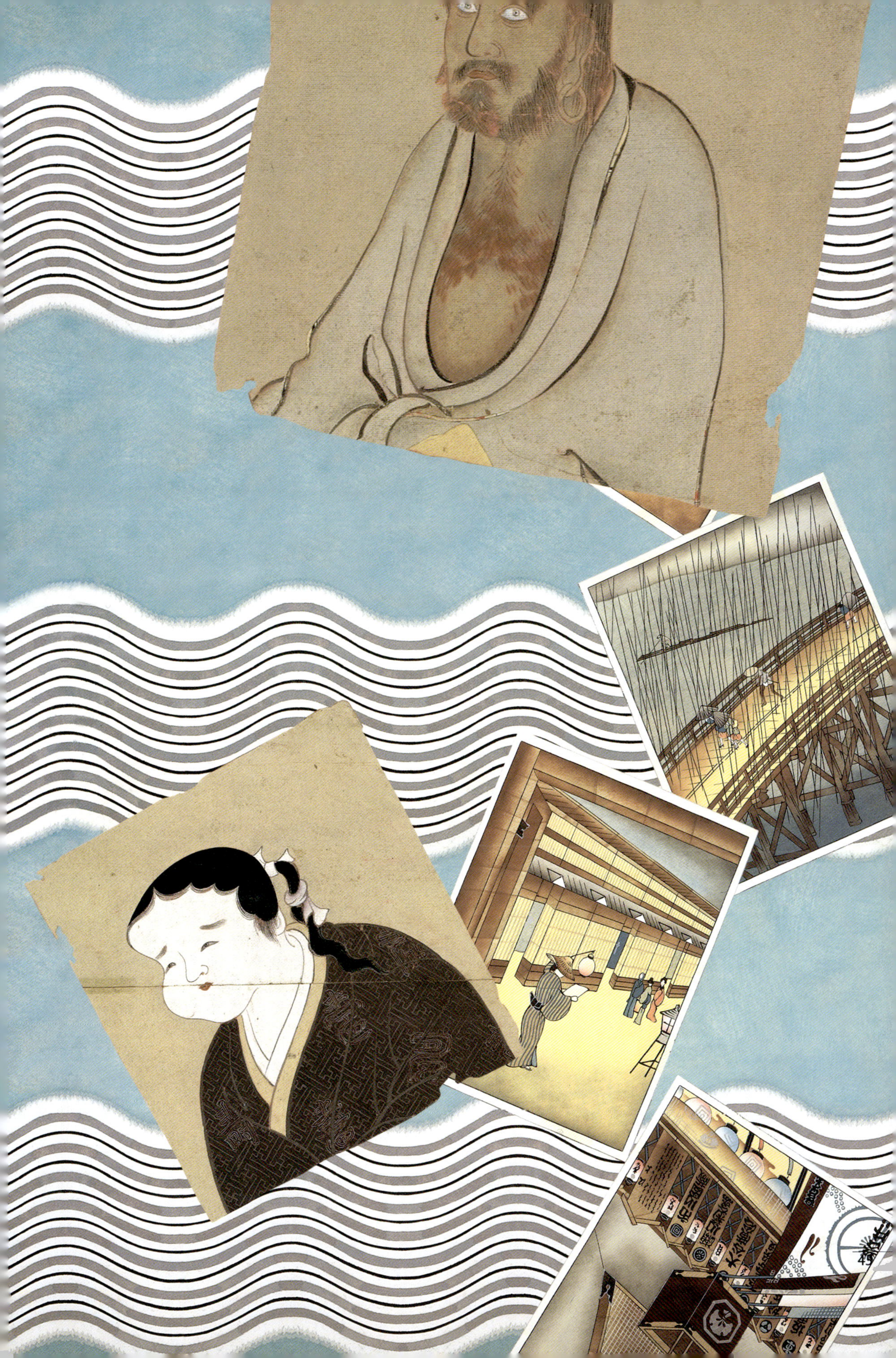

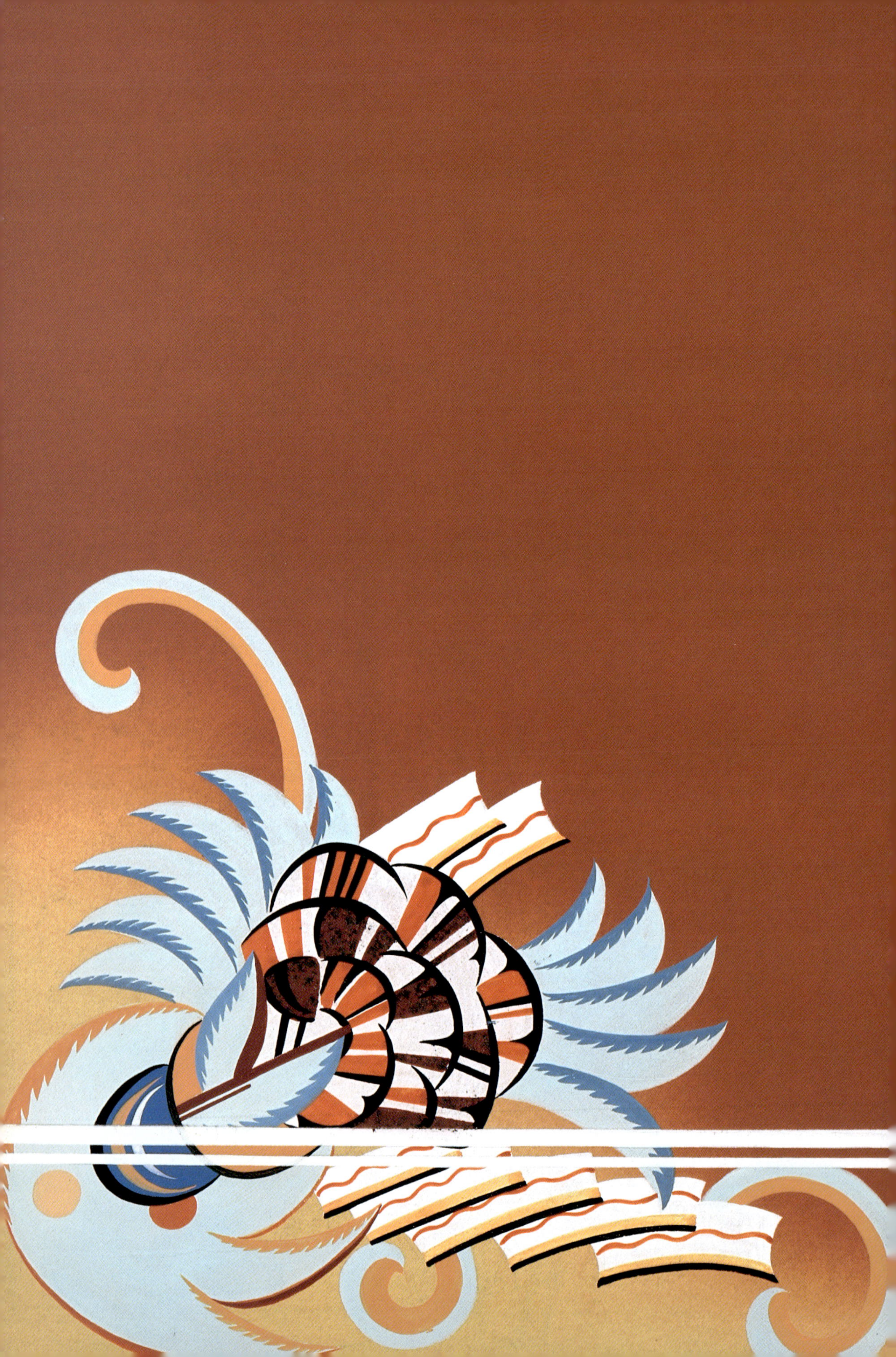

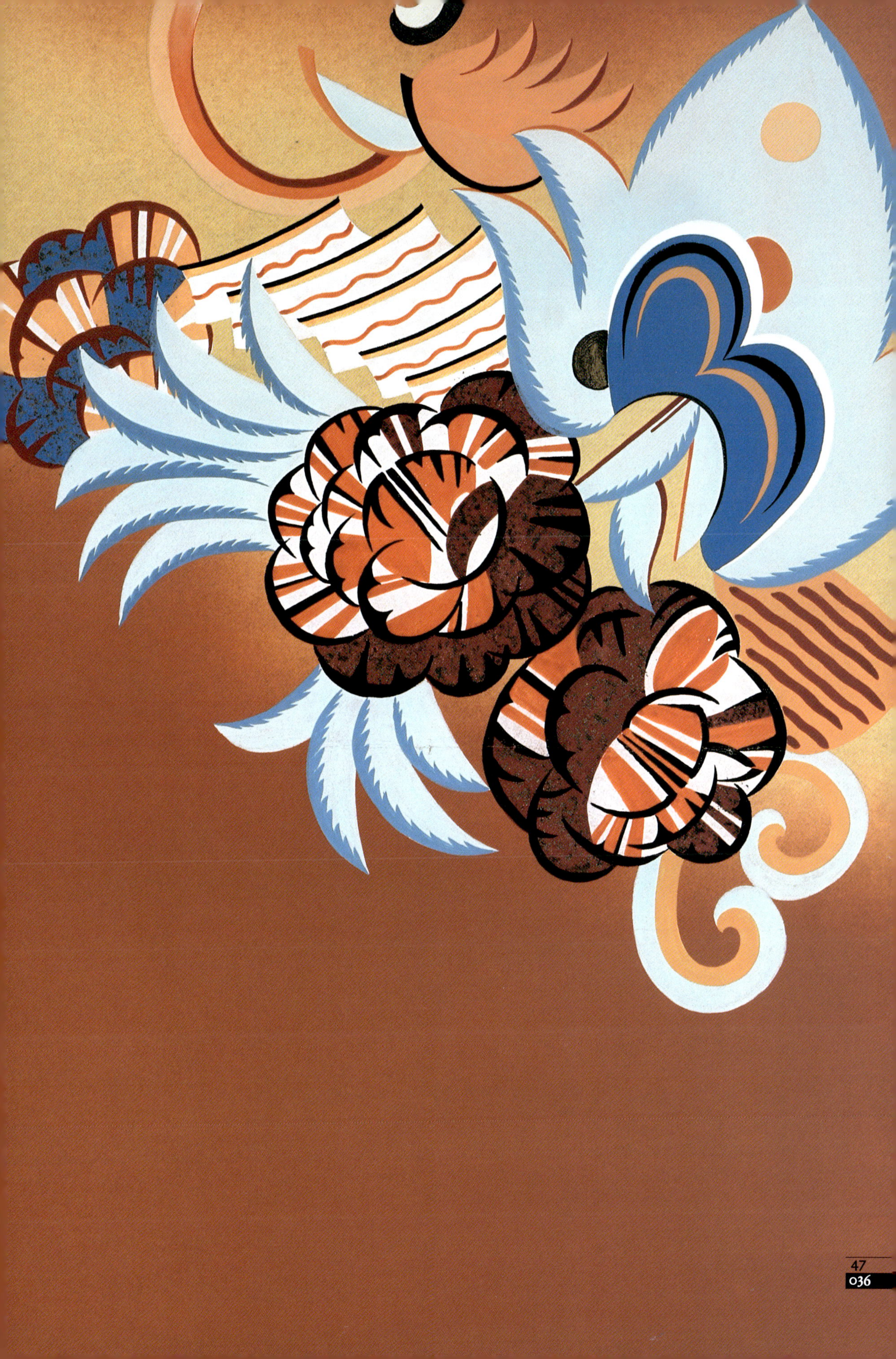

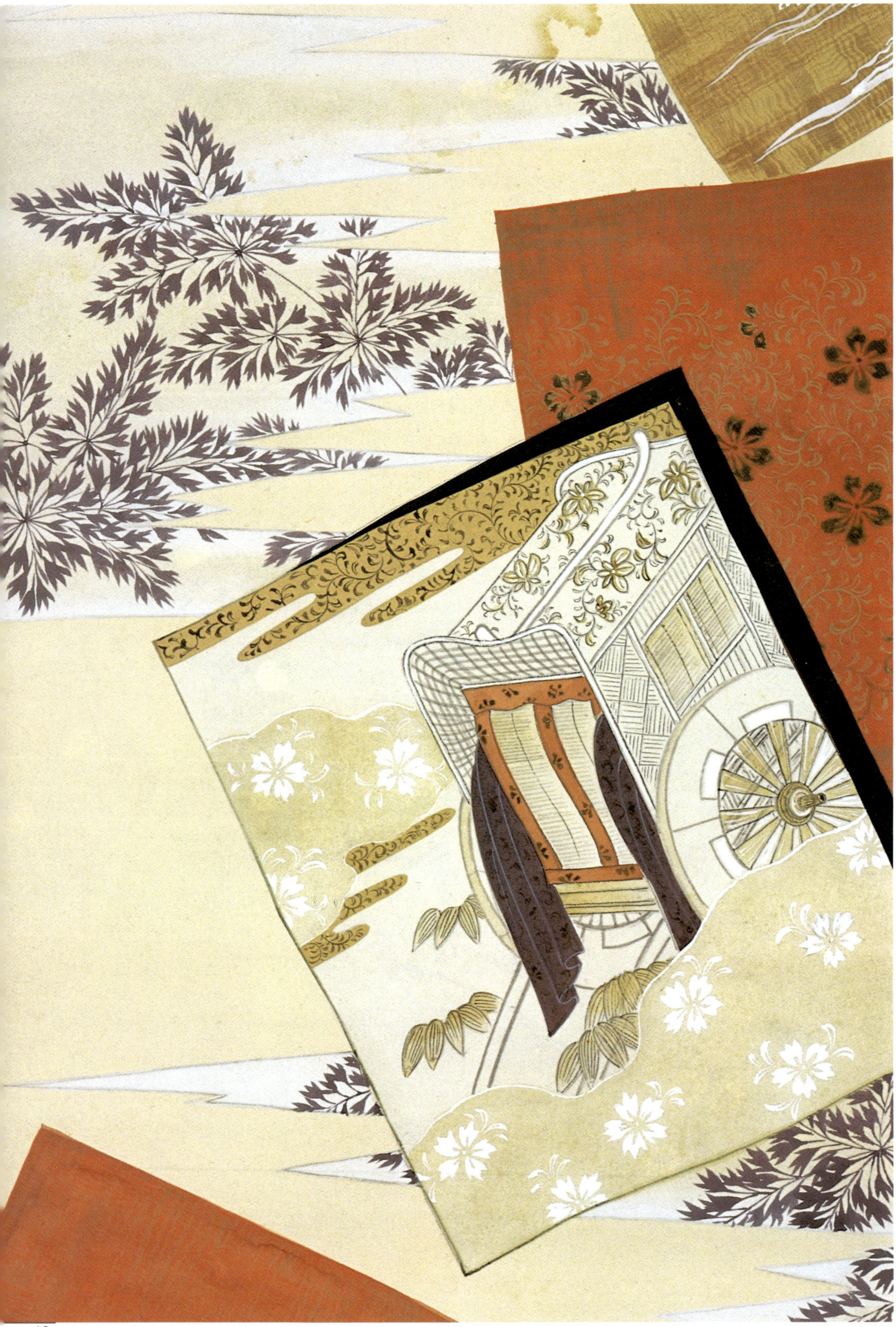

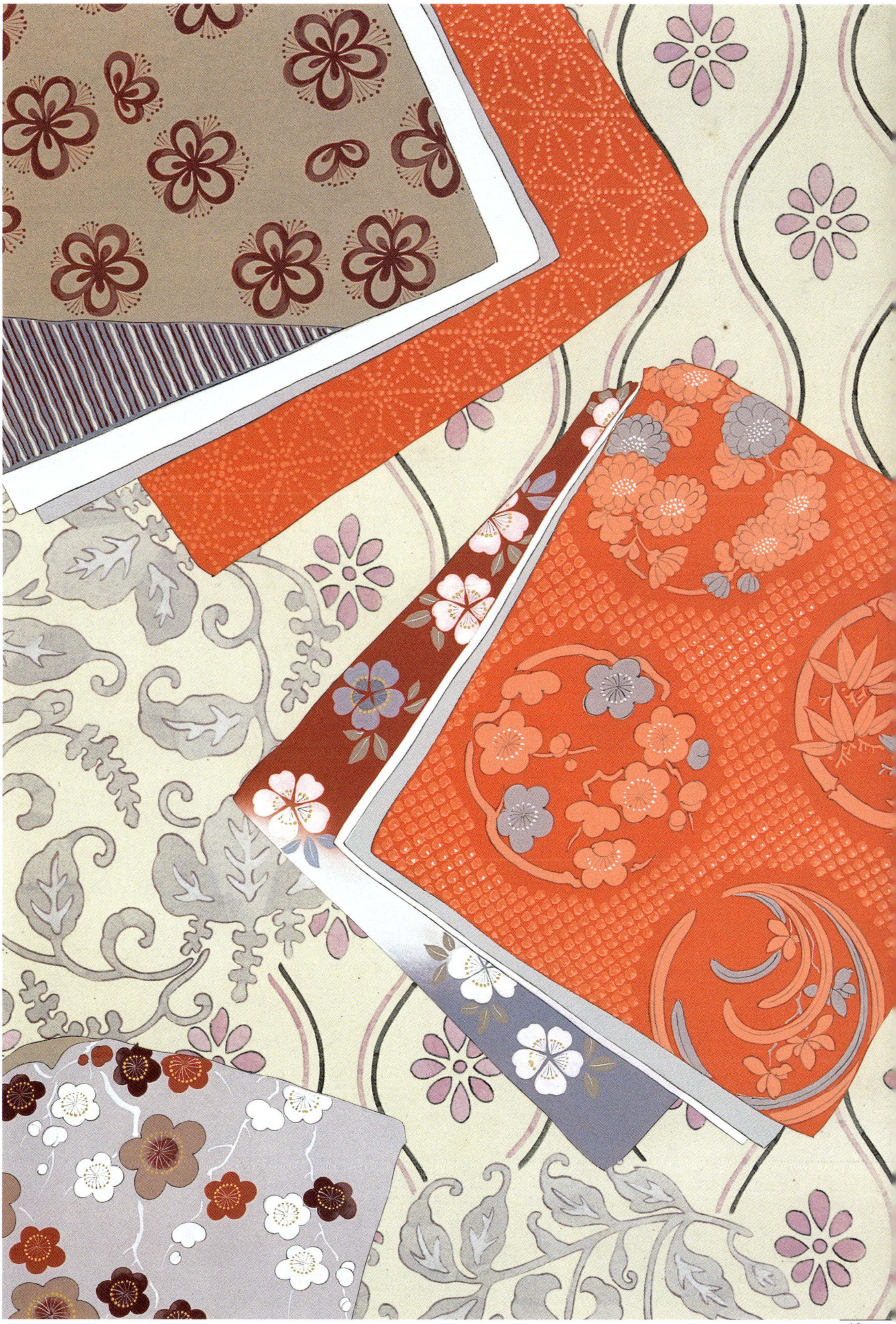

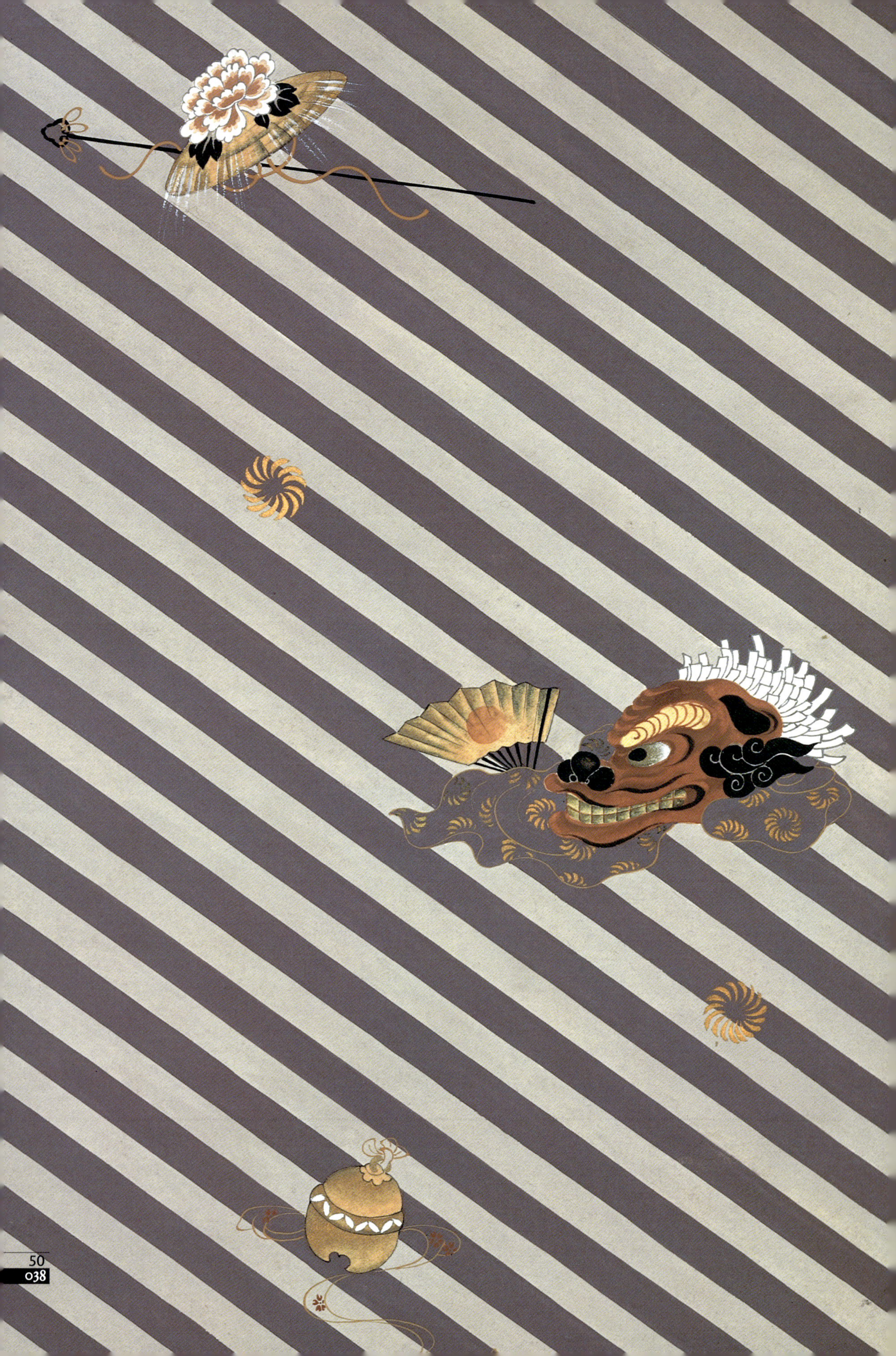

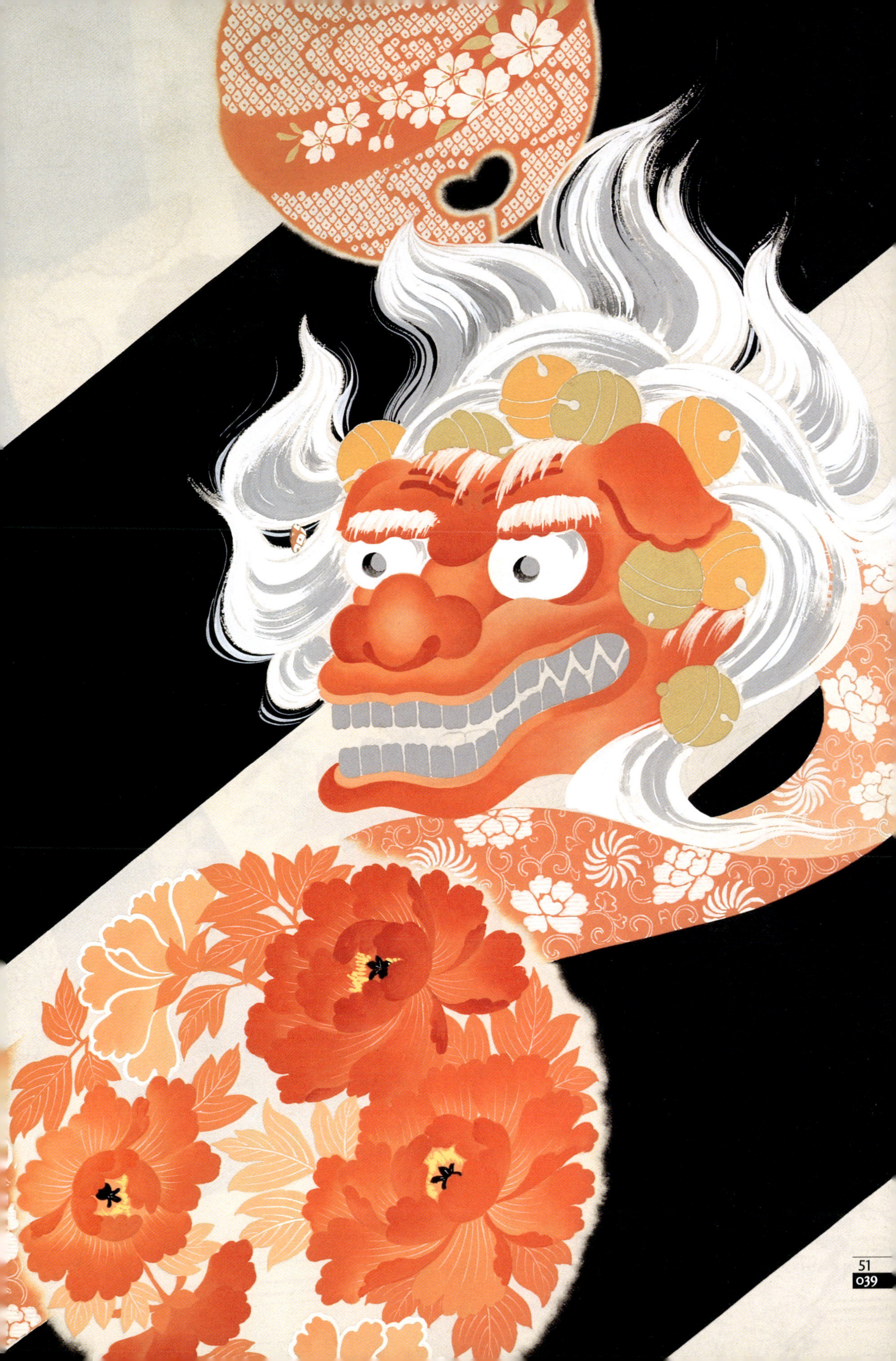

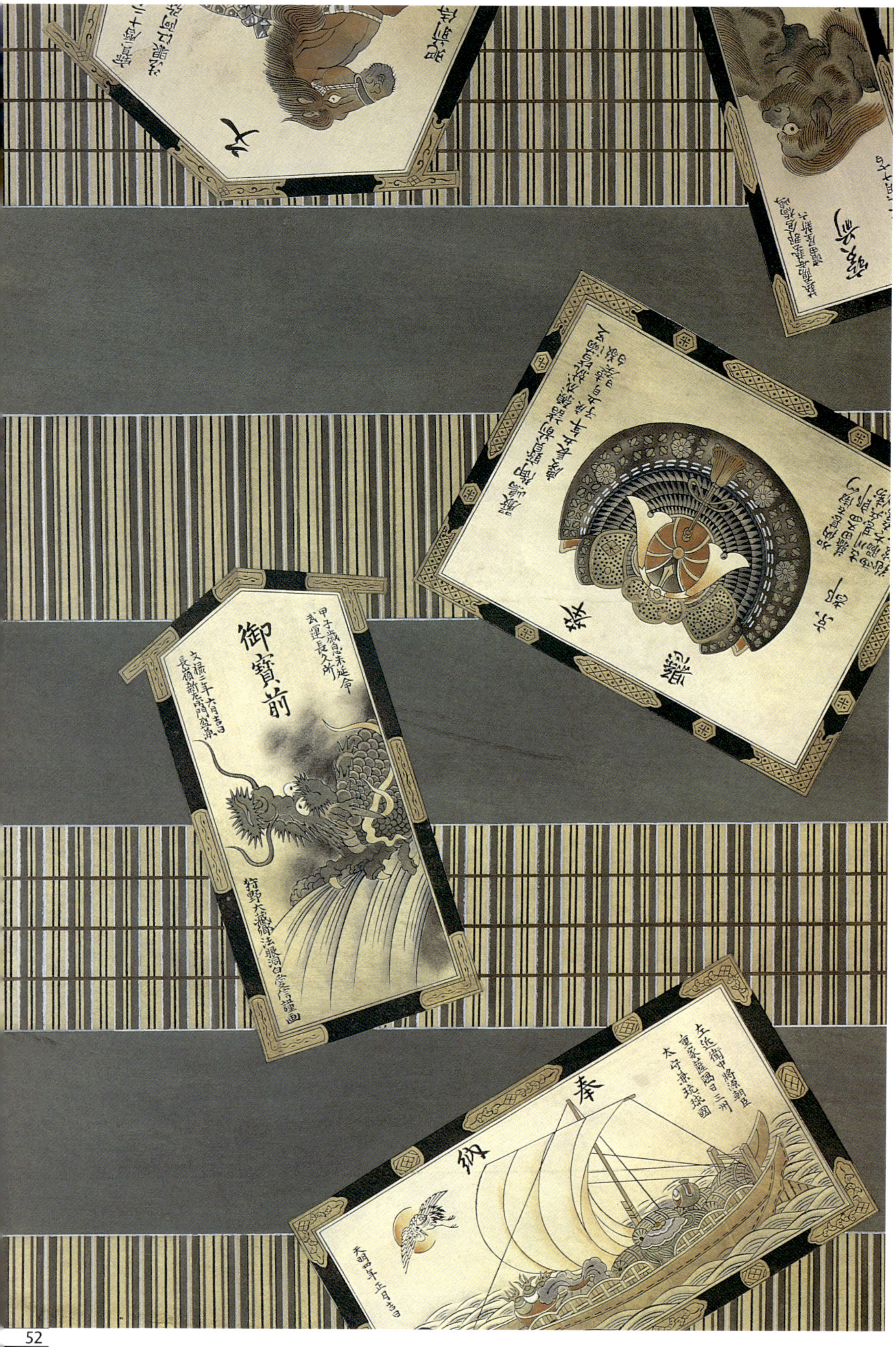
御寶前
奉納

53
041

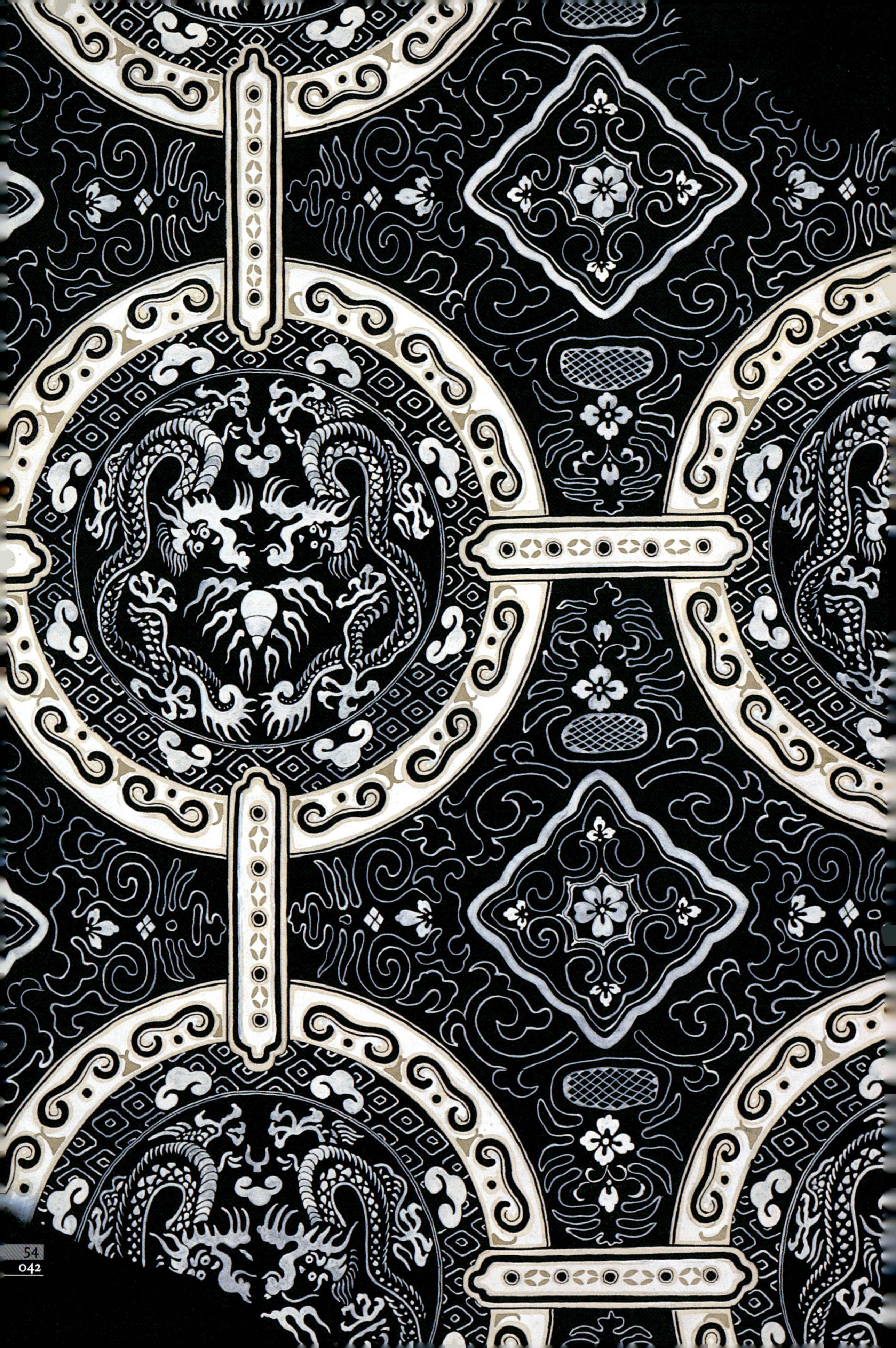

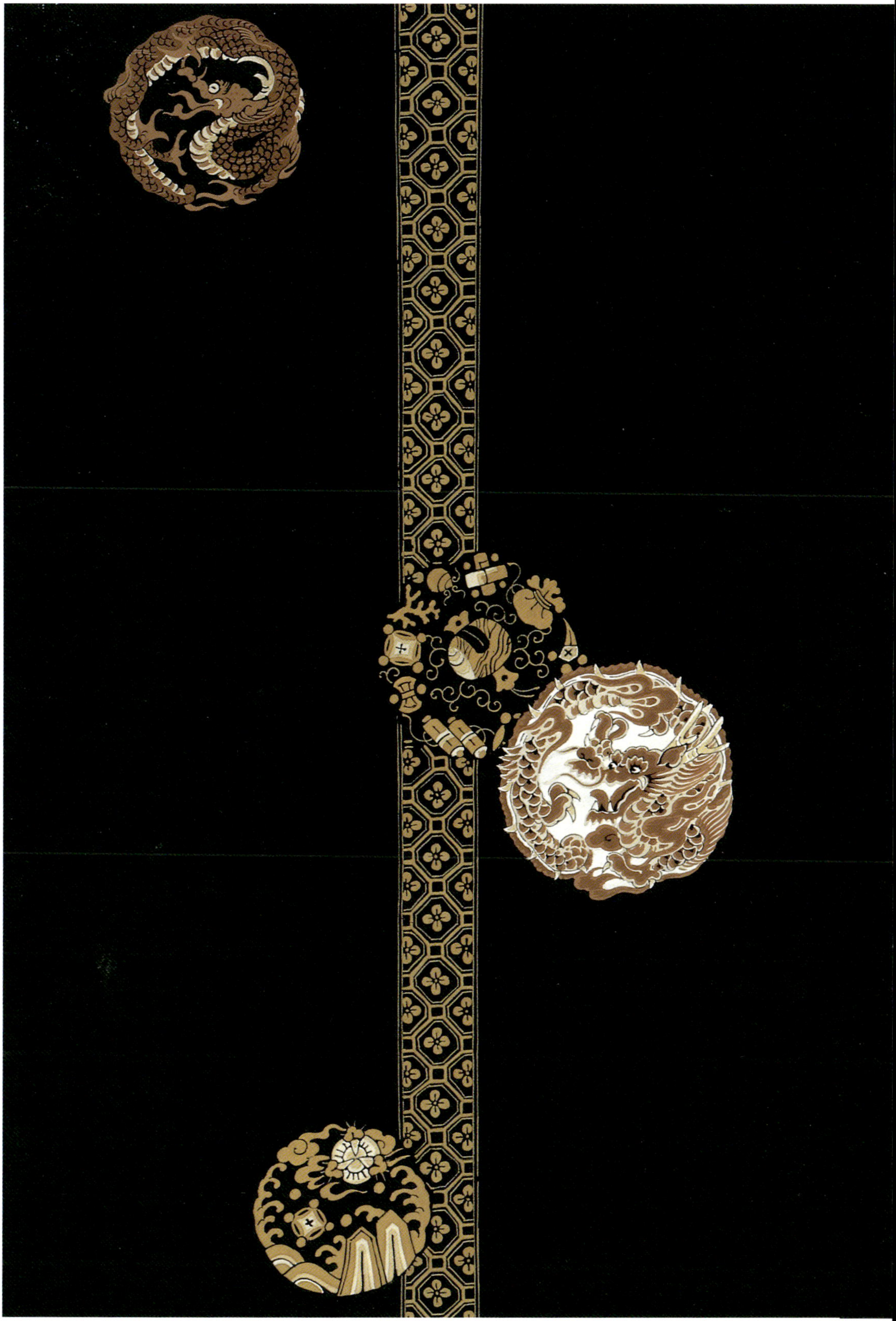

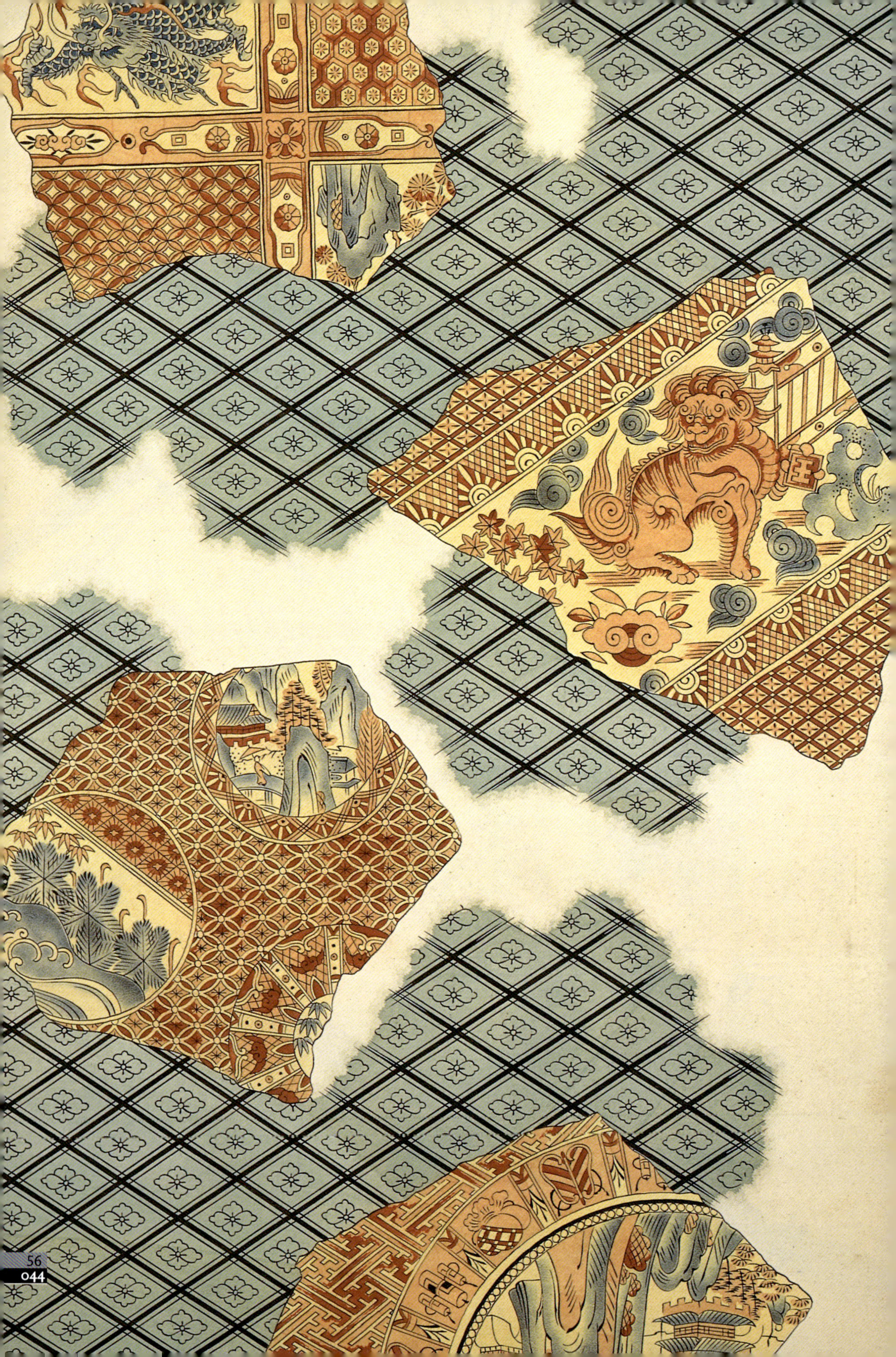

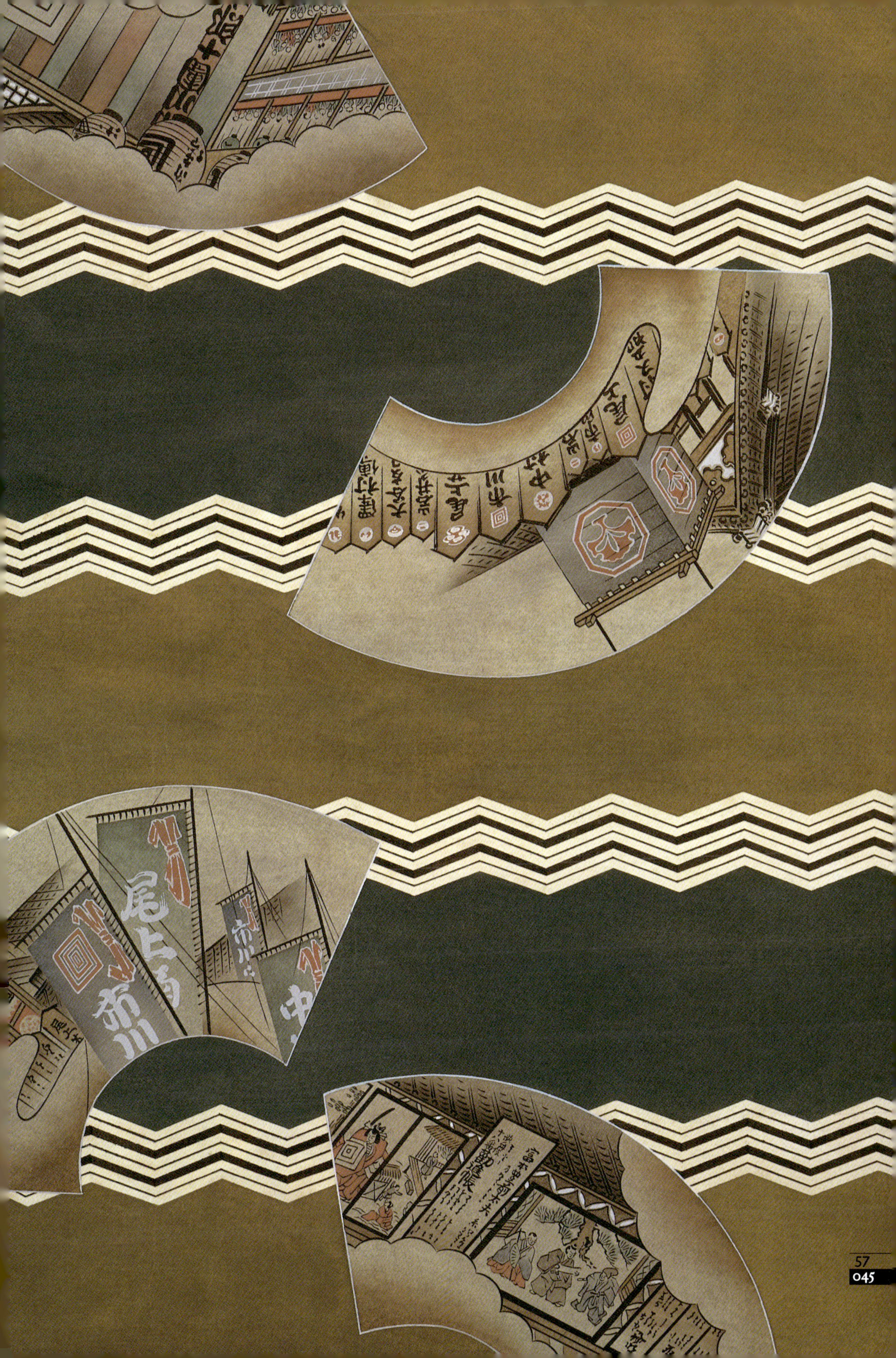

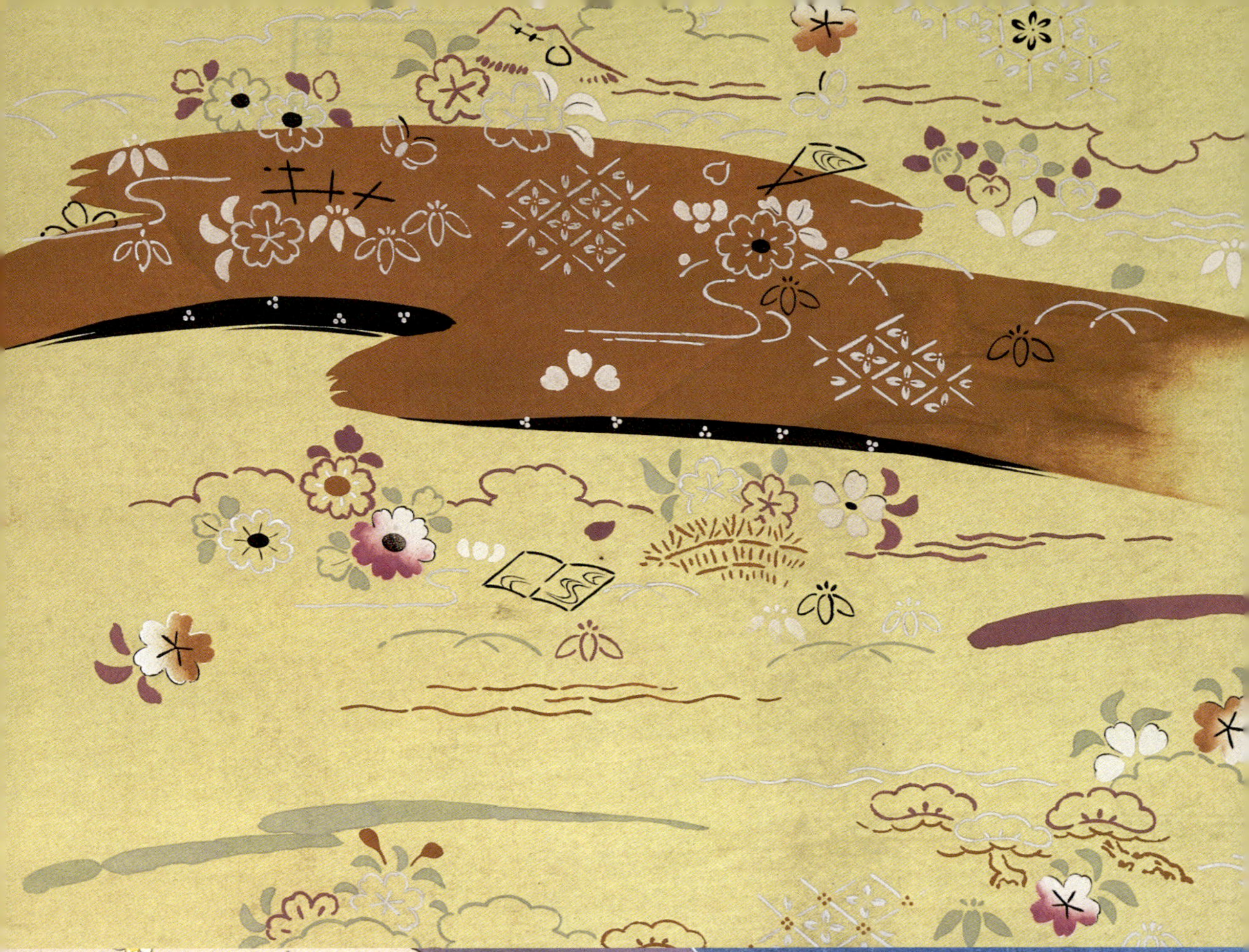

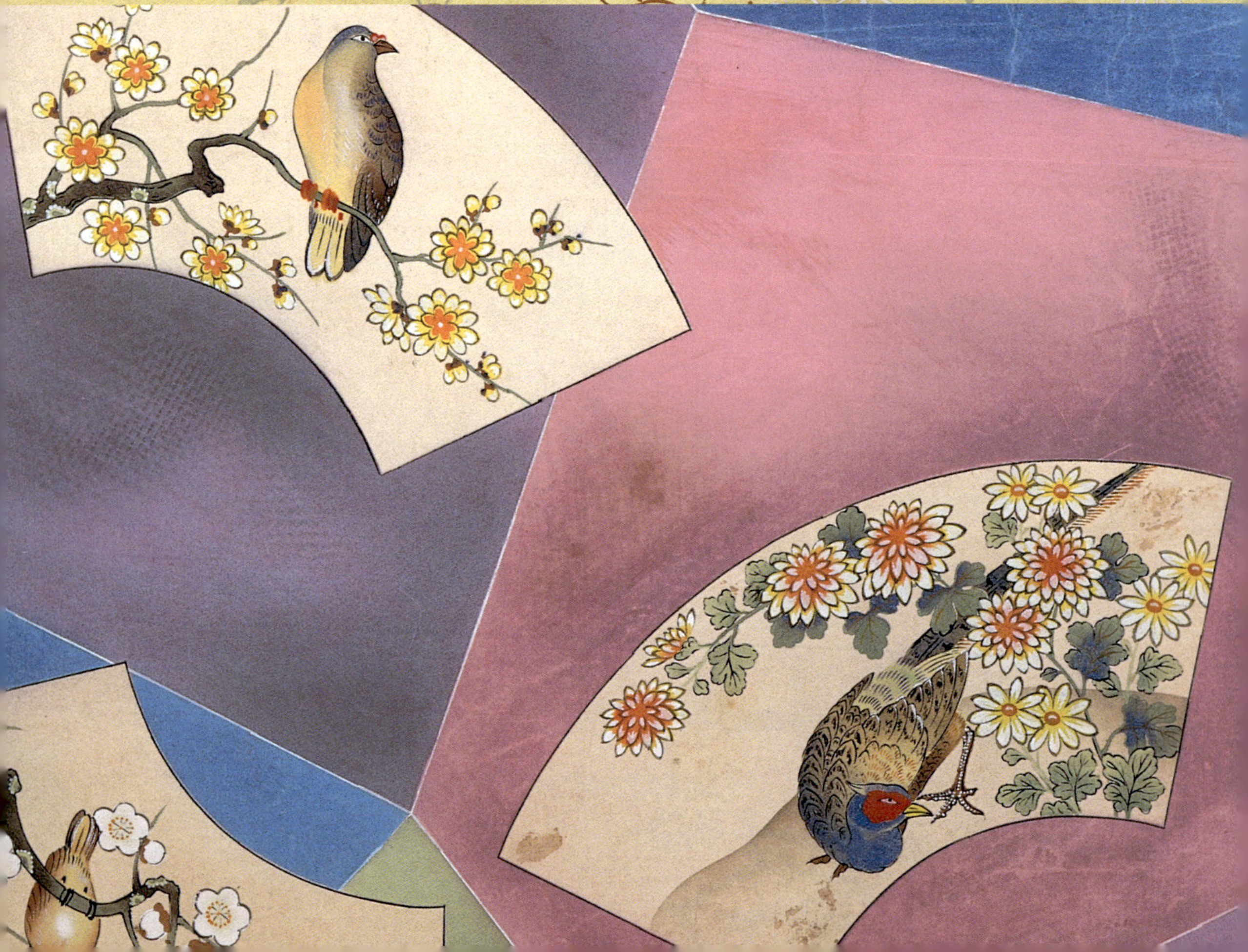

046

59
047

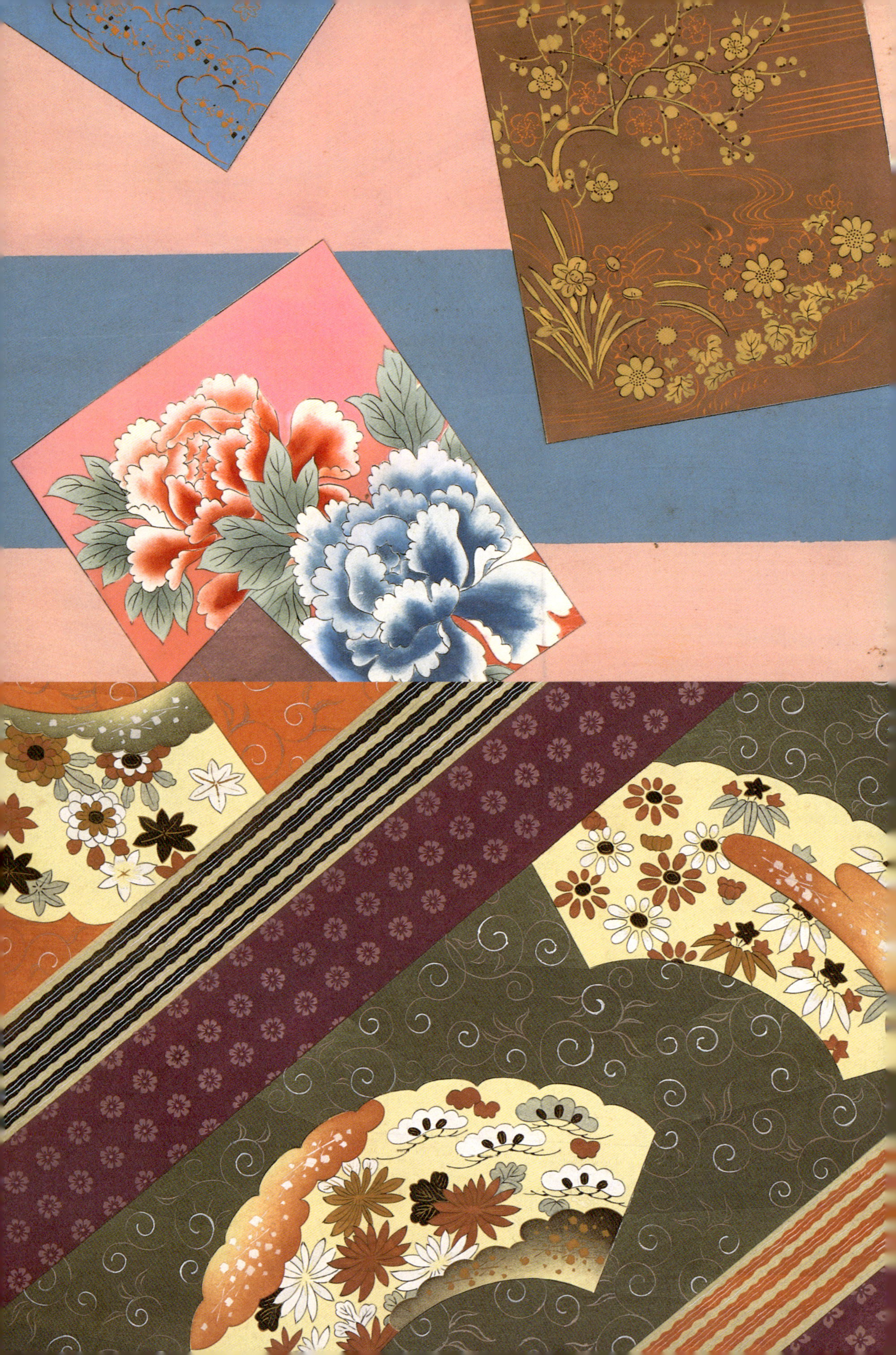

048

61
049

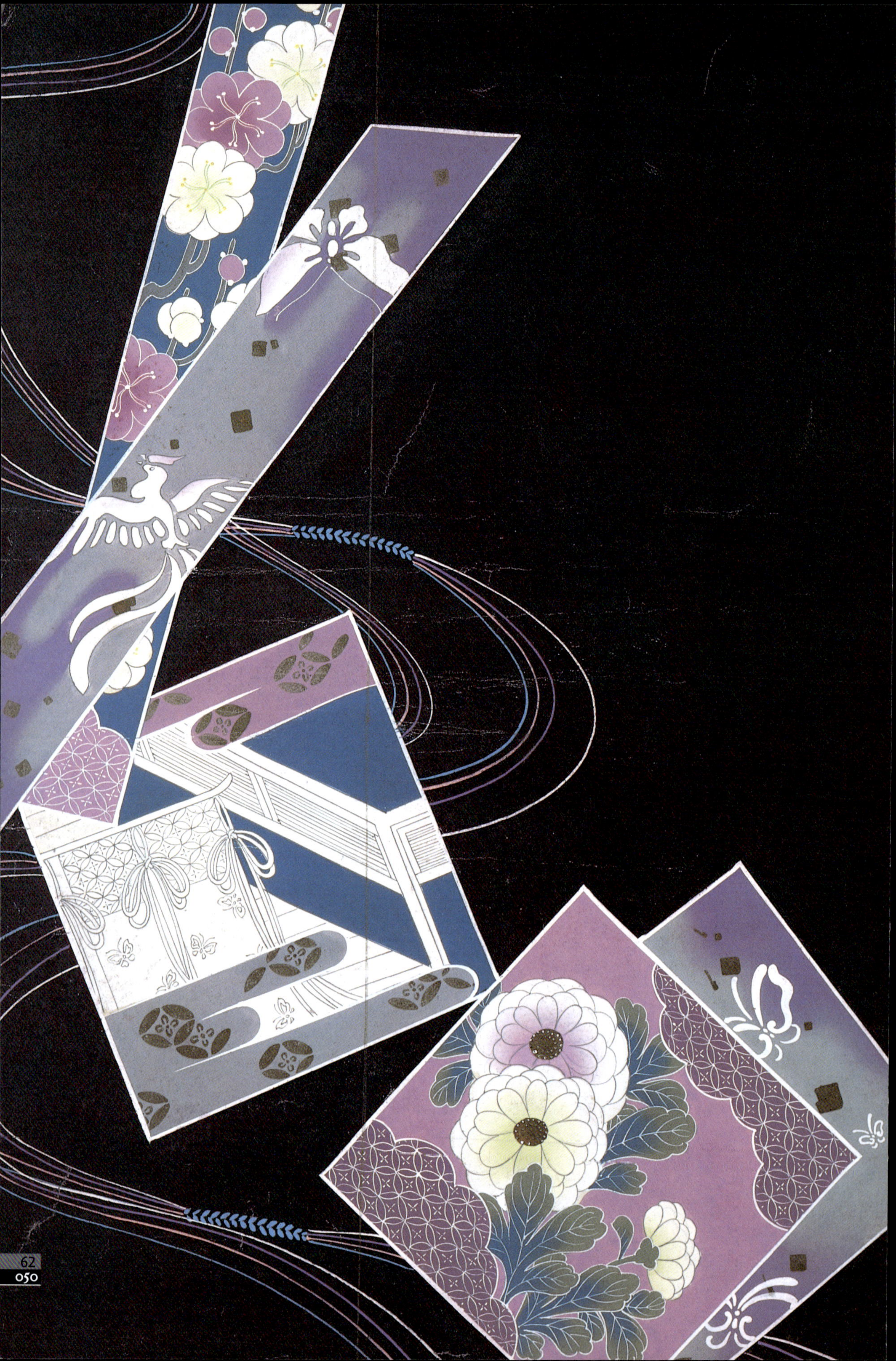

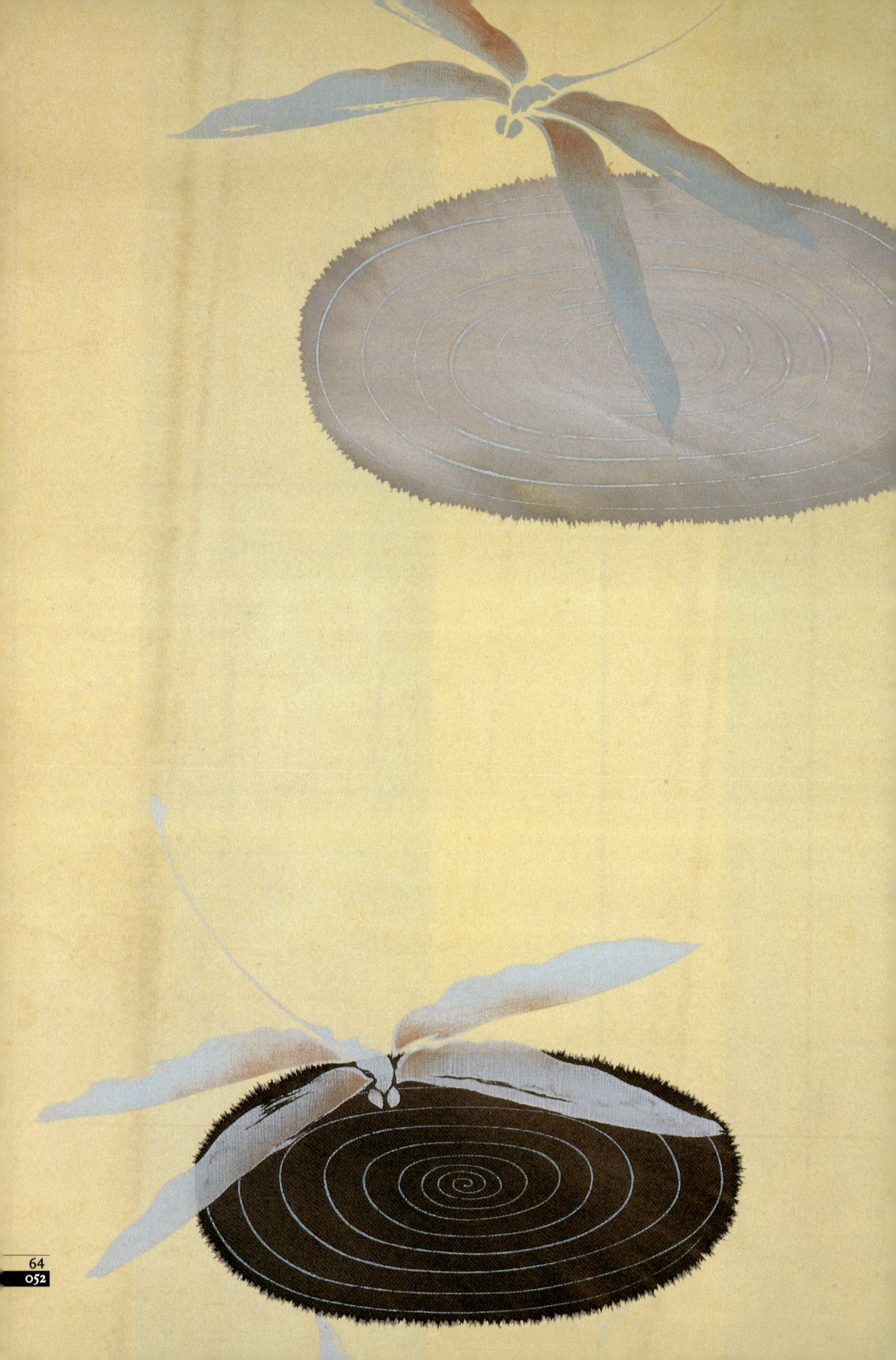

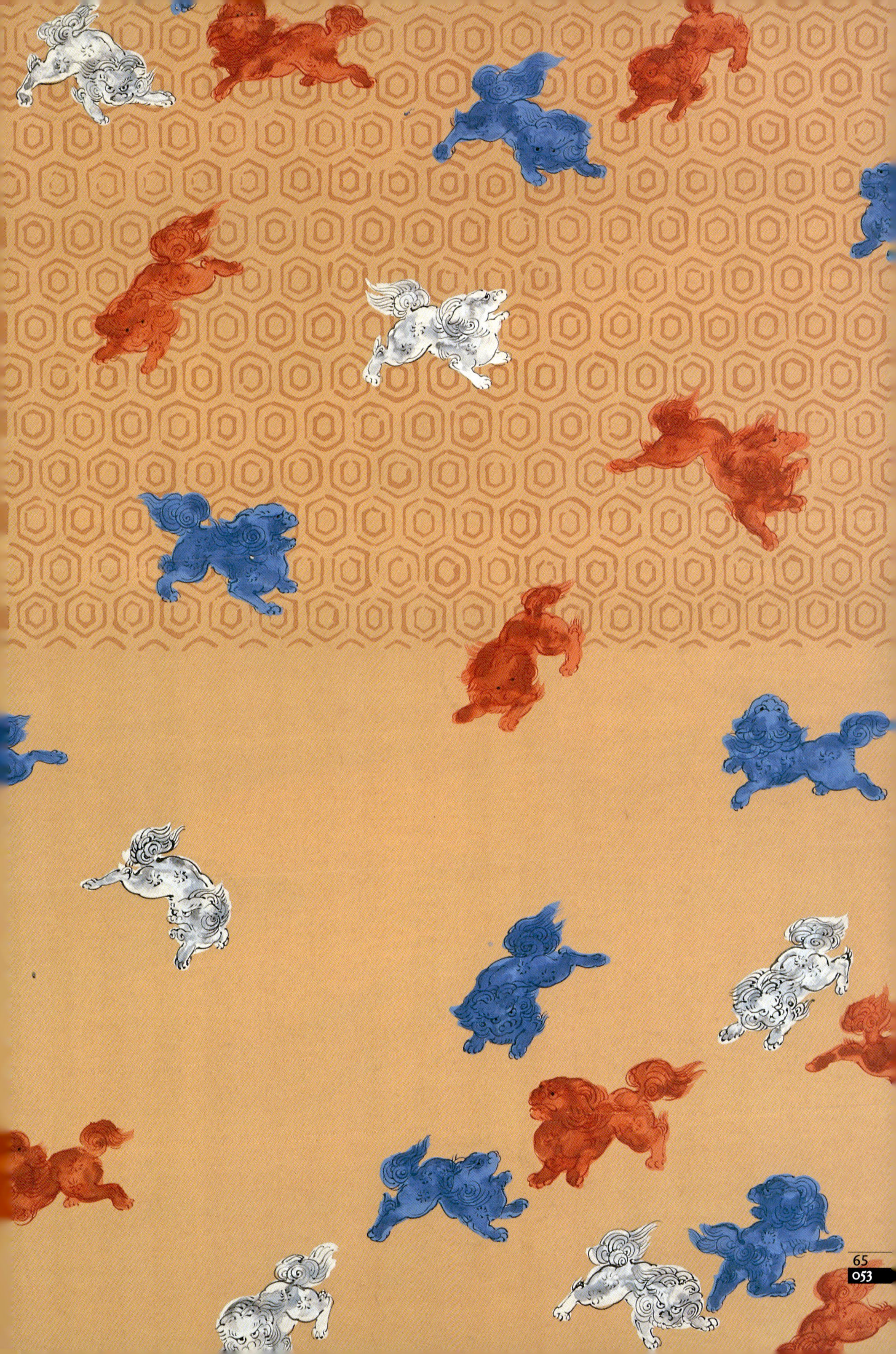

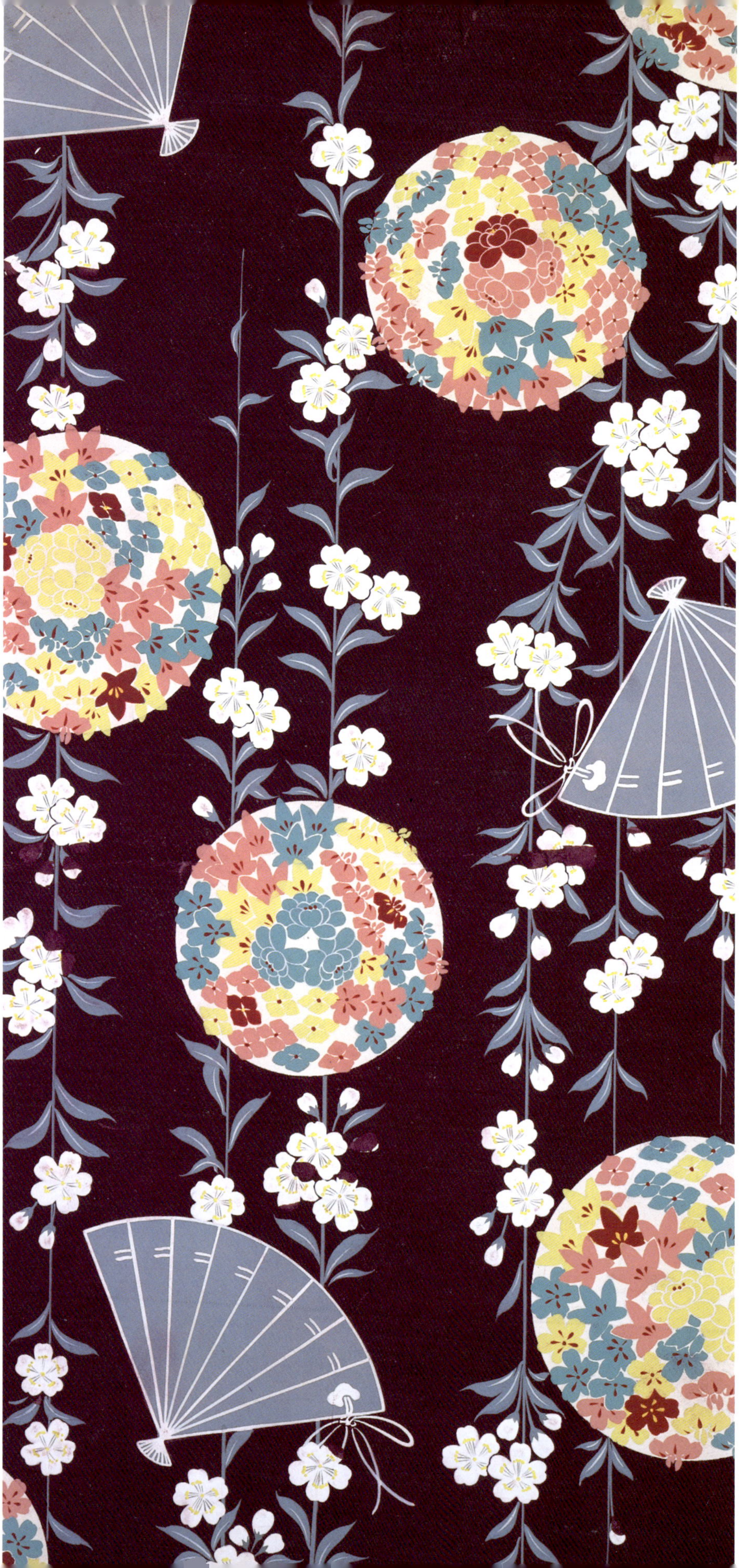

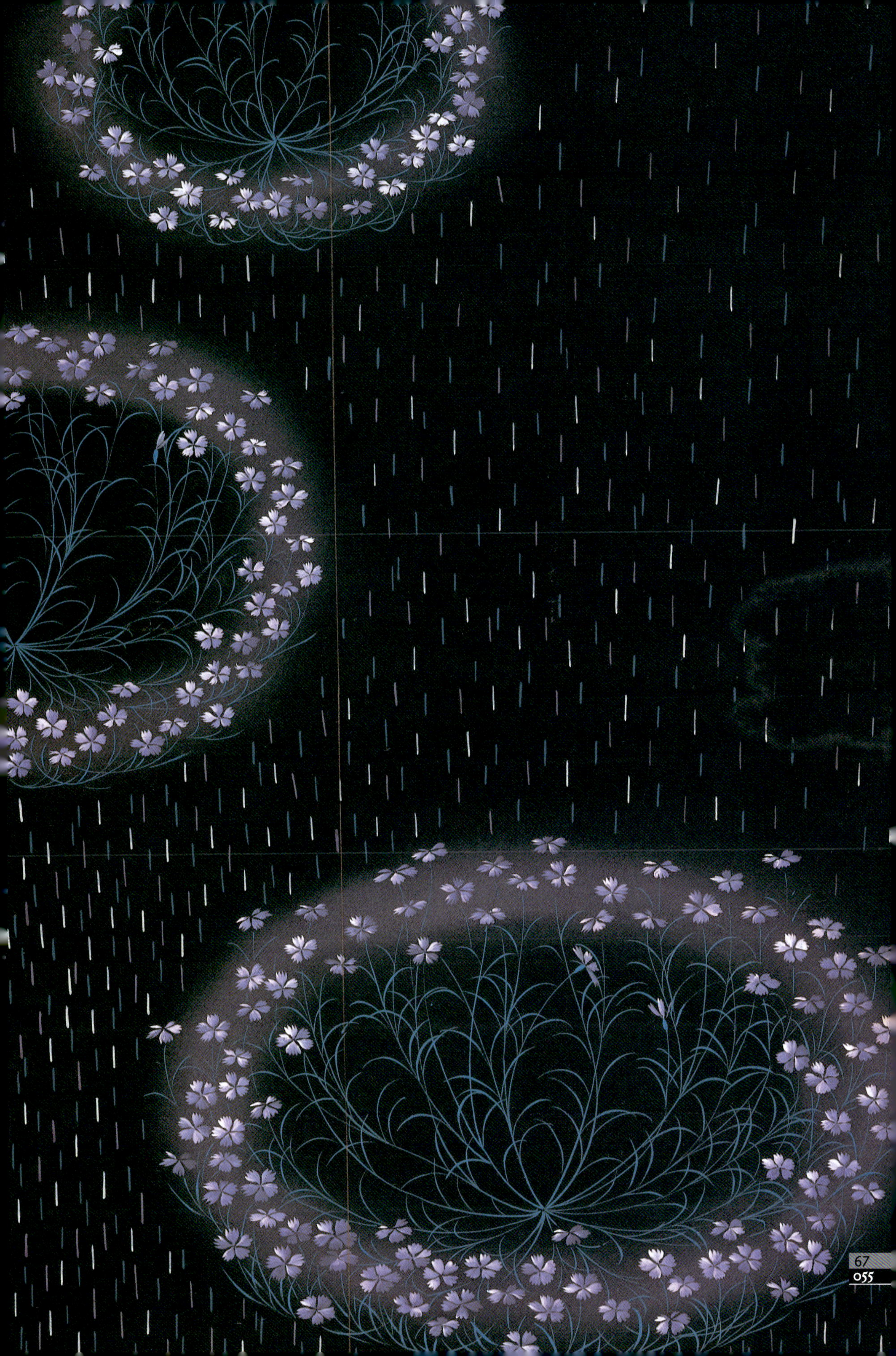

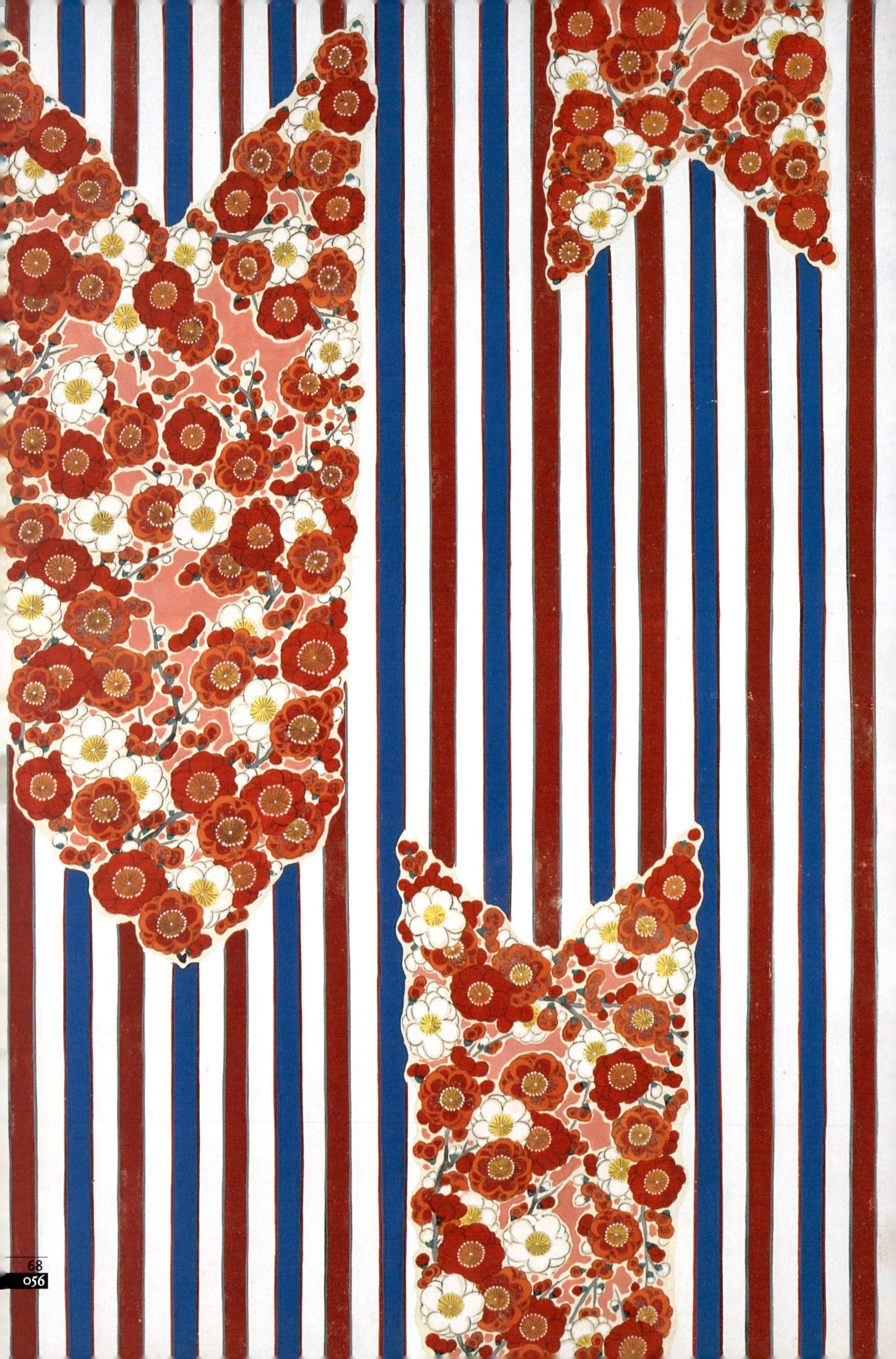

056

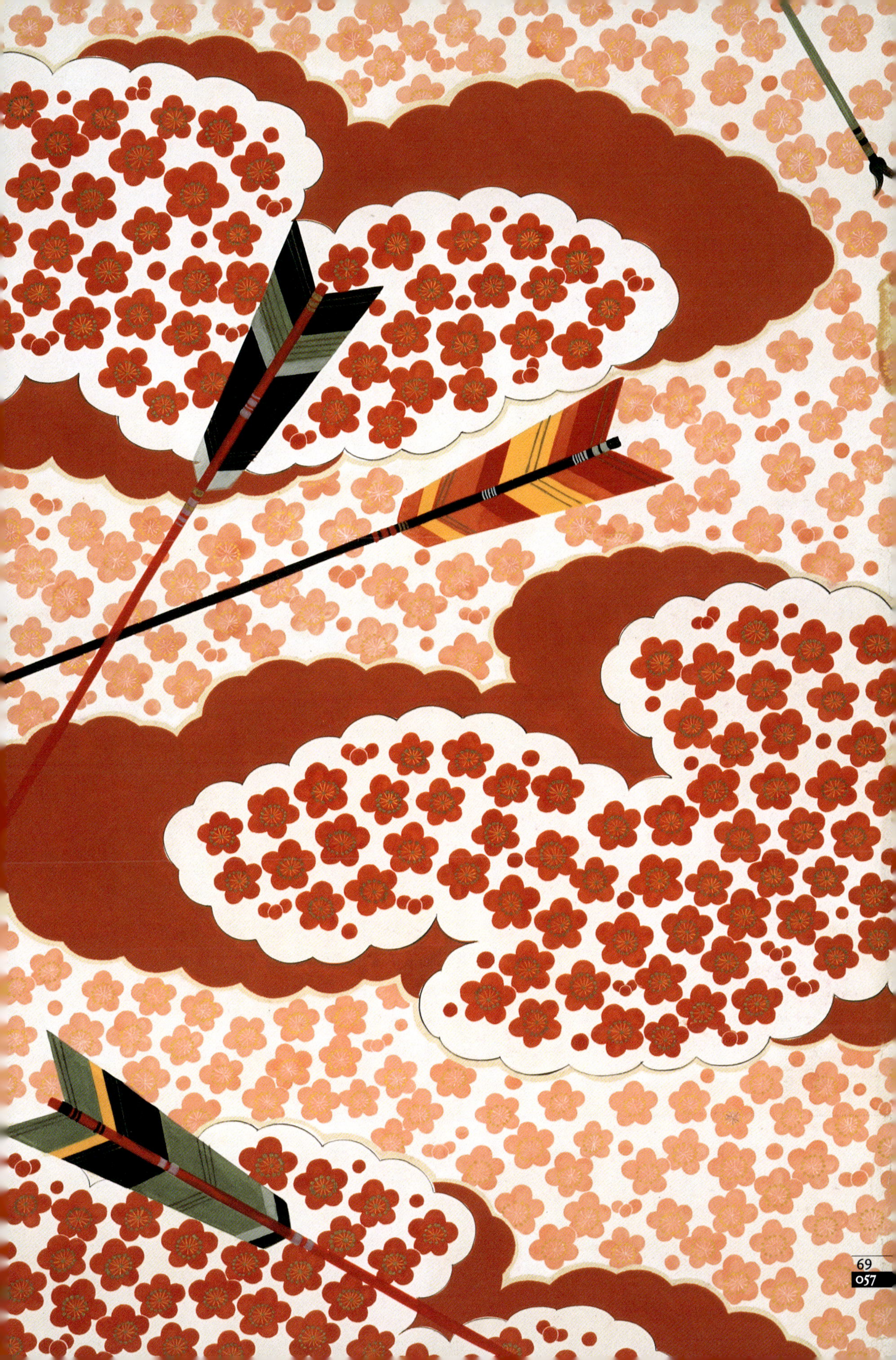

70
058

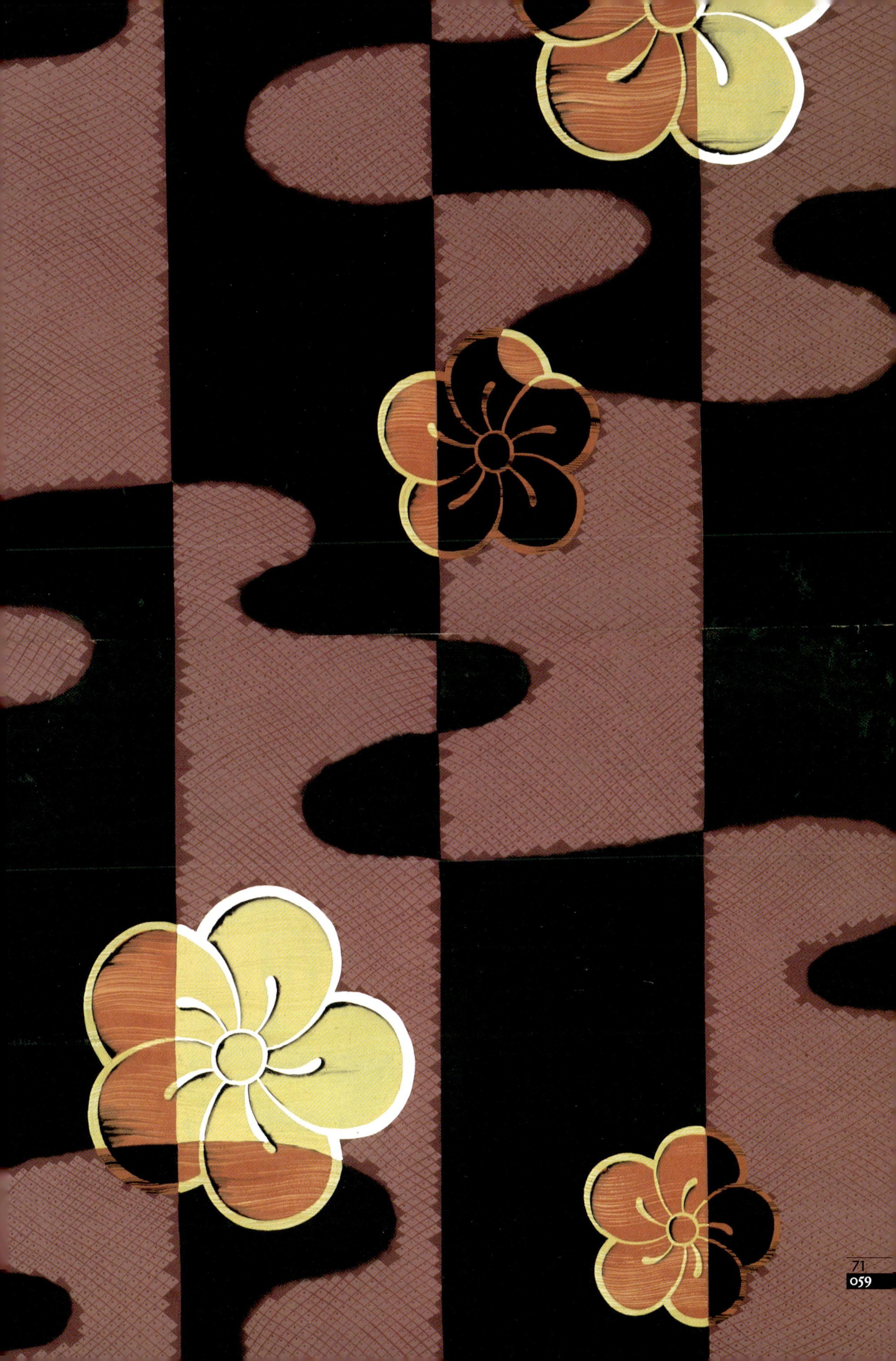

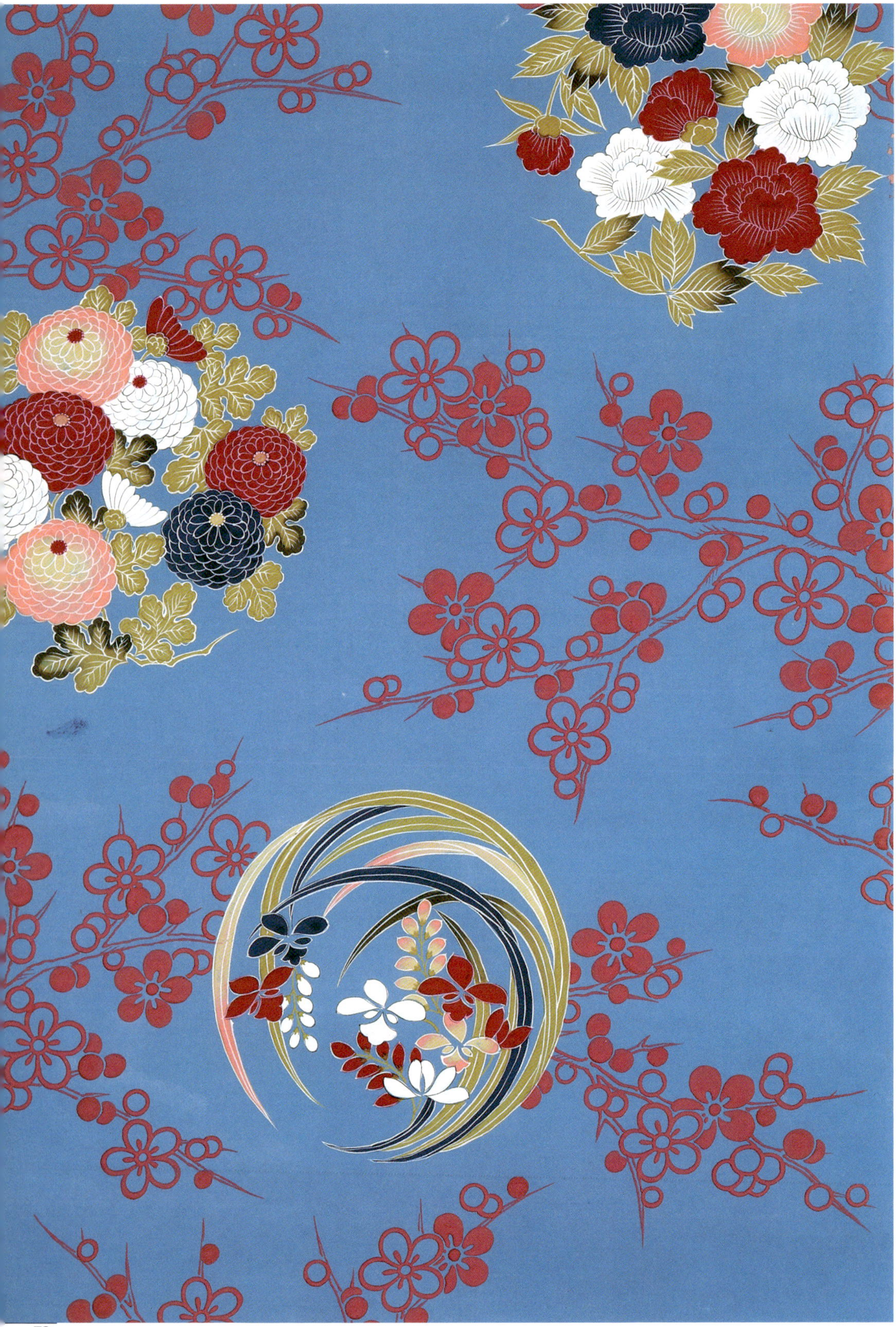

73
061

74
062

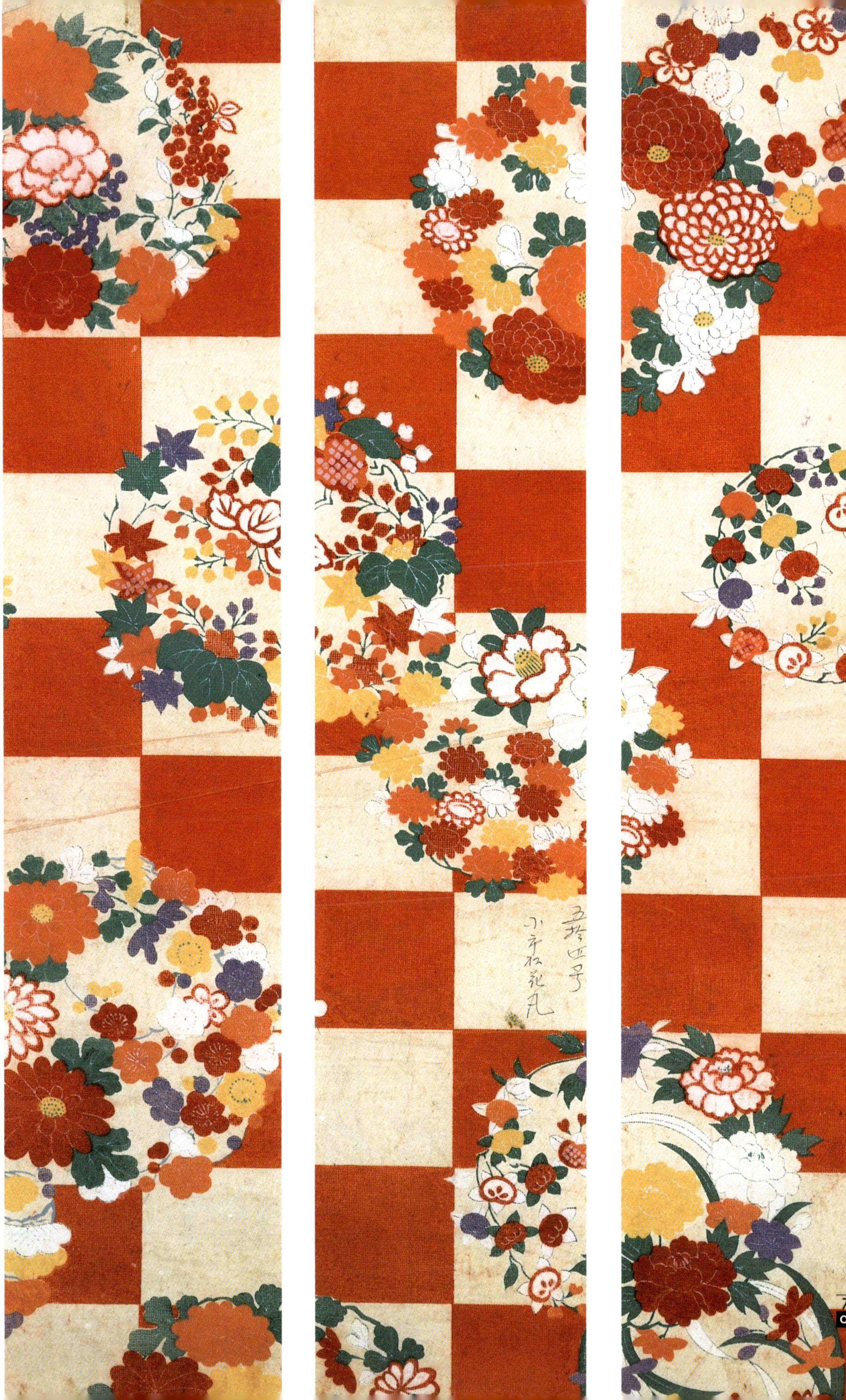
五拾四号
小市松花丸

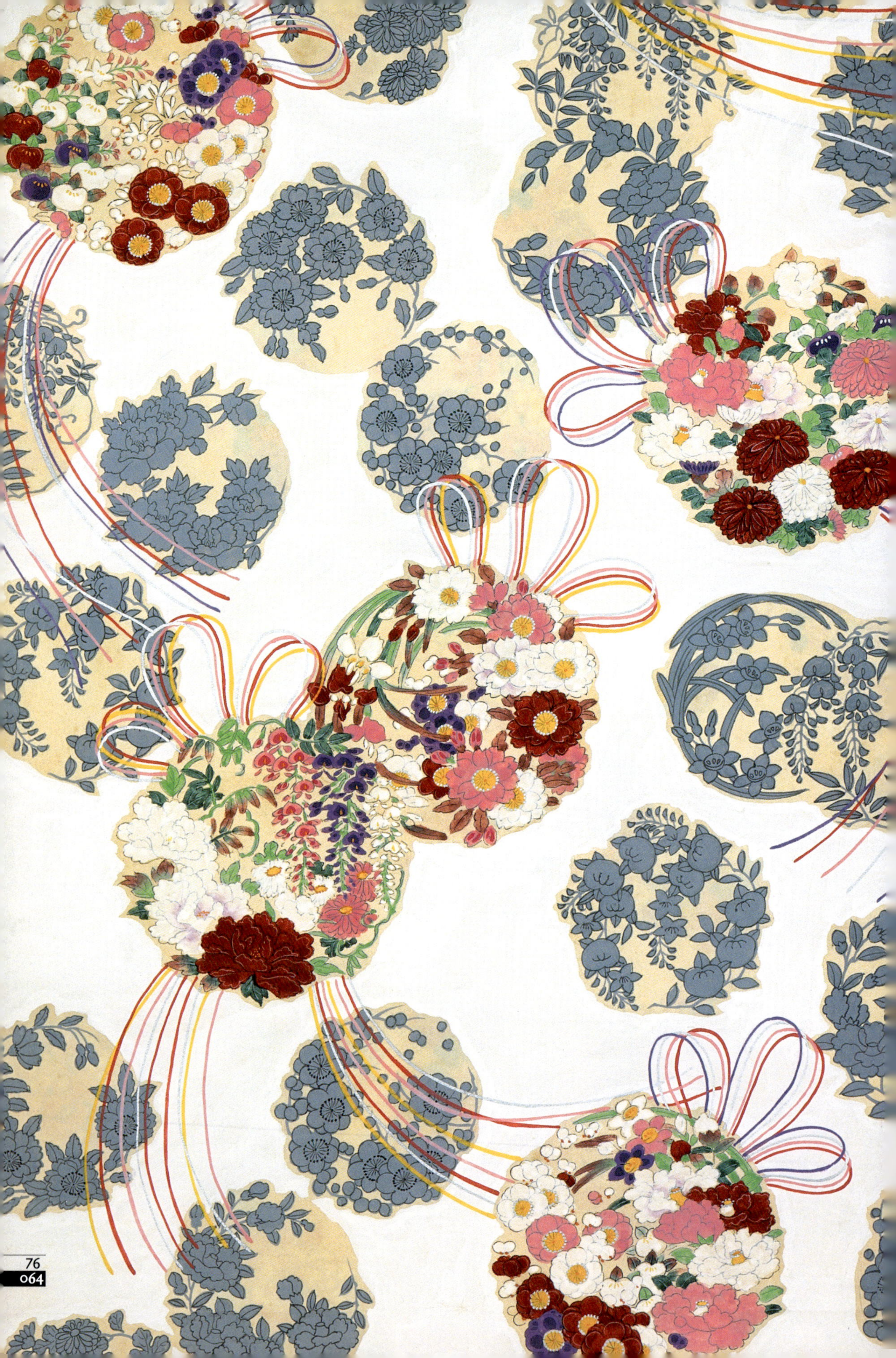

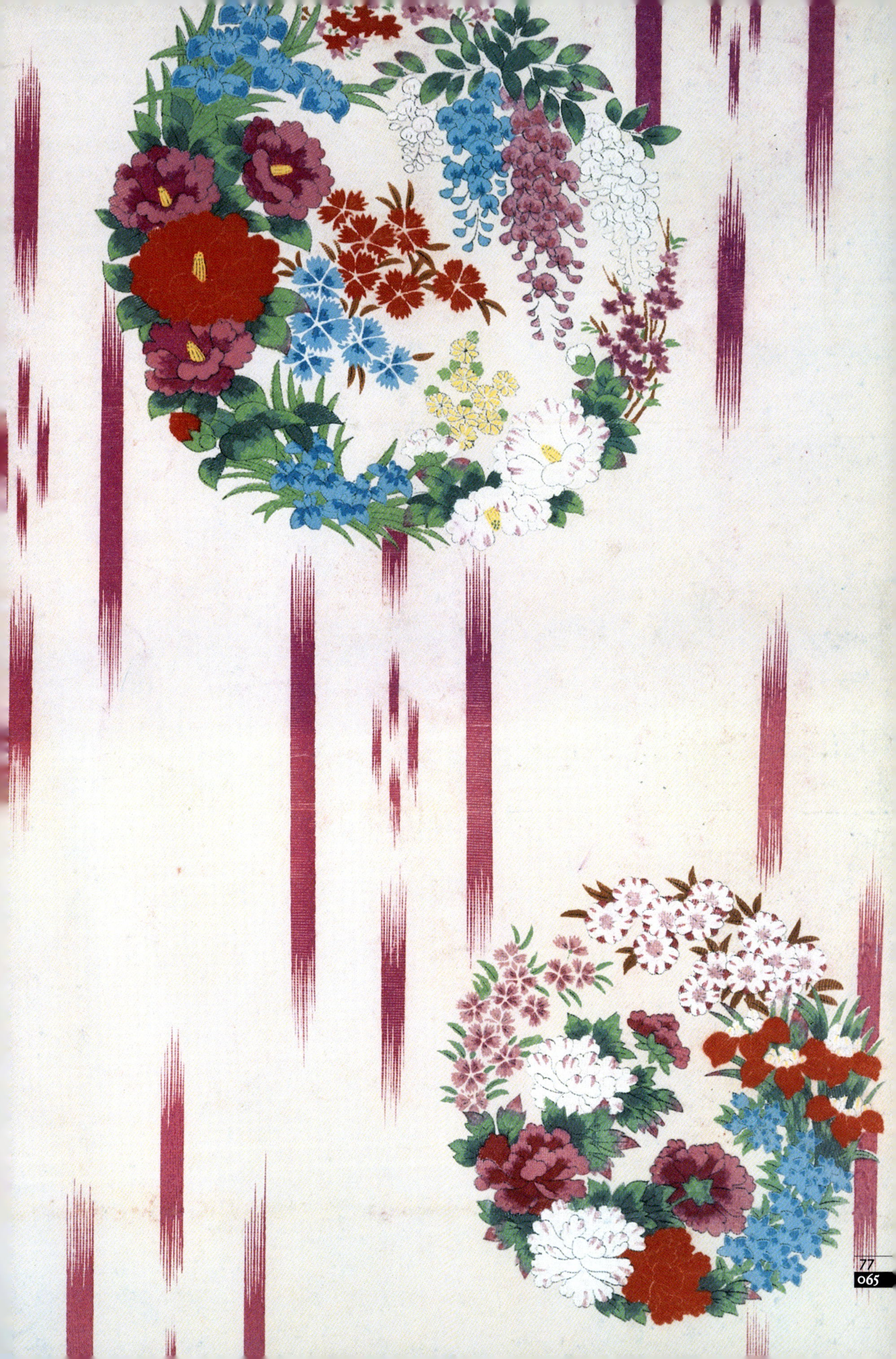

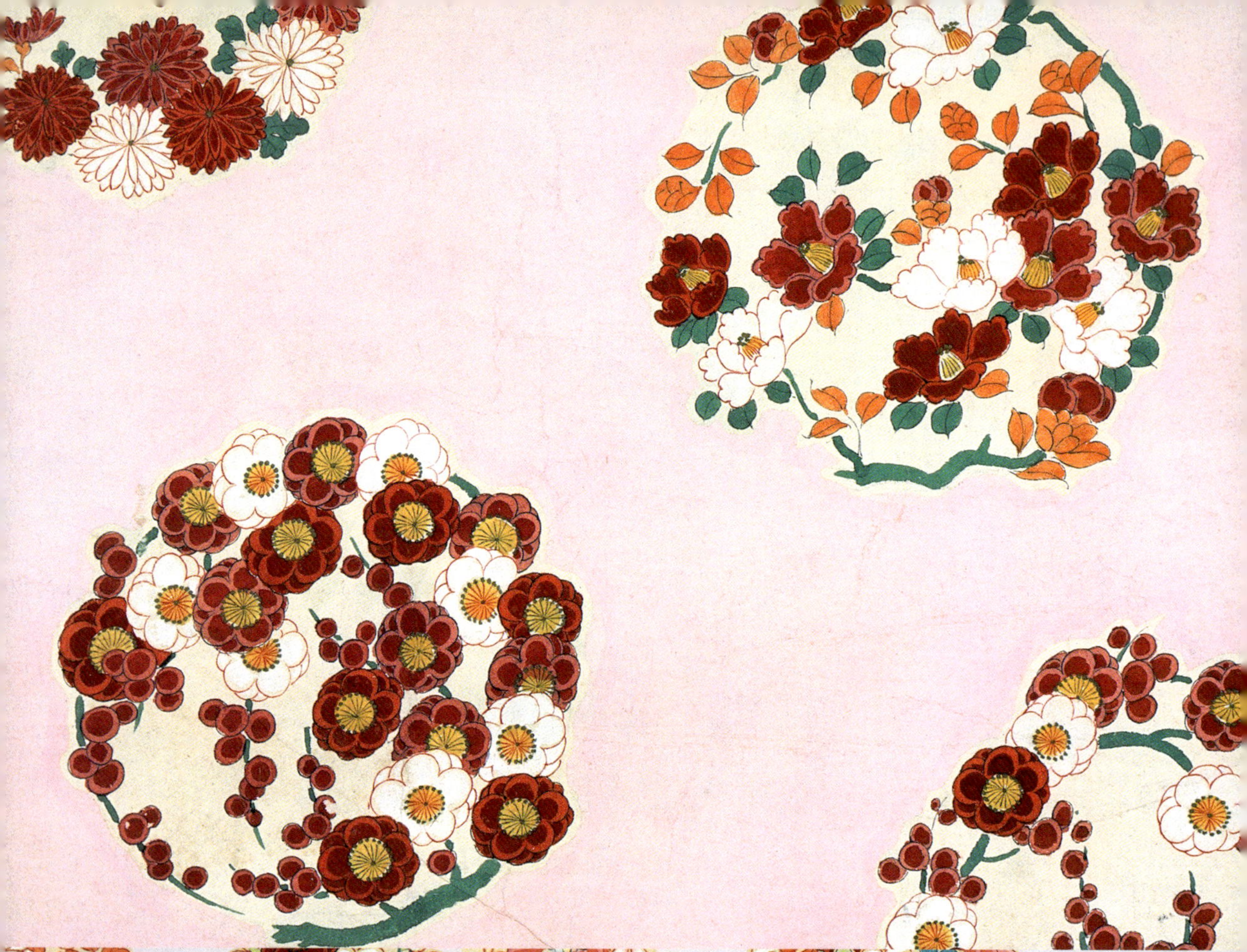

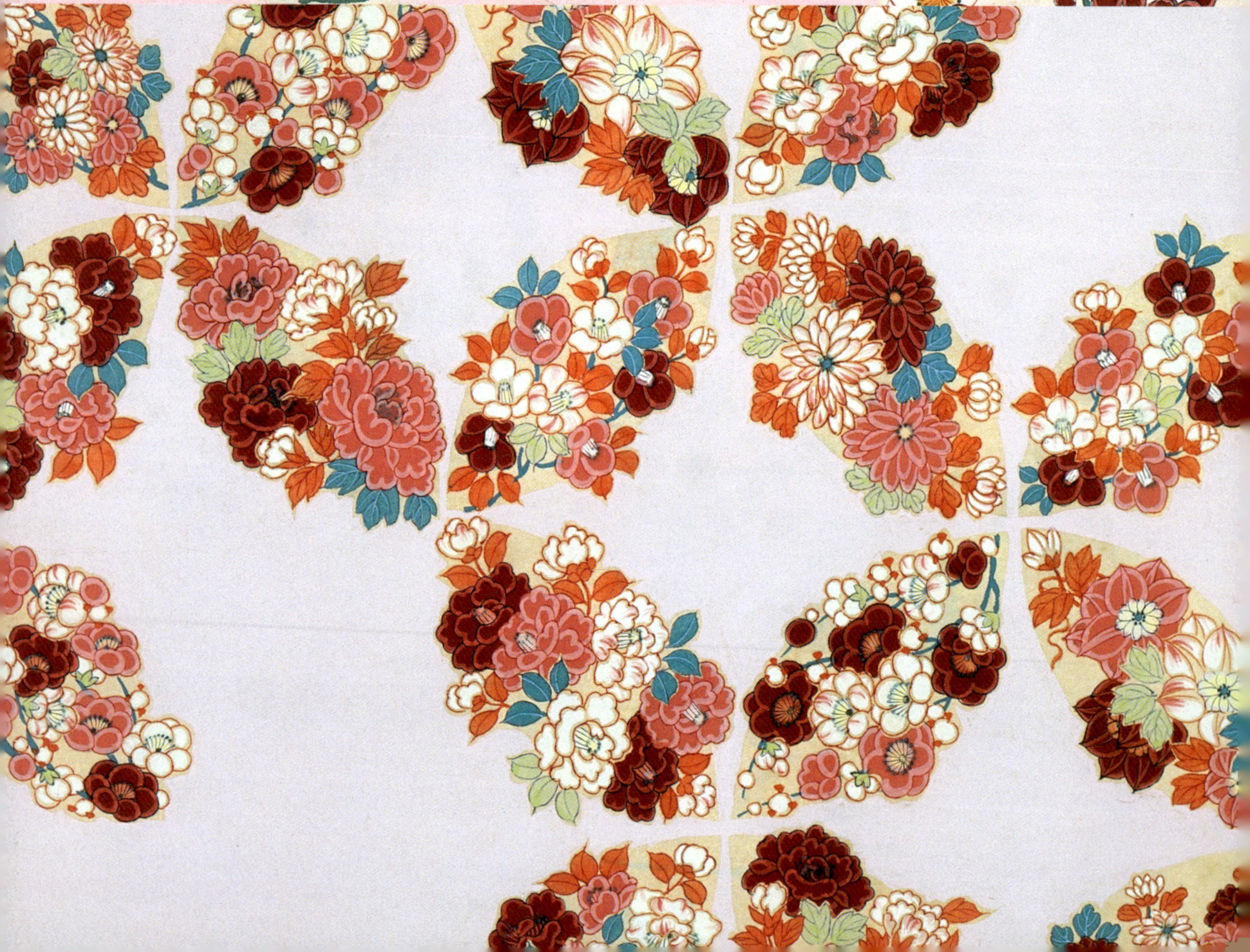

066

79
067

80
068

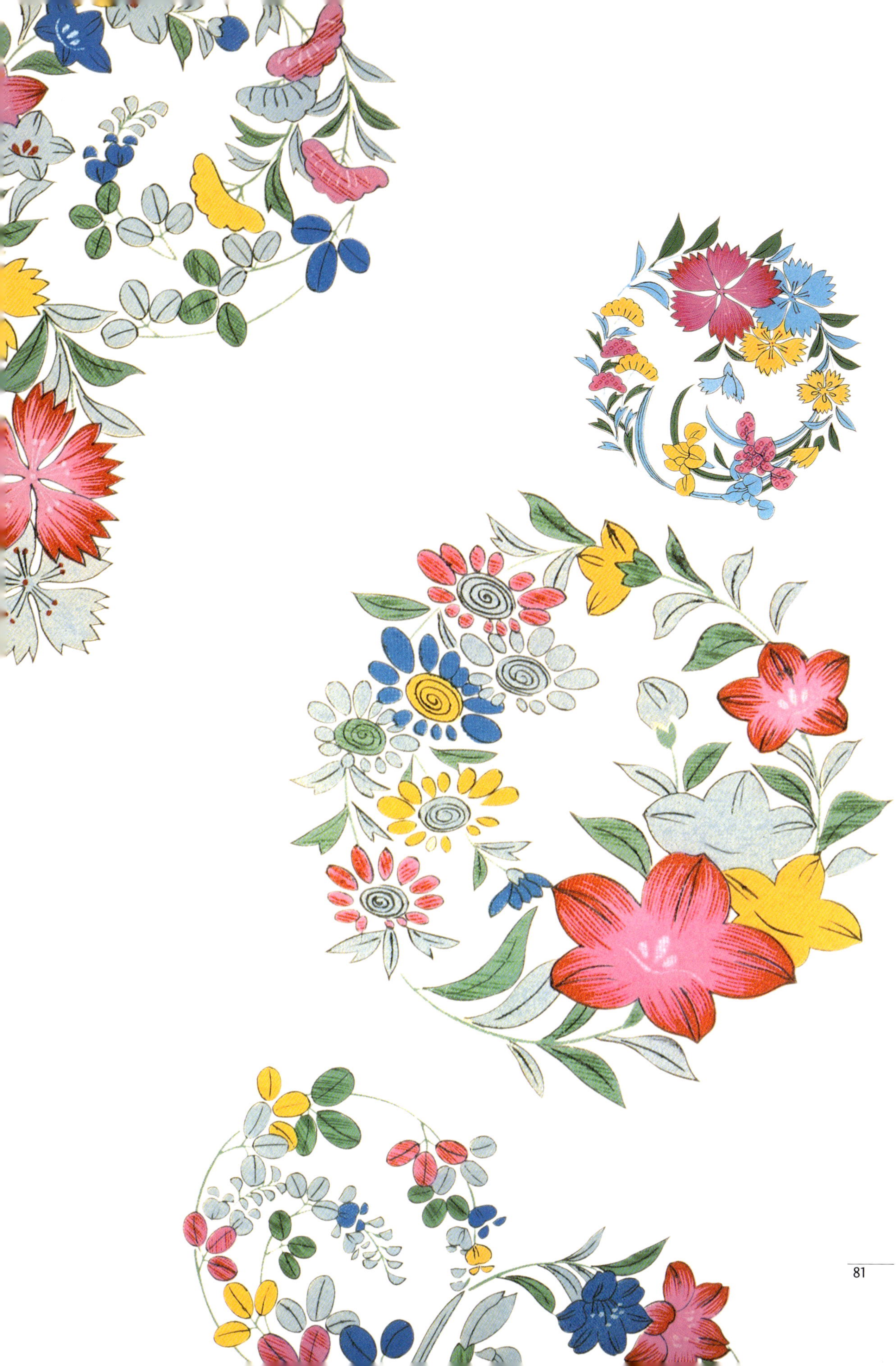

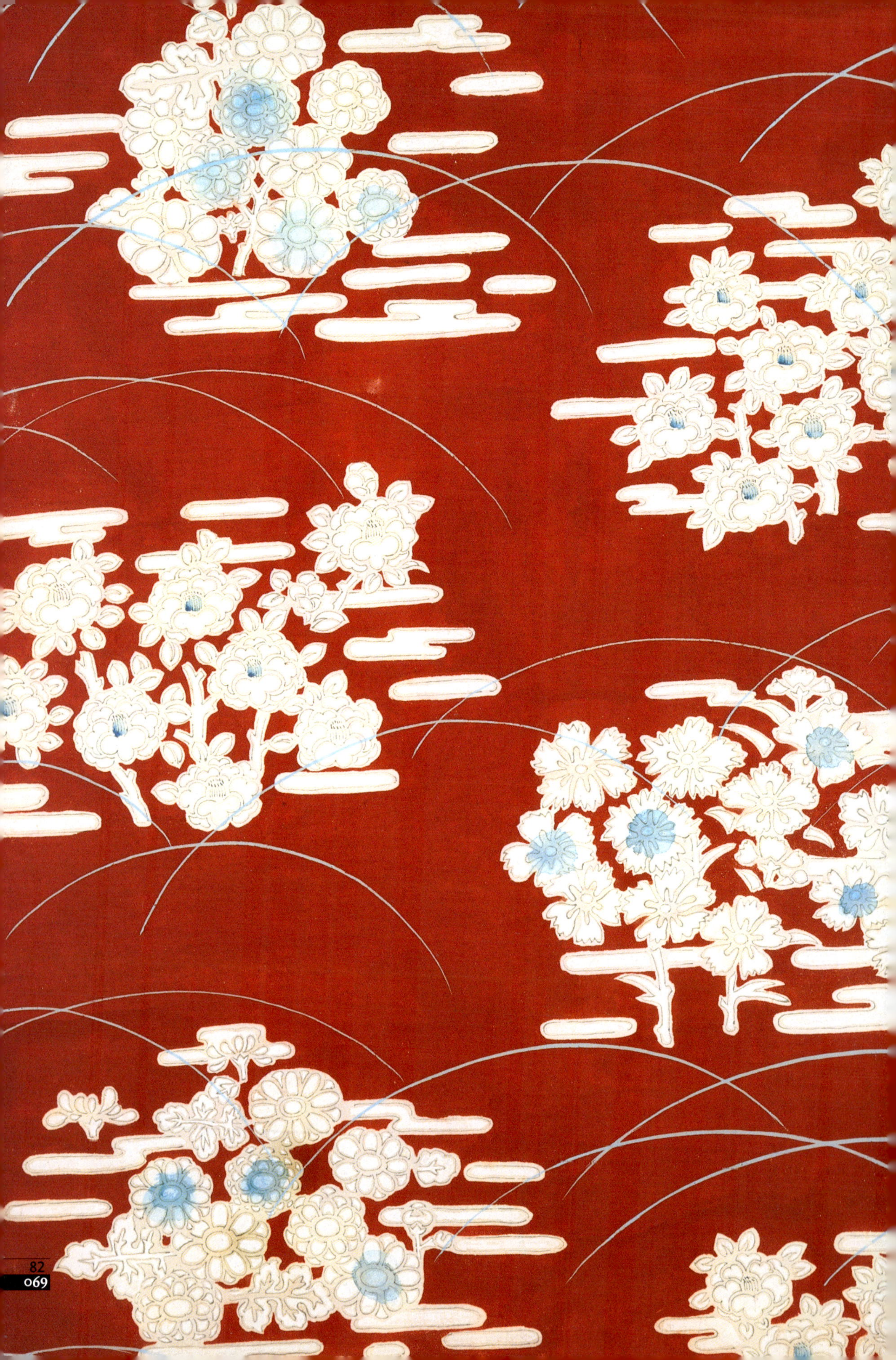

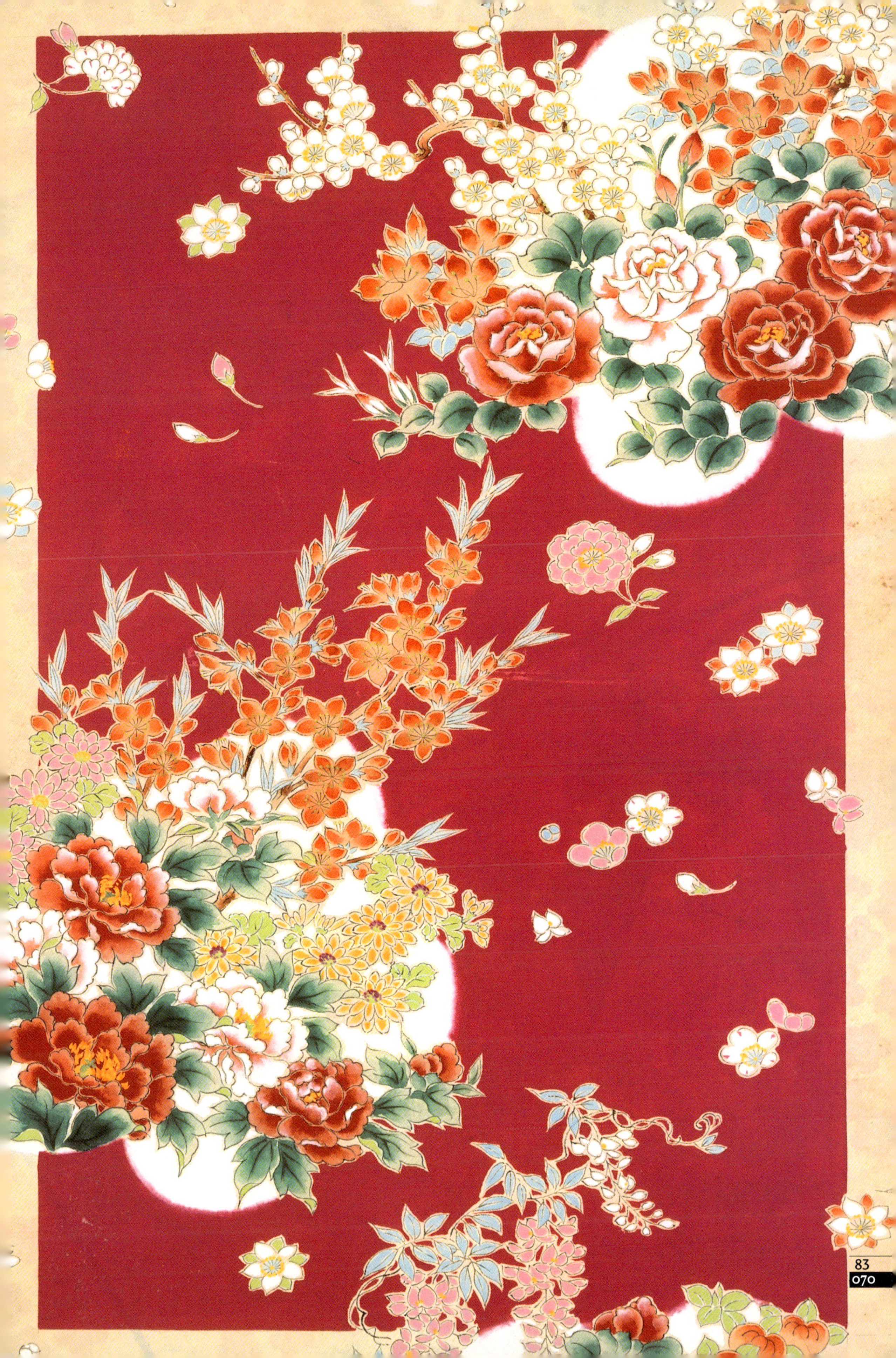

84
071

072

073

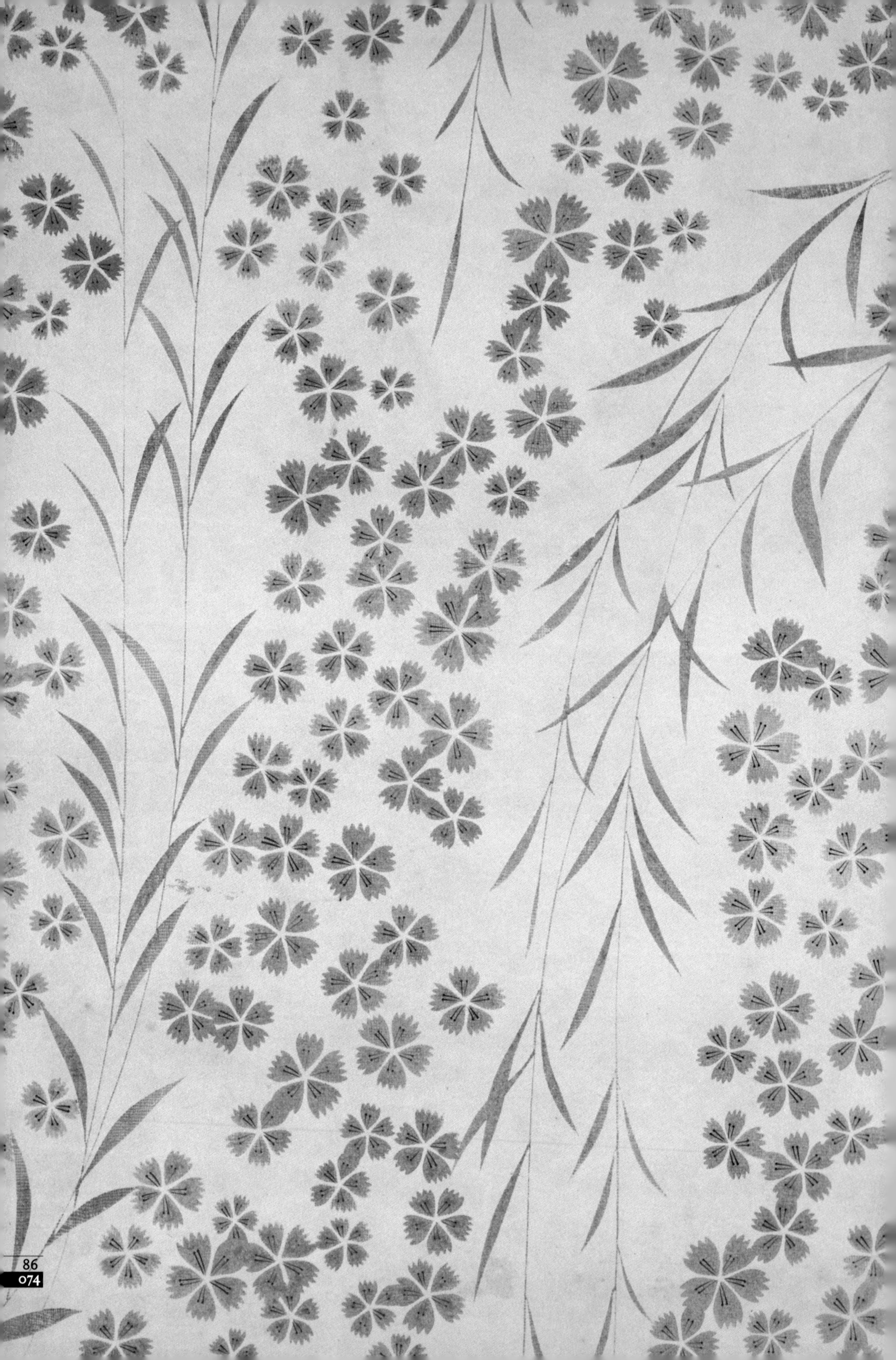

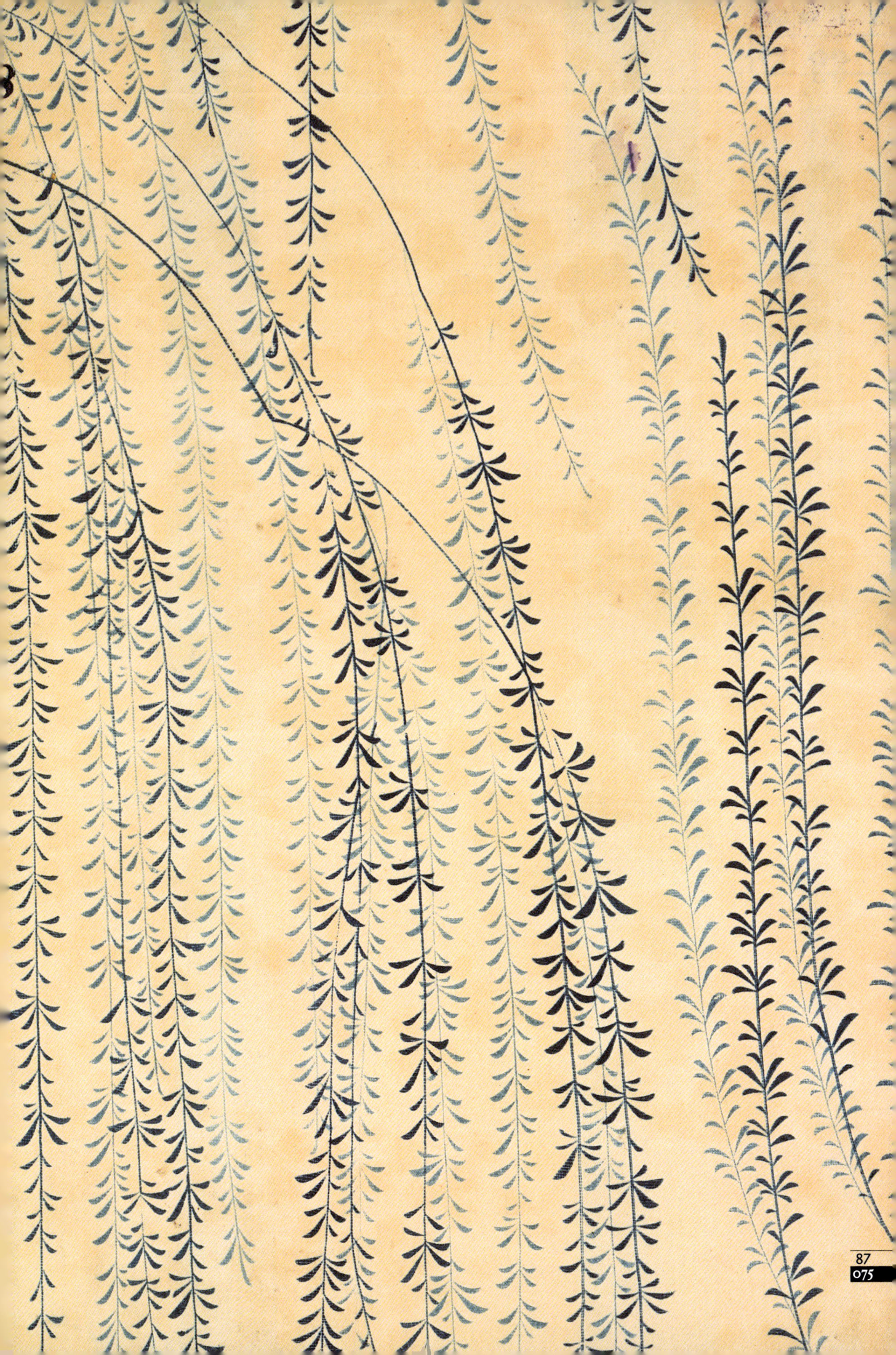

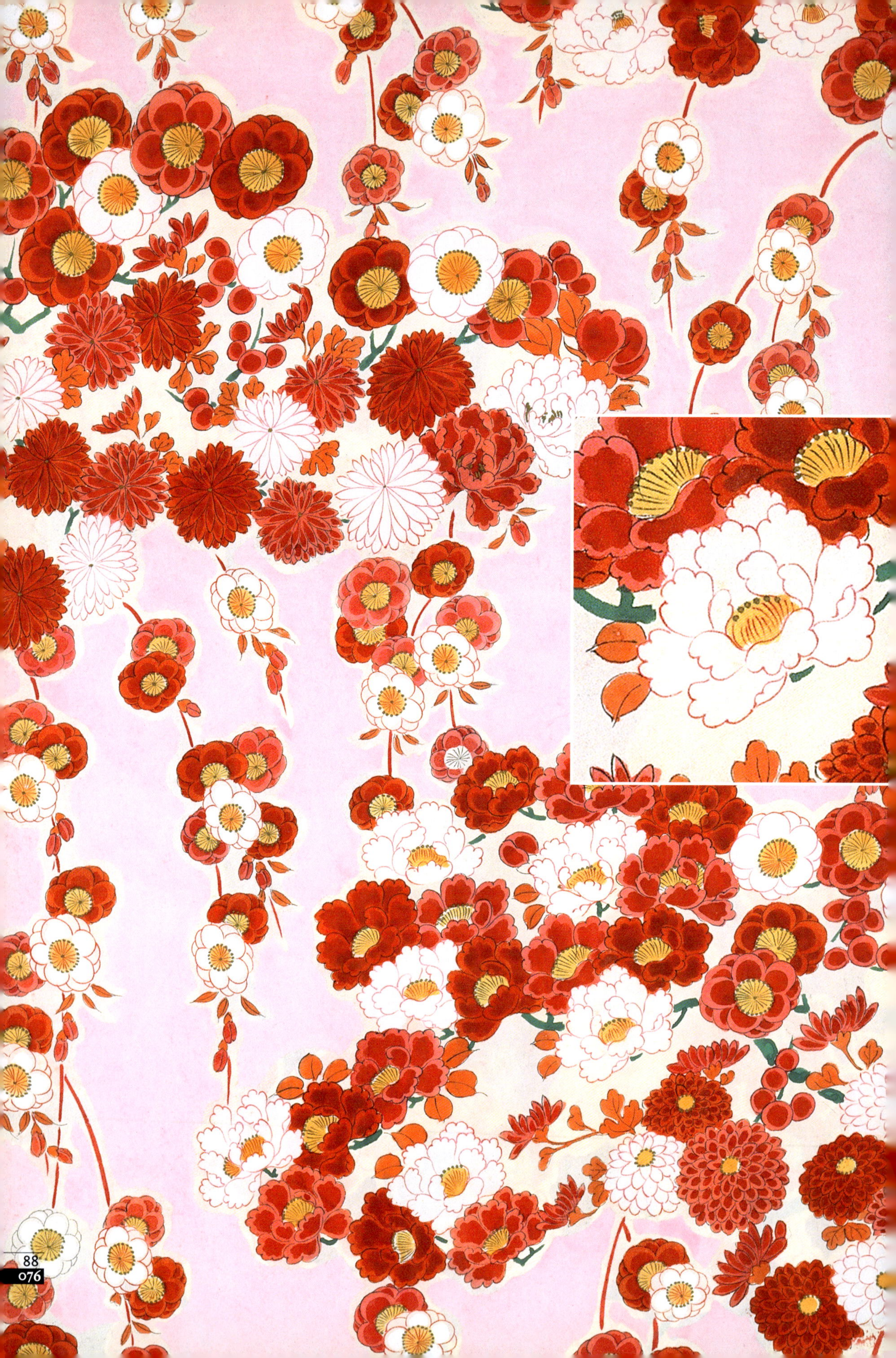

076

七枝椿

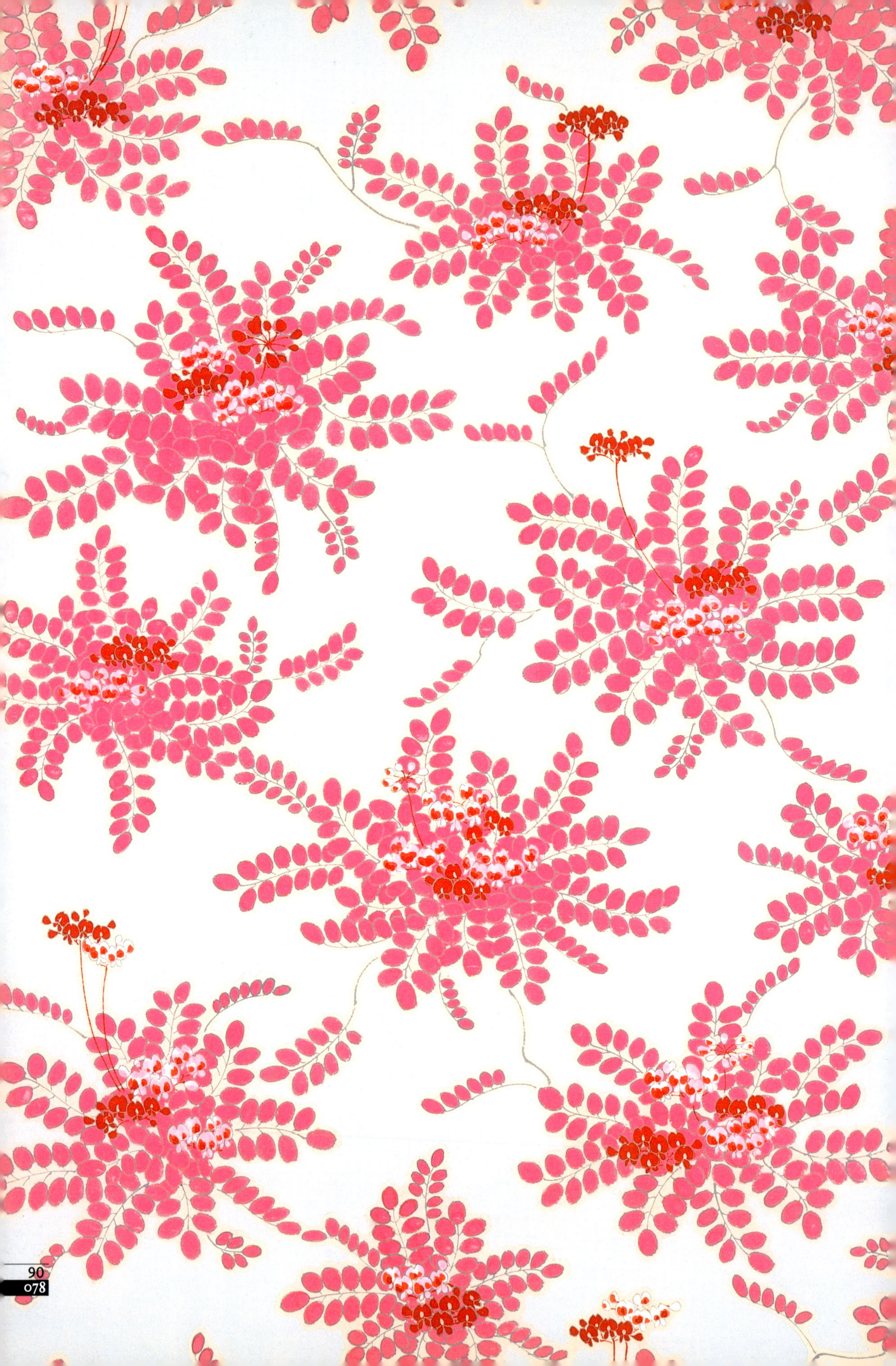

078

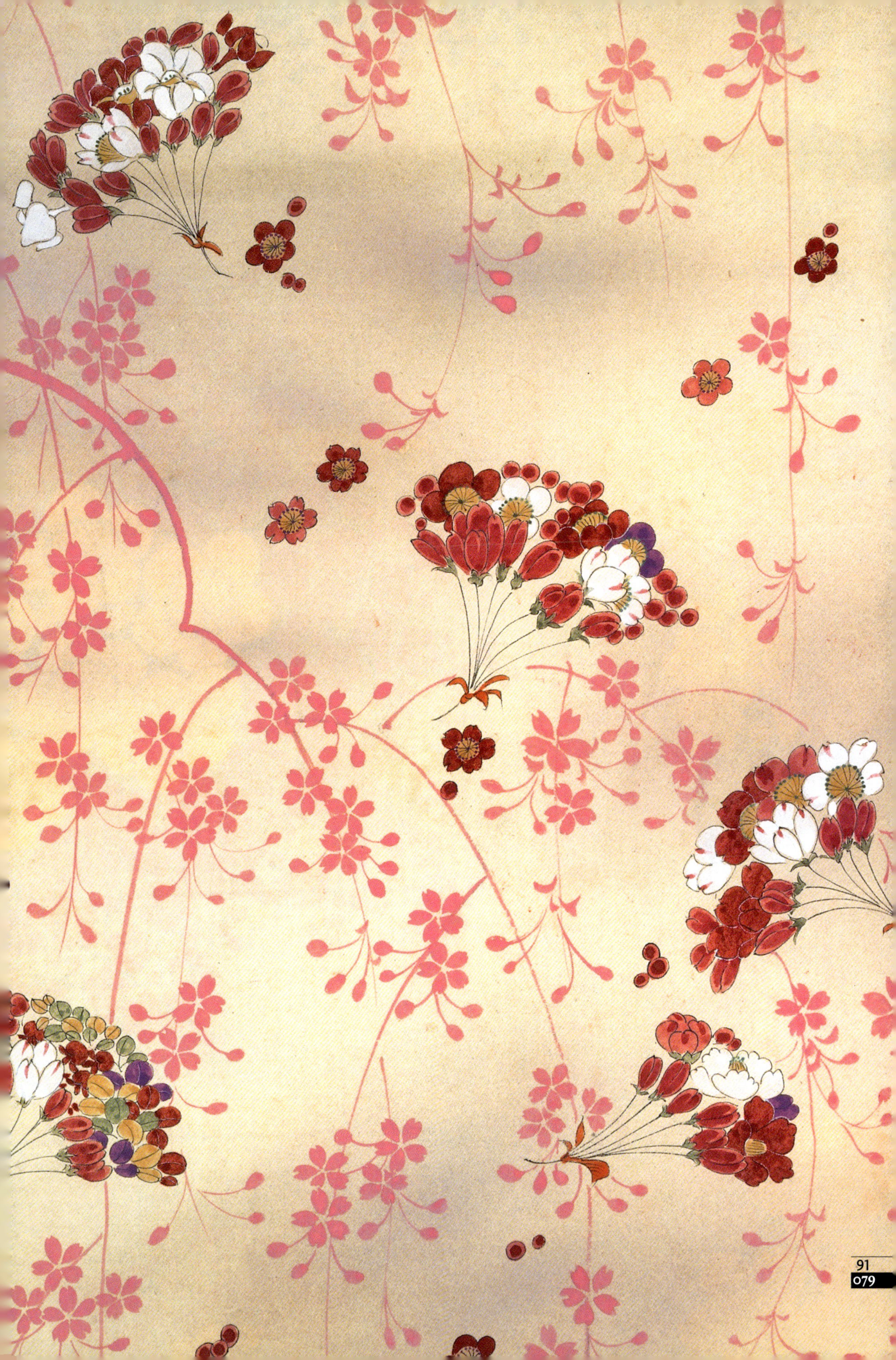

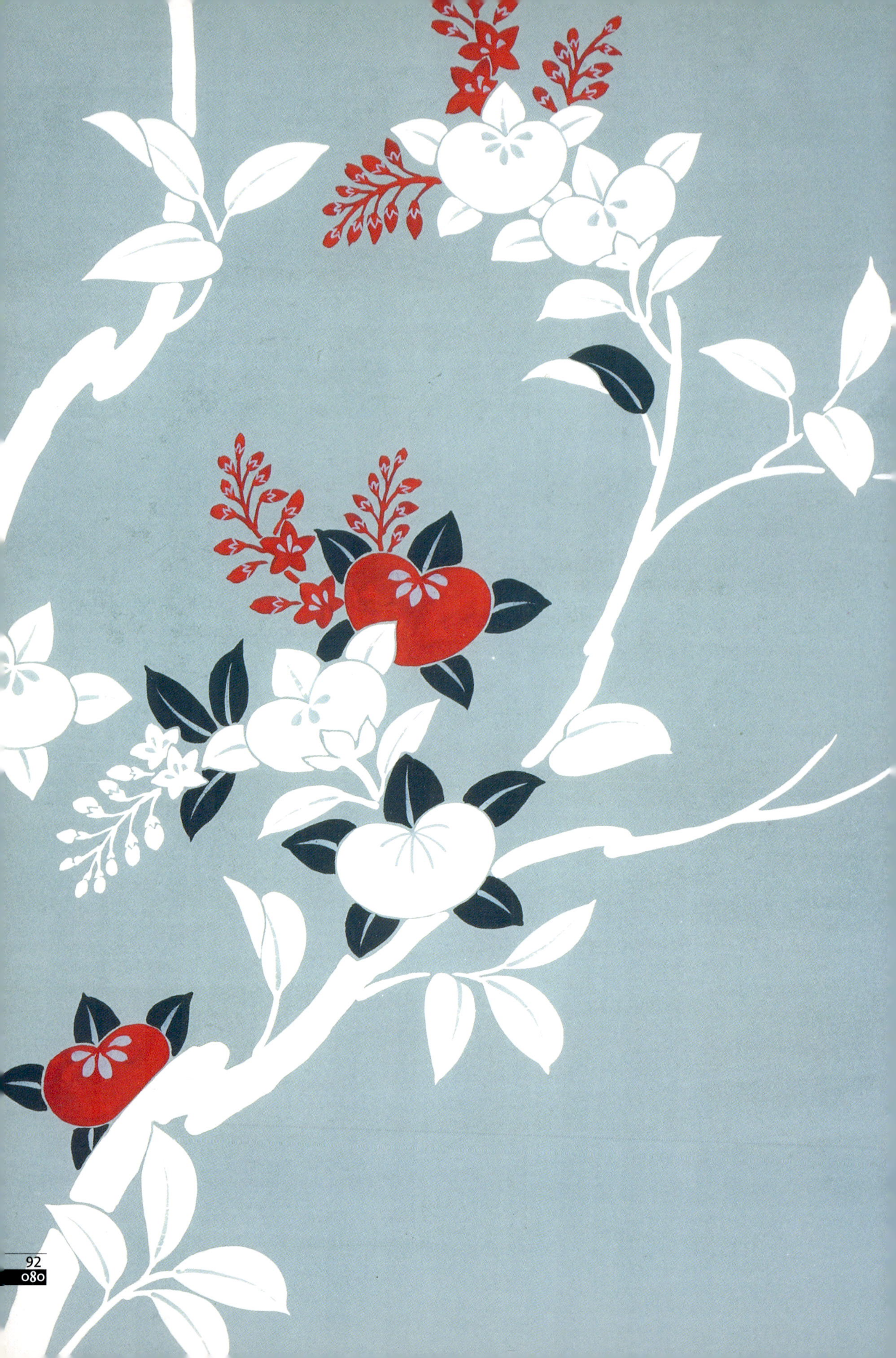

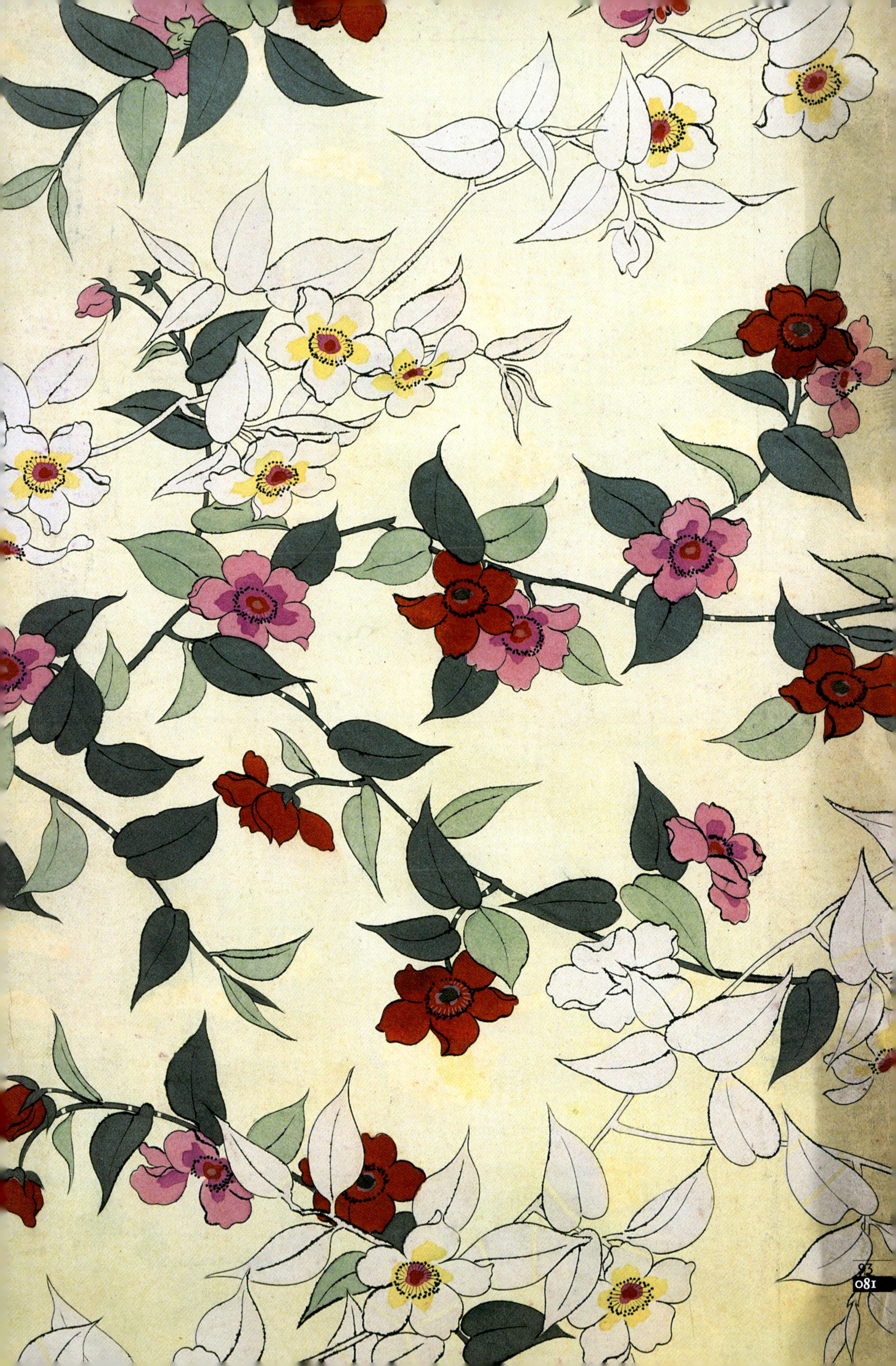

082
083

084
095
085

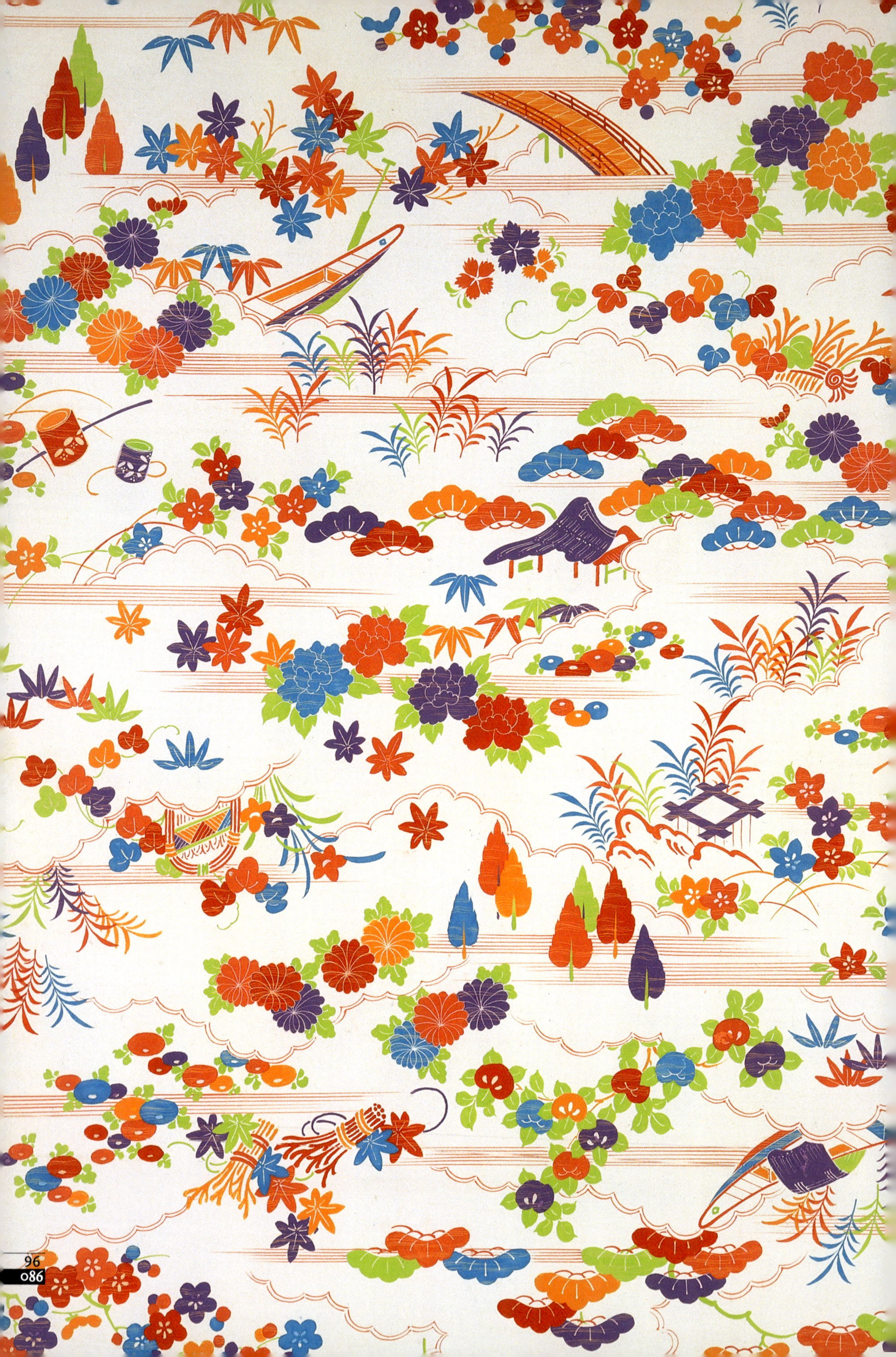

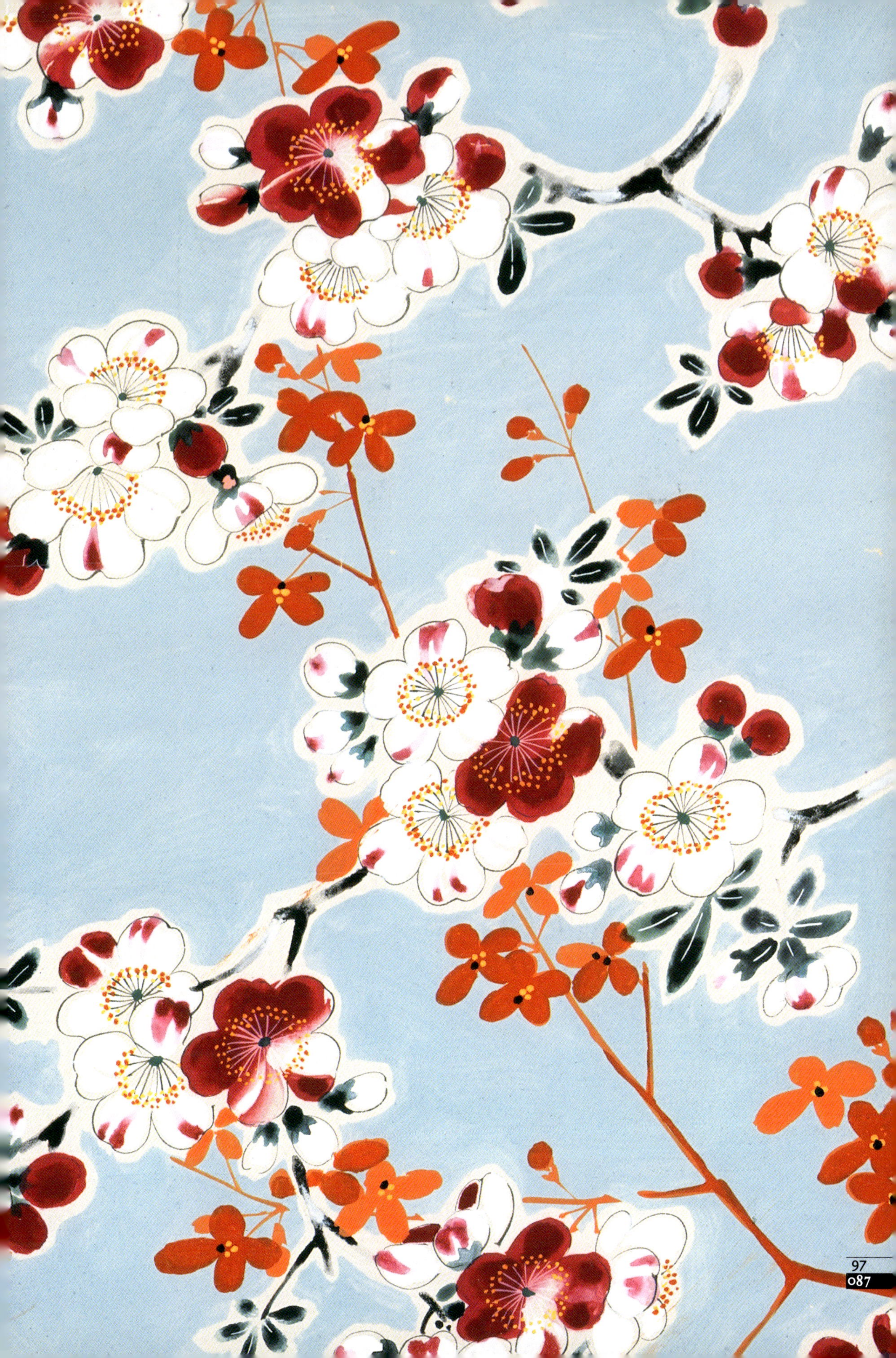

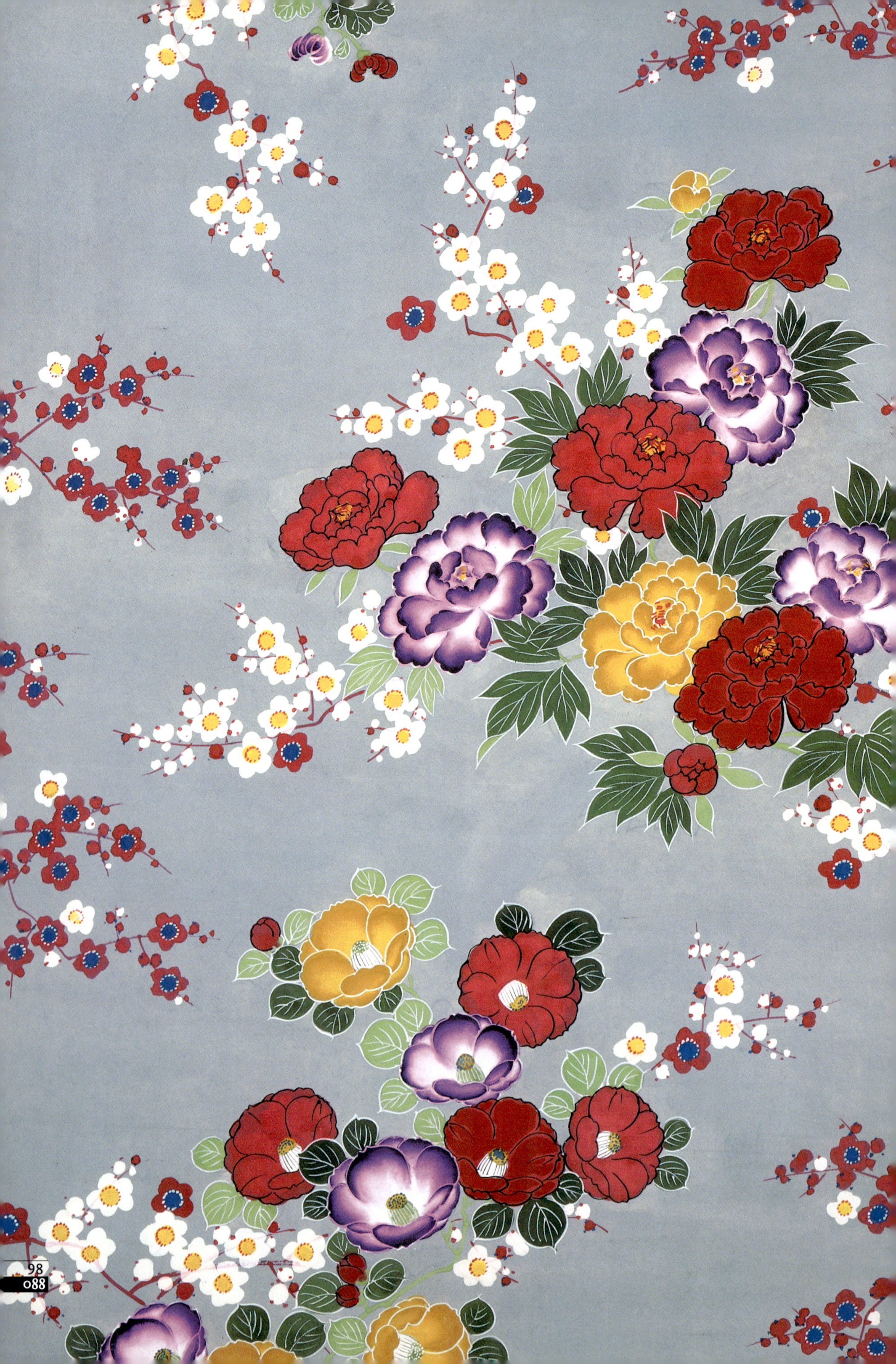

088

99
089

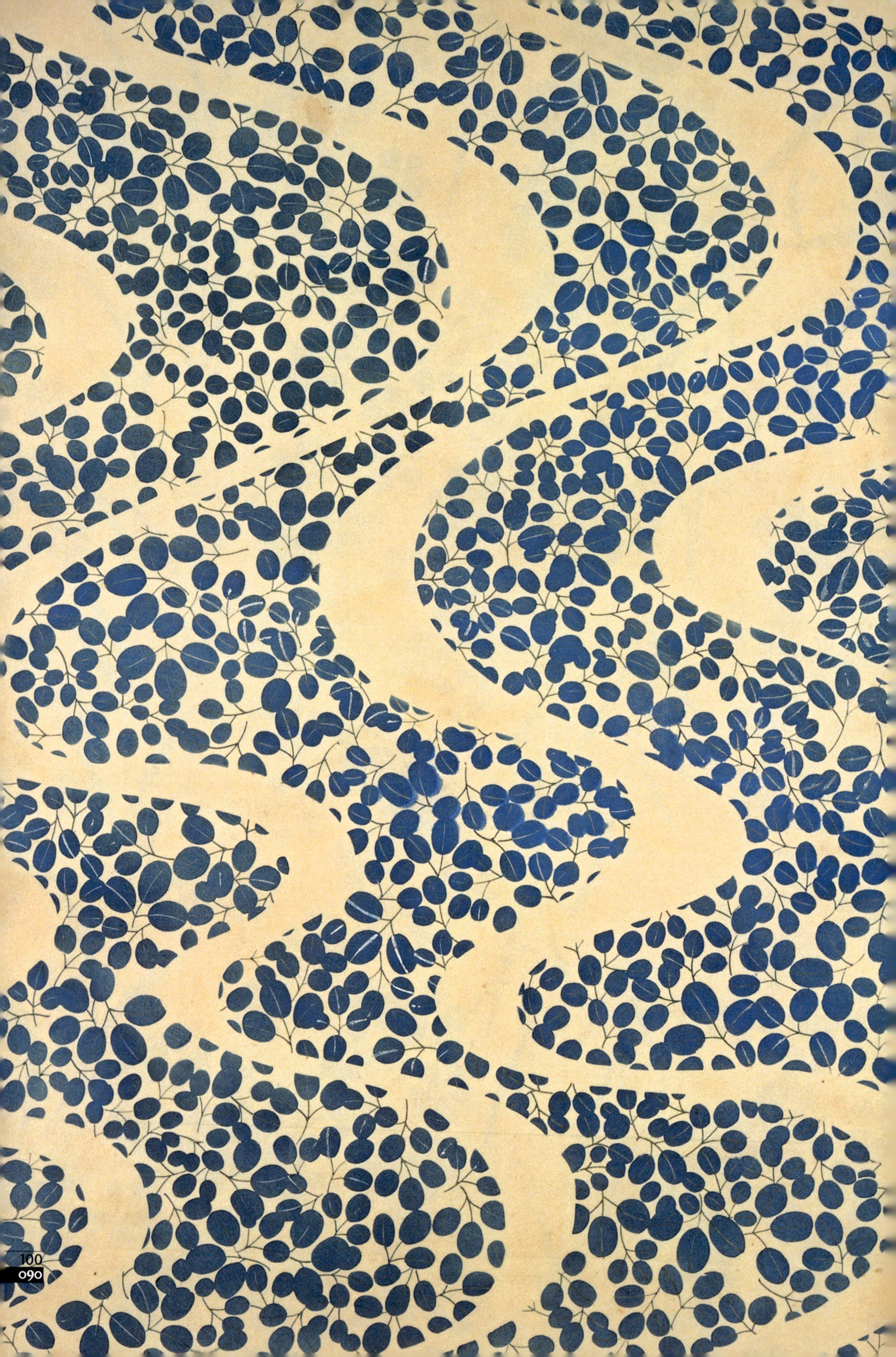

桜芋流水

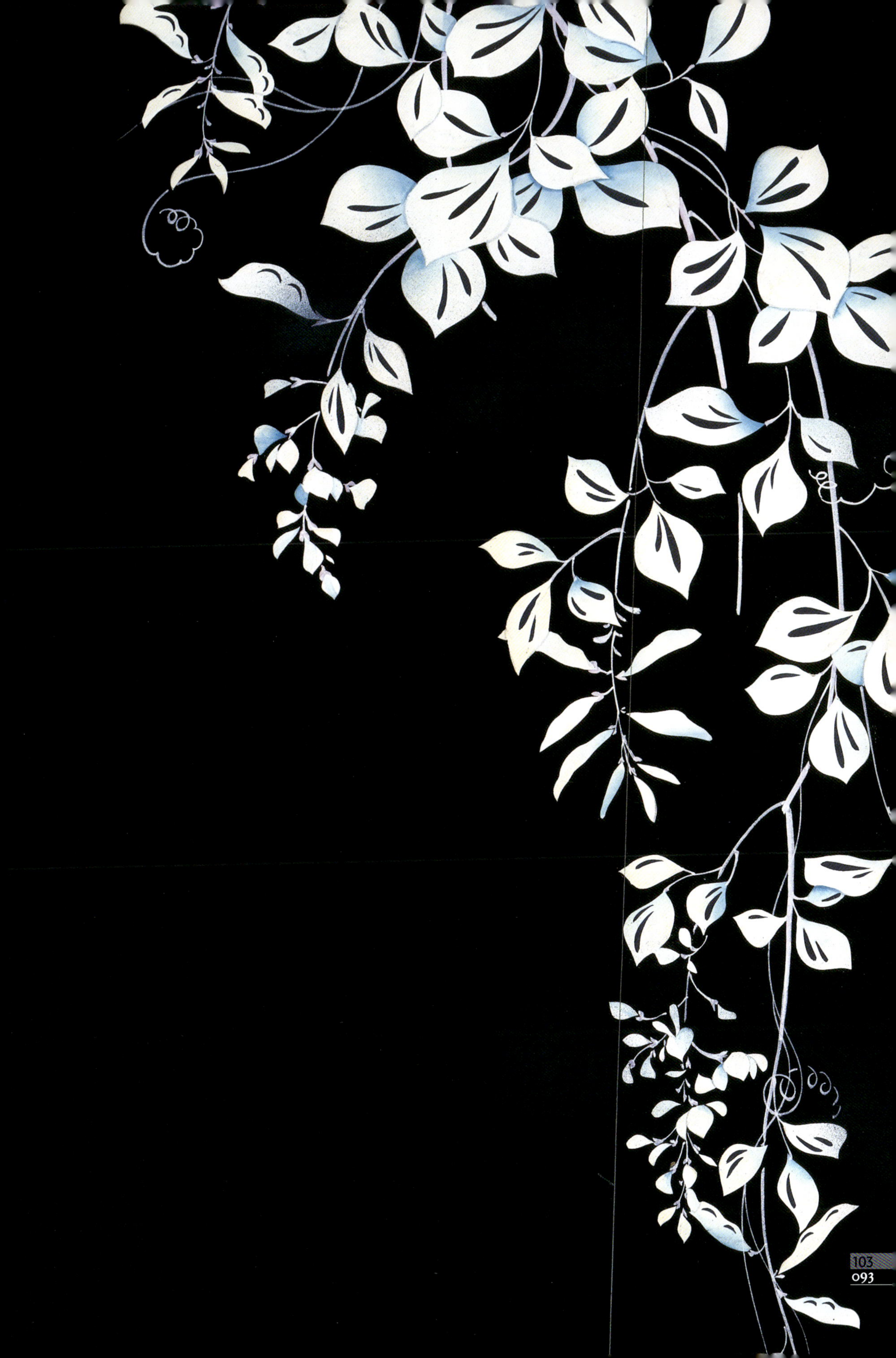

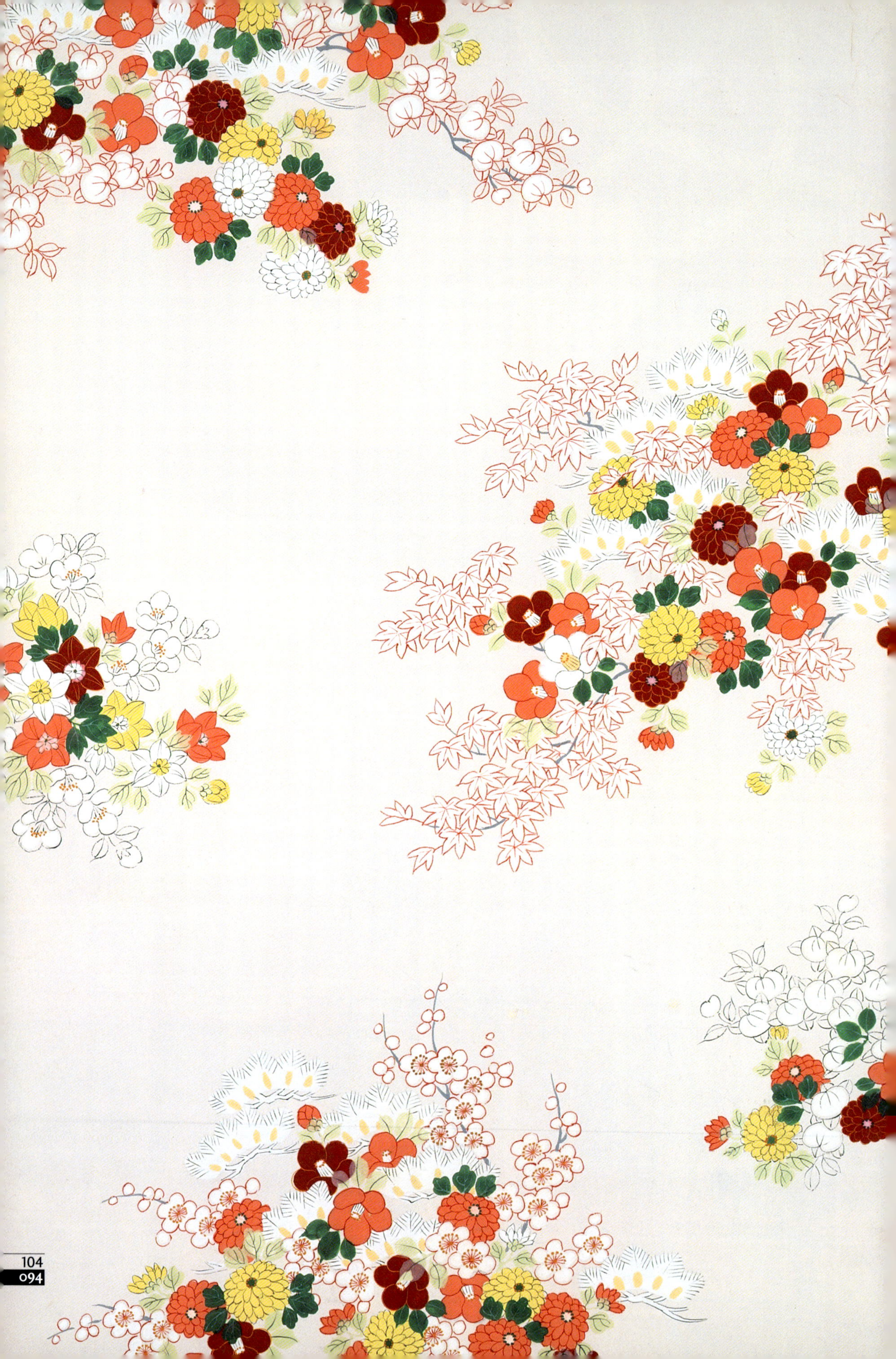

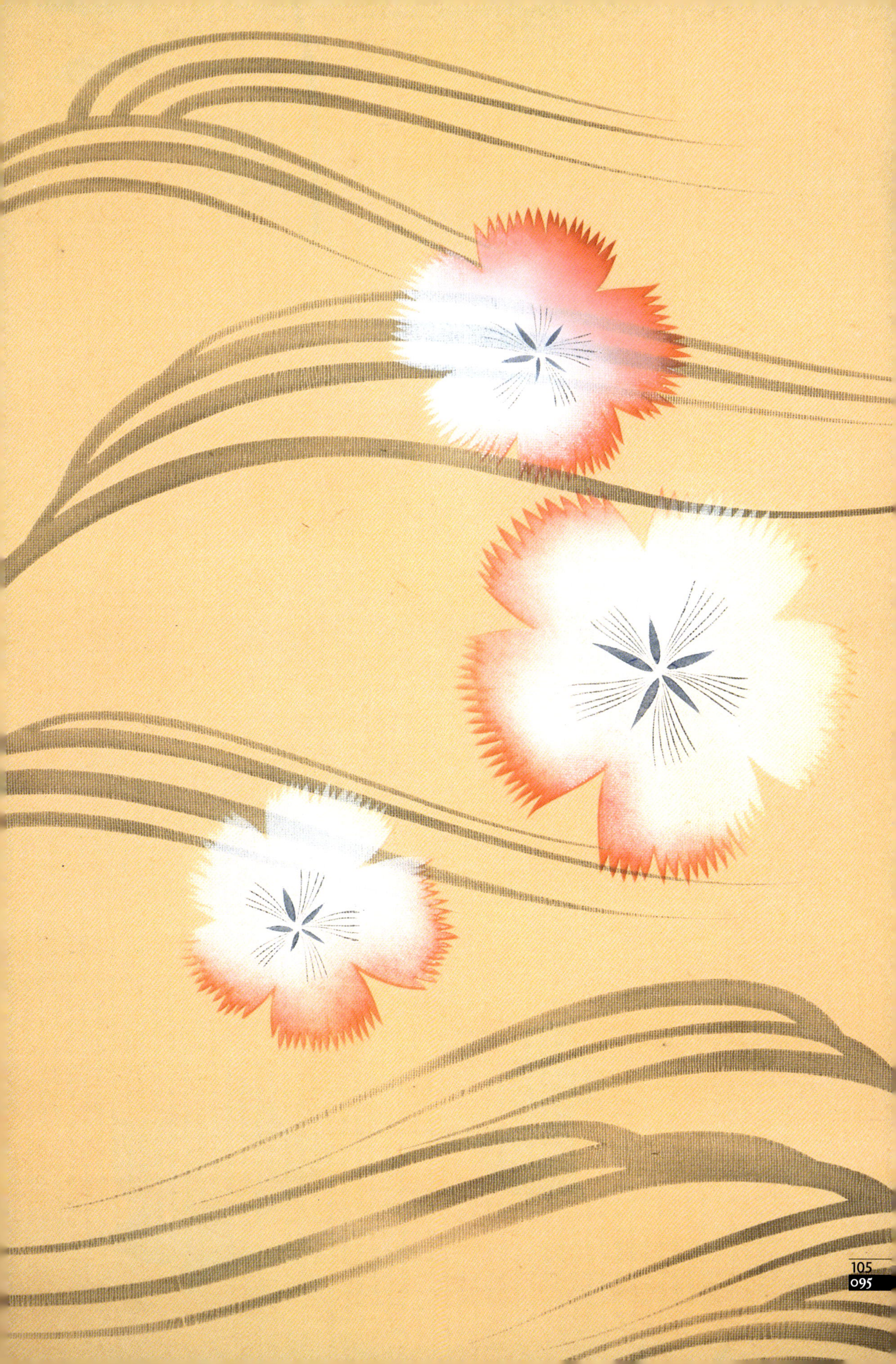

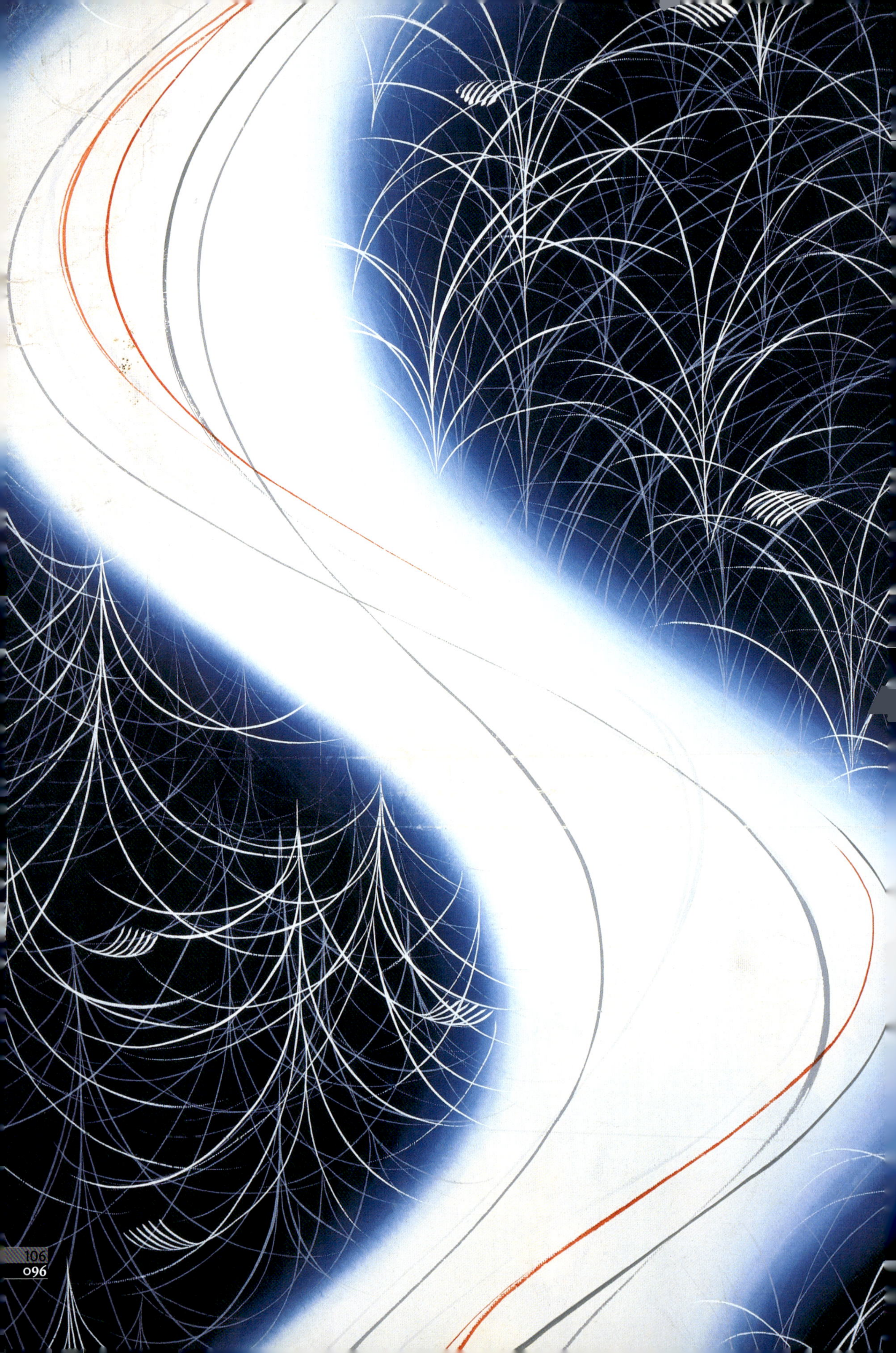

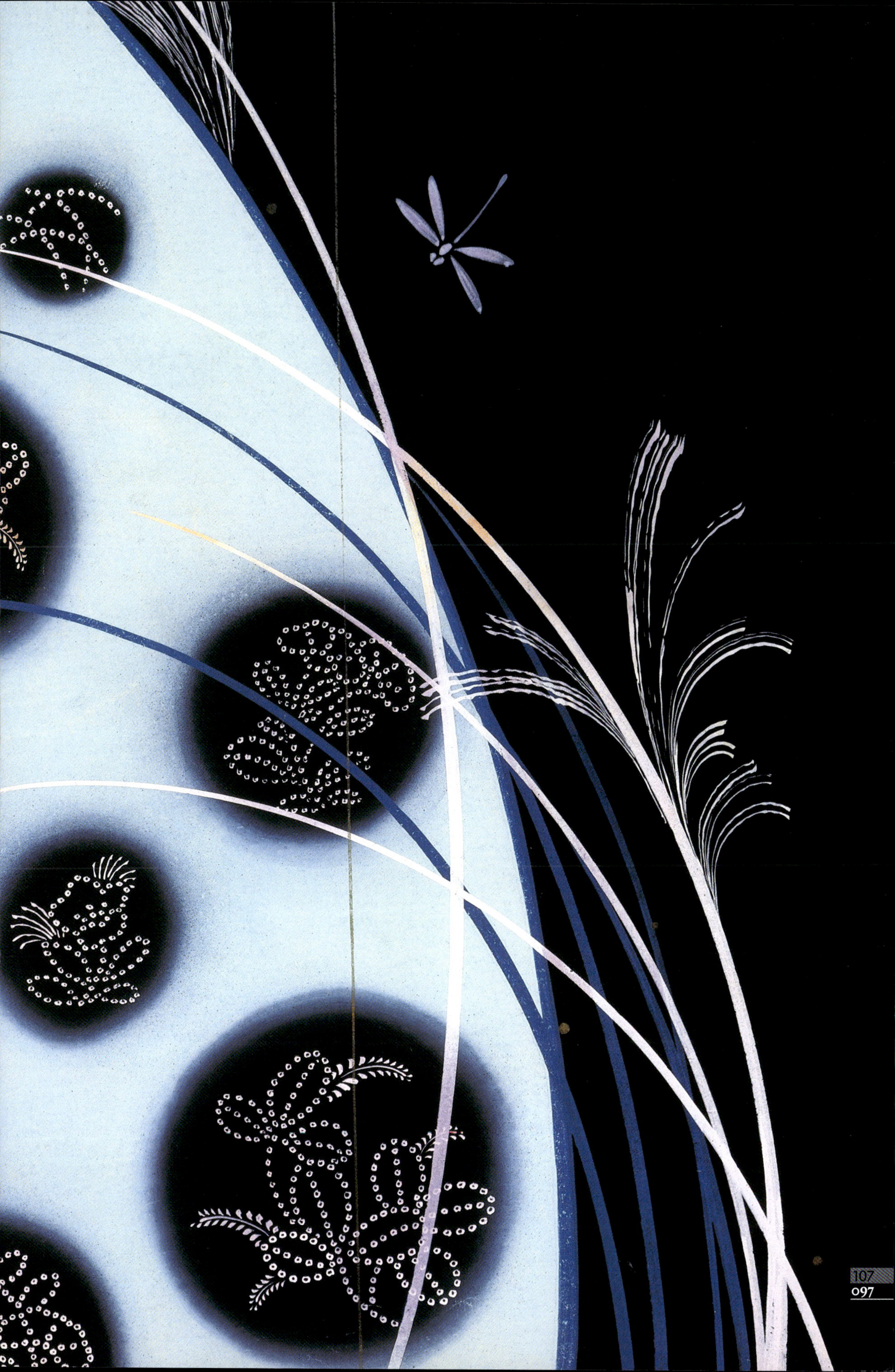

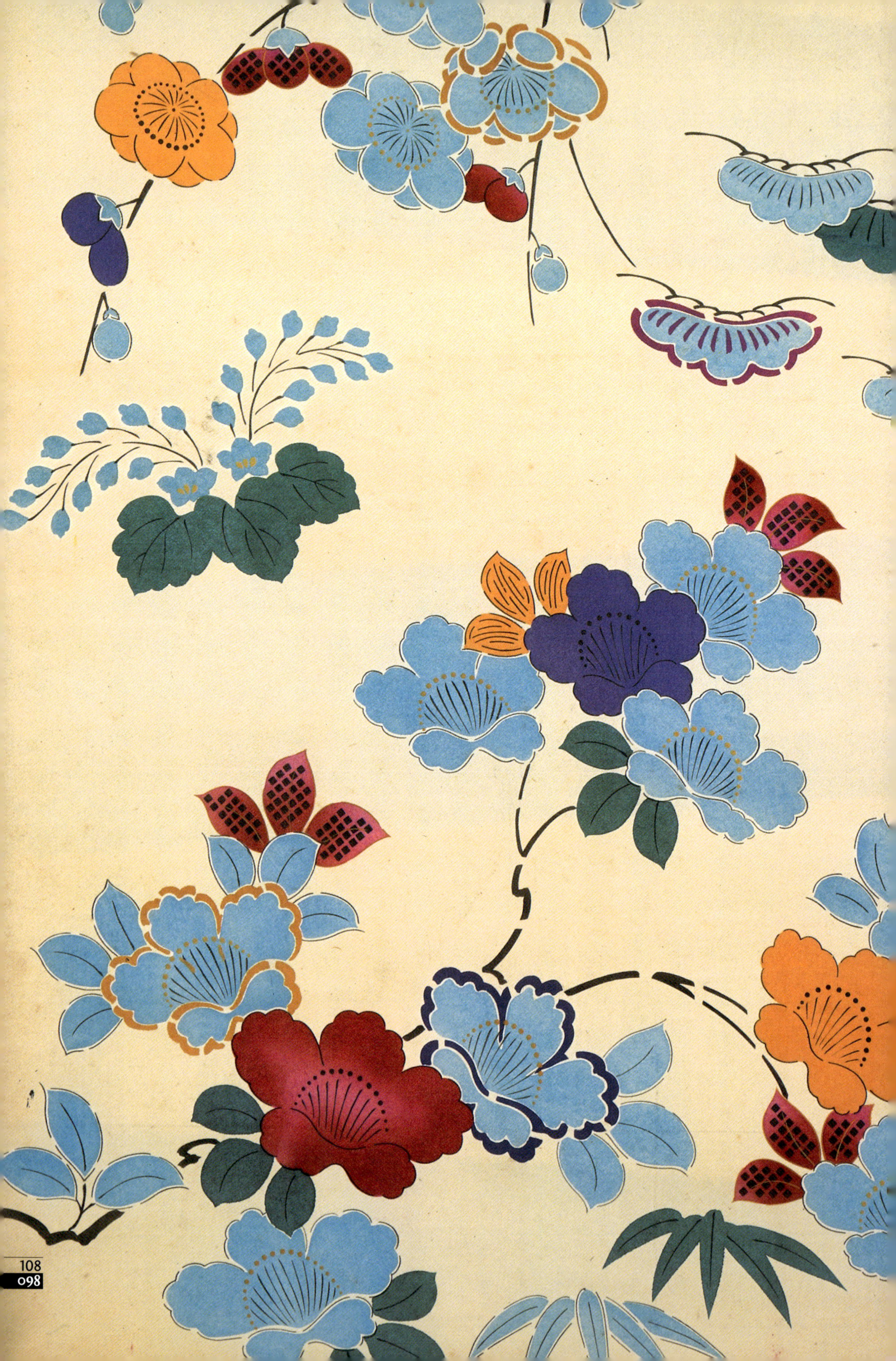

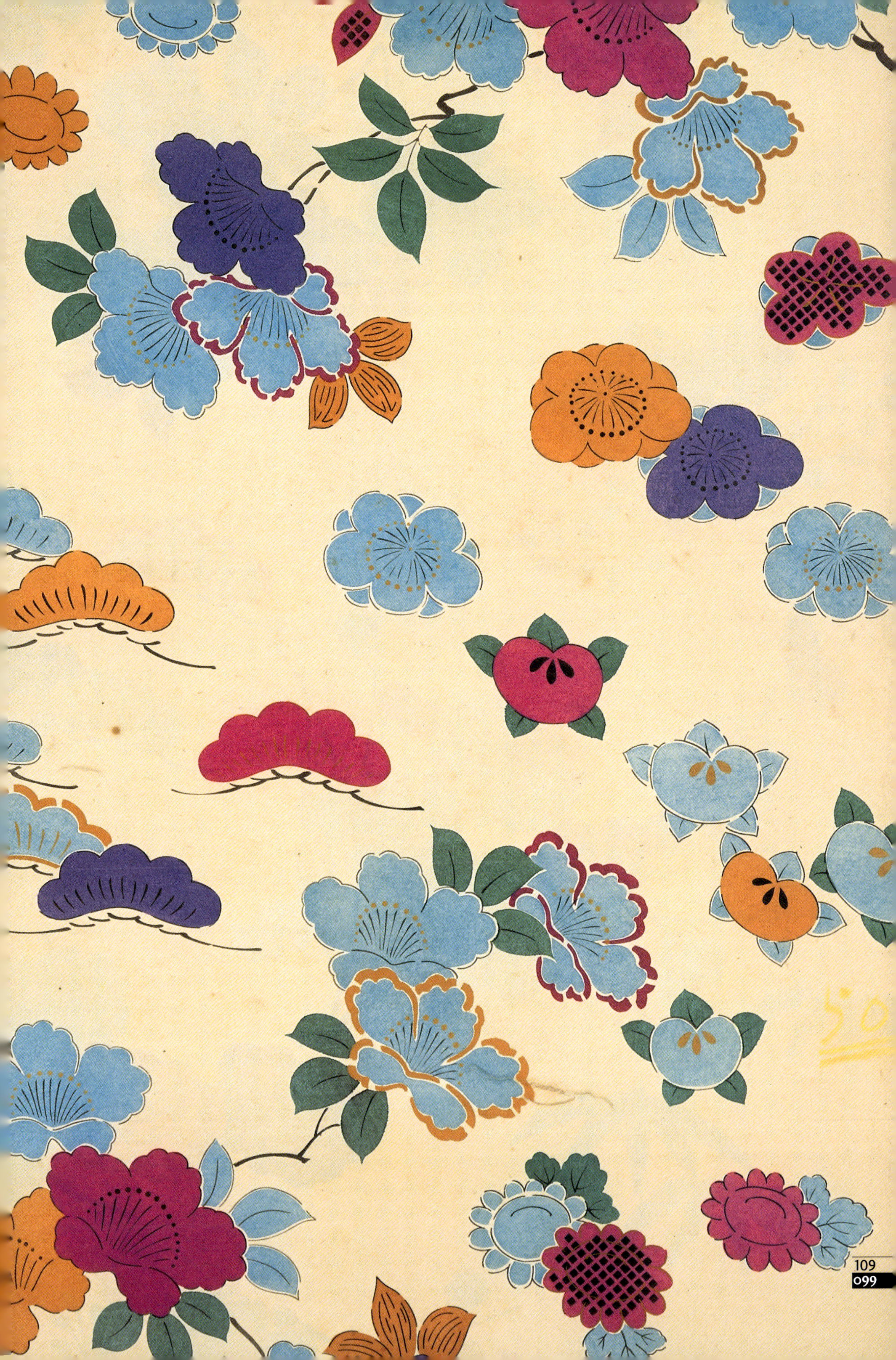

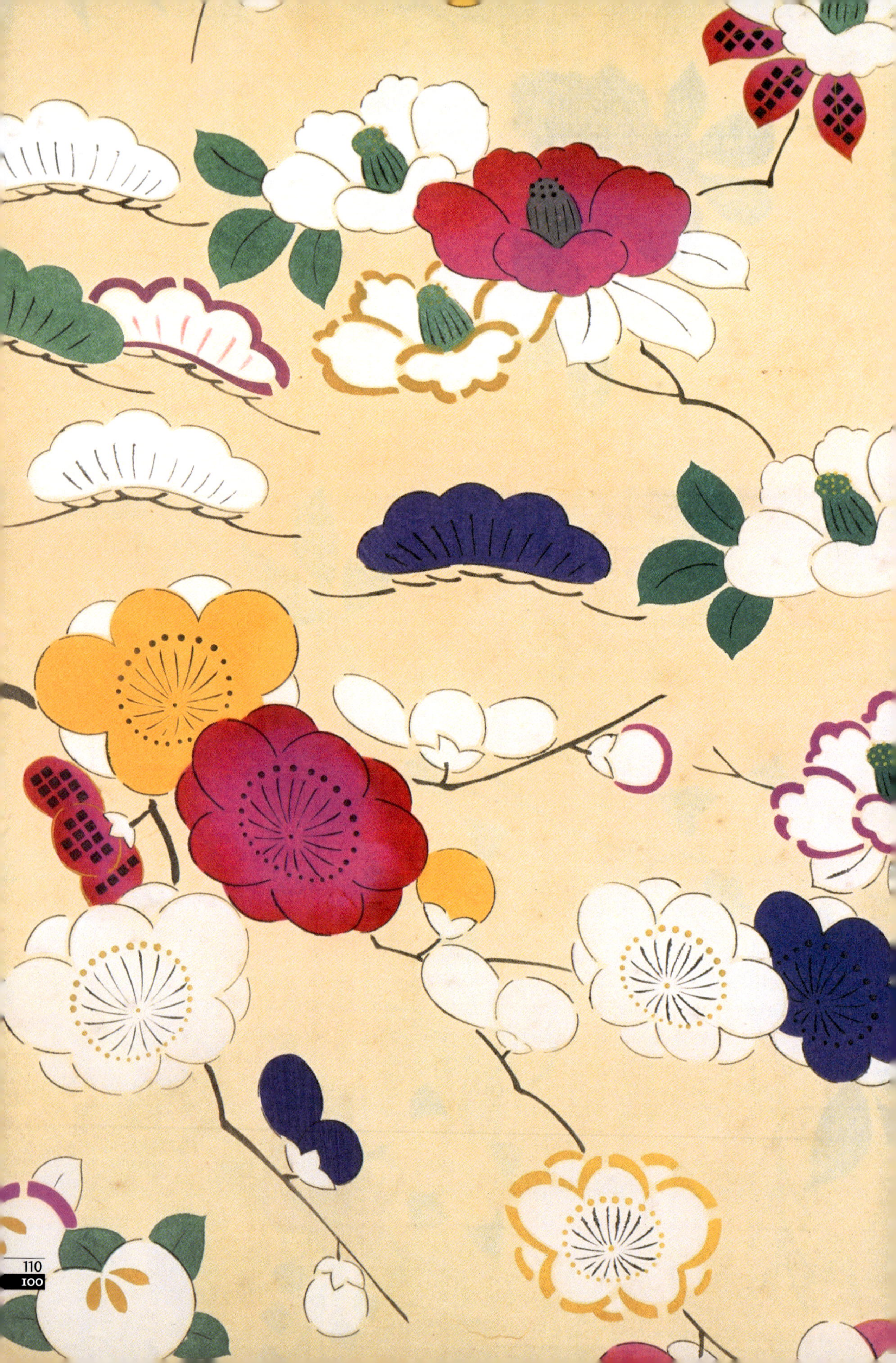

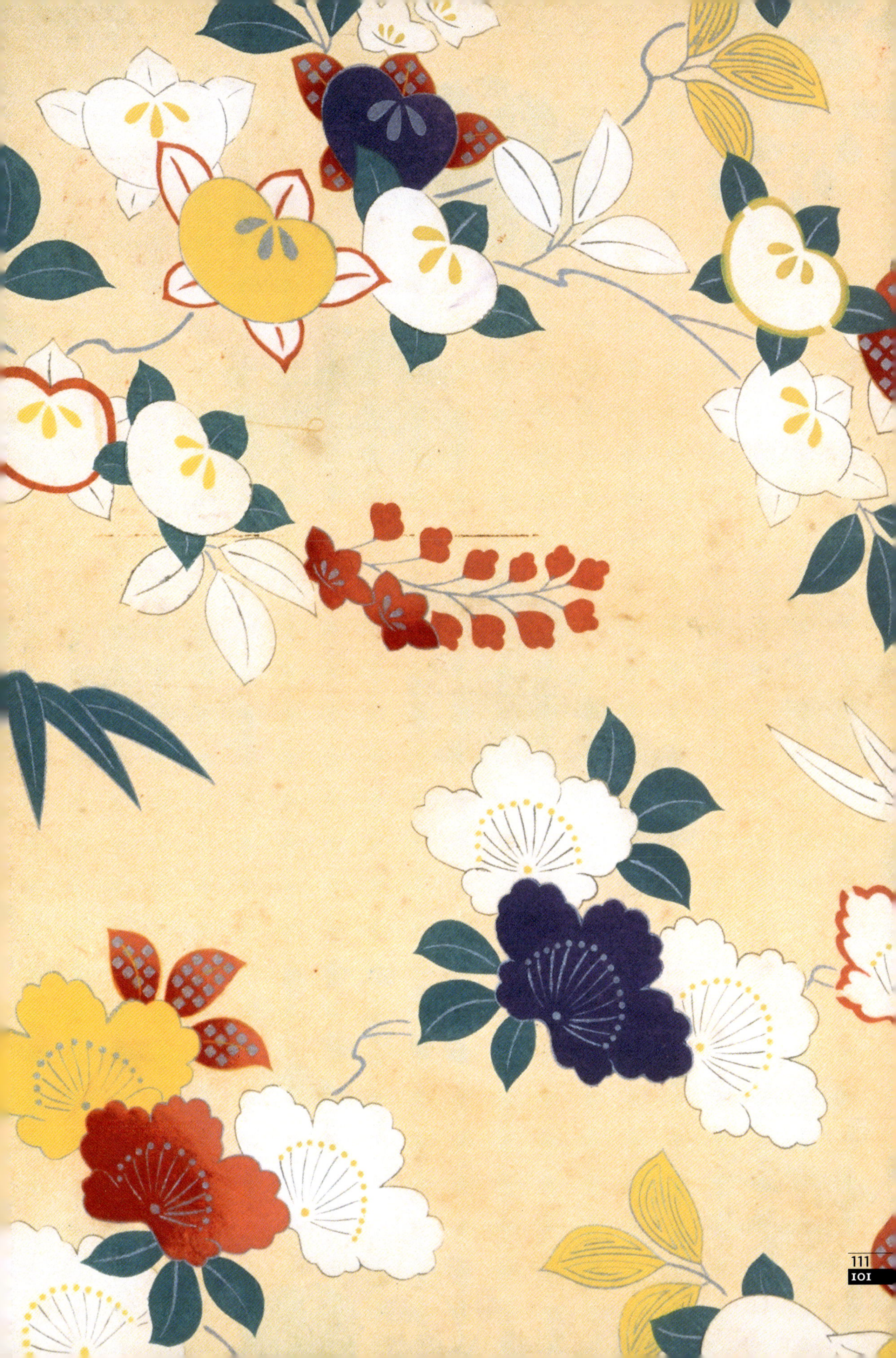

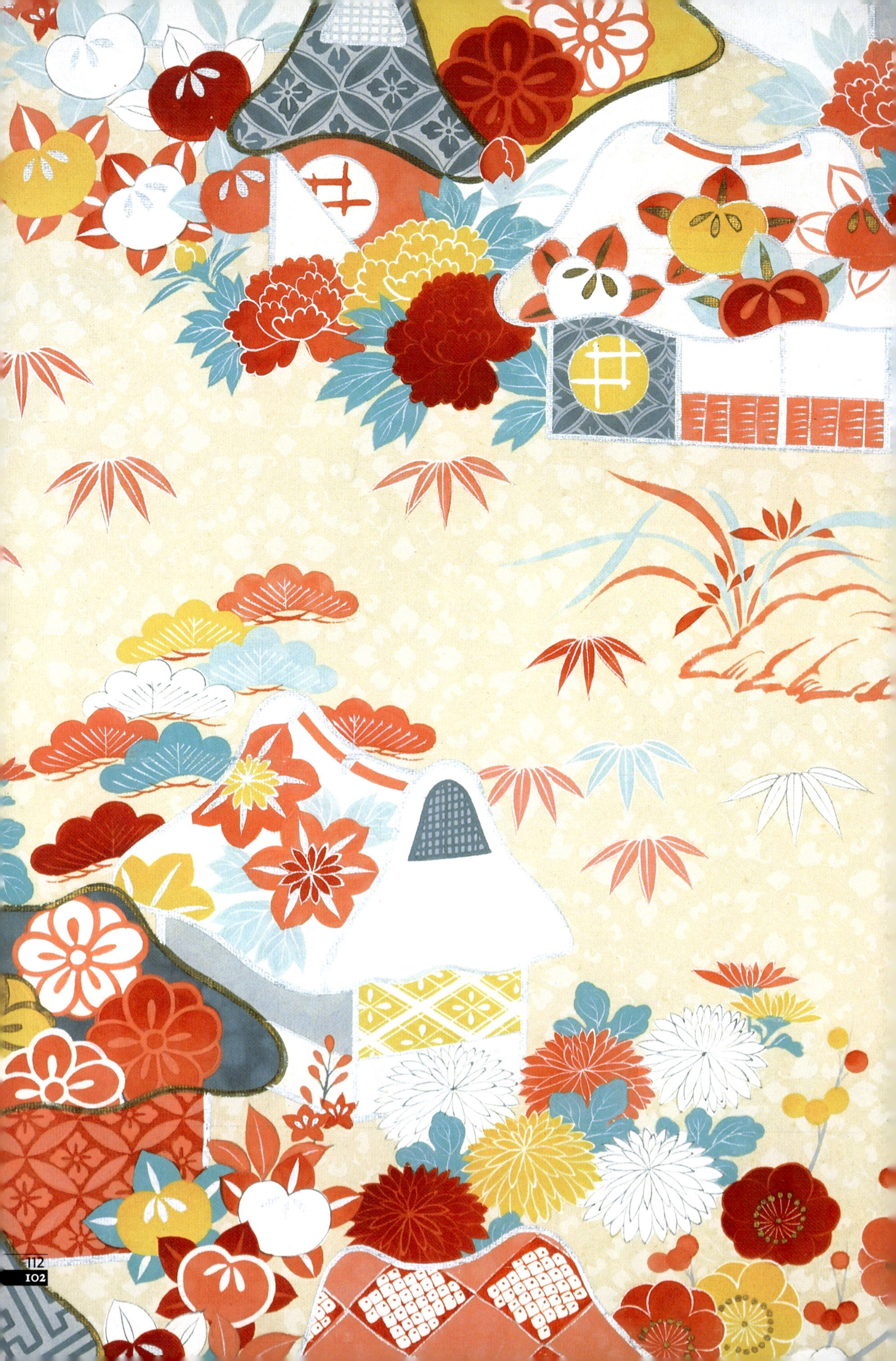

No.177
業平梅笹椿

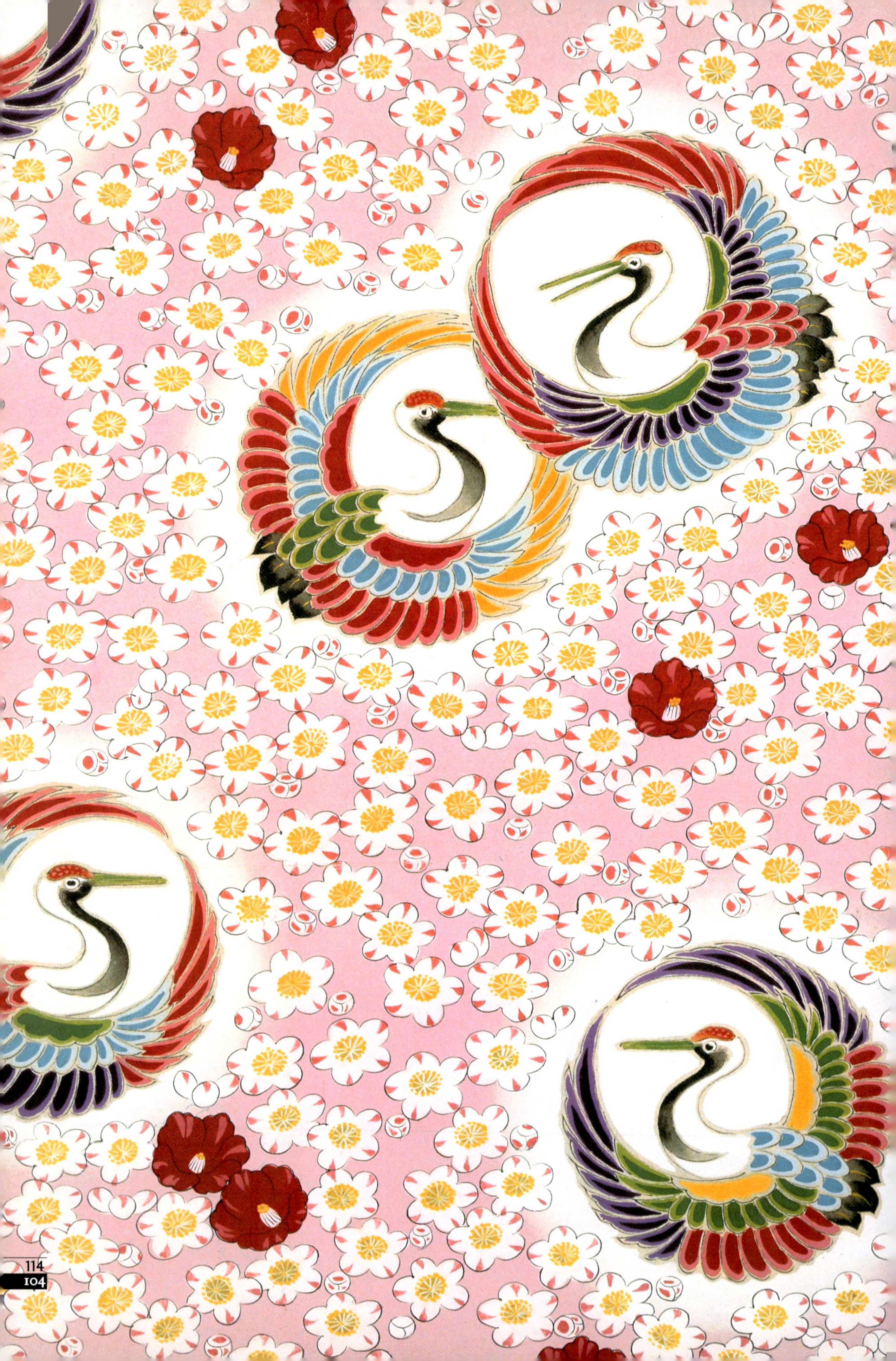

115

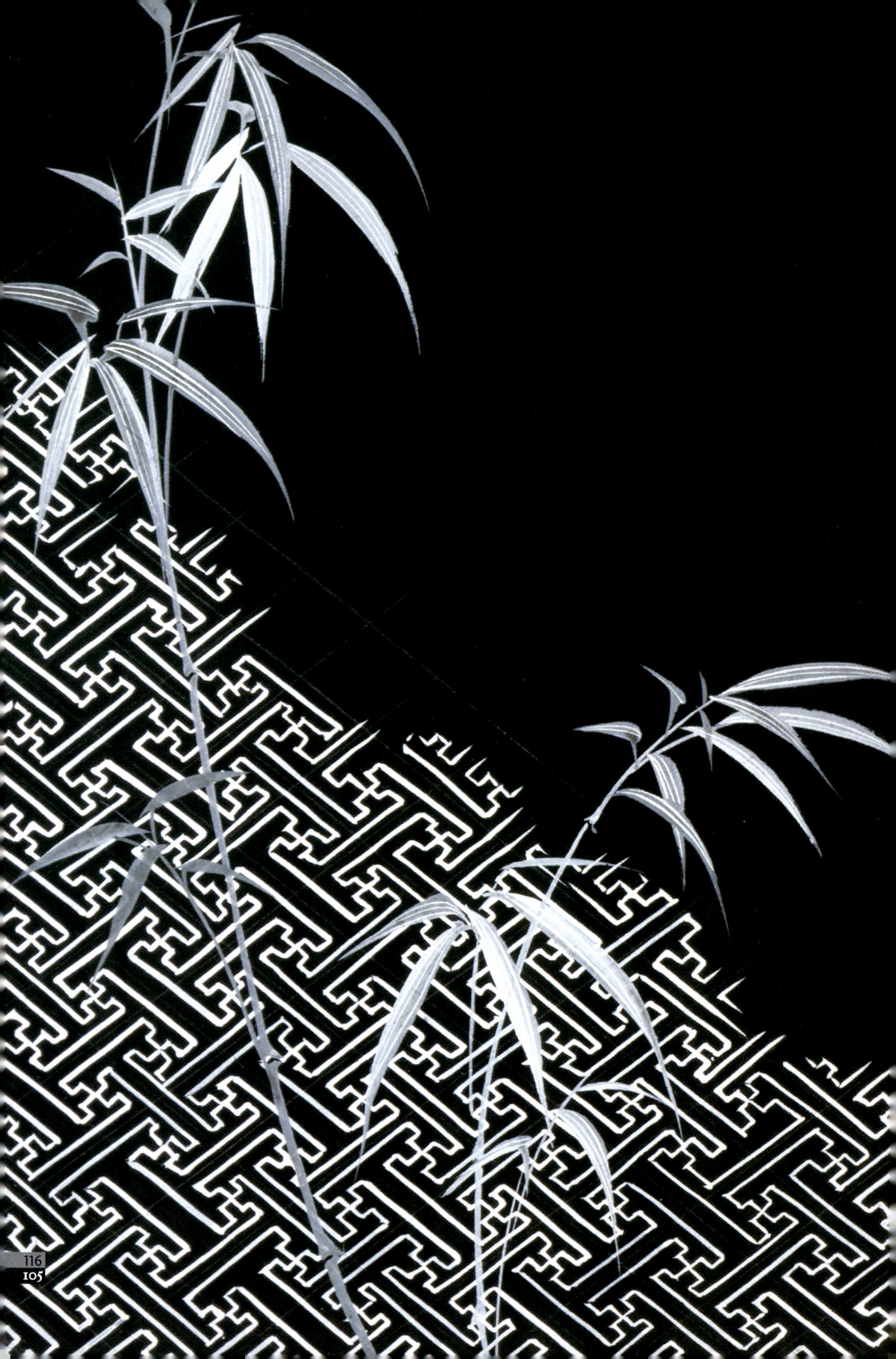

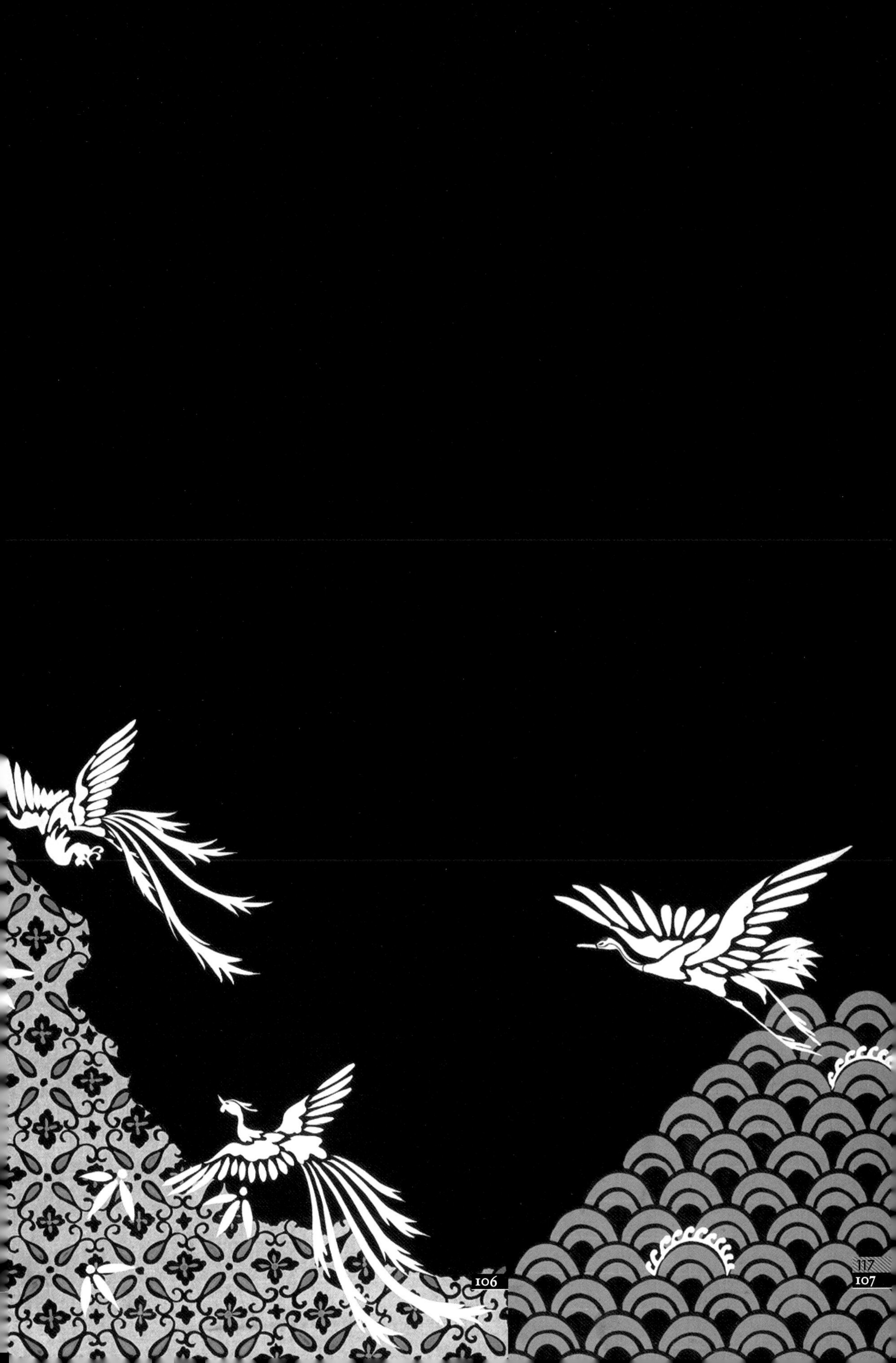

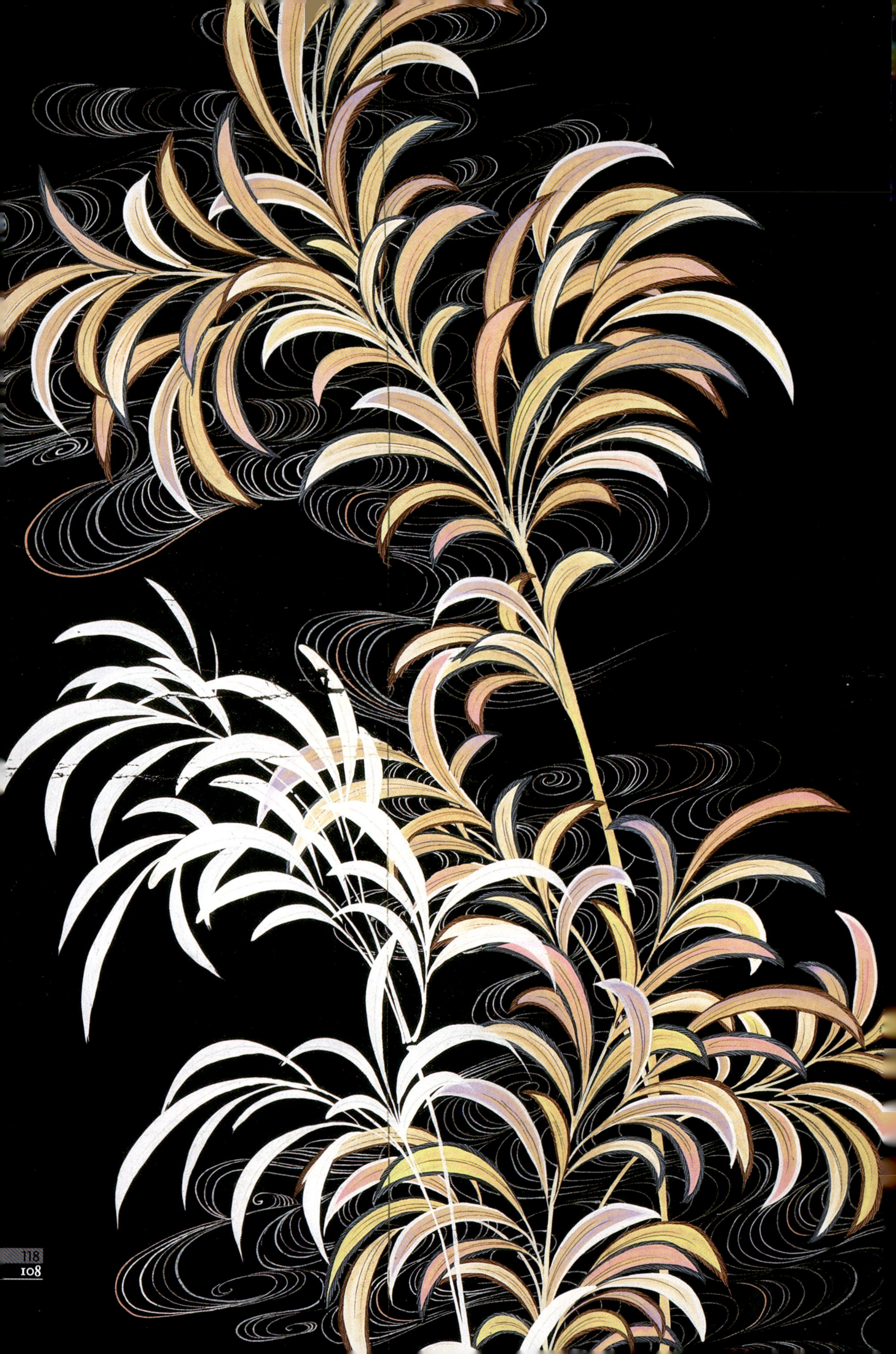

119

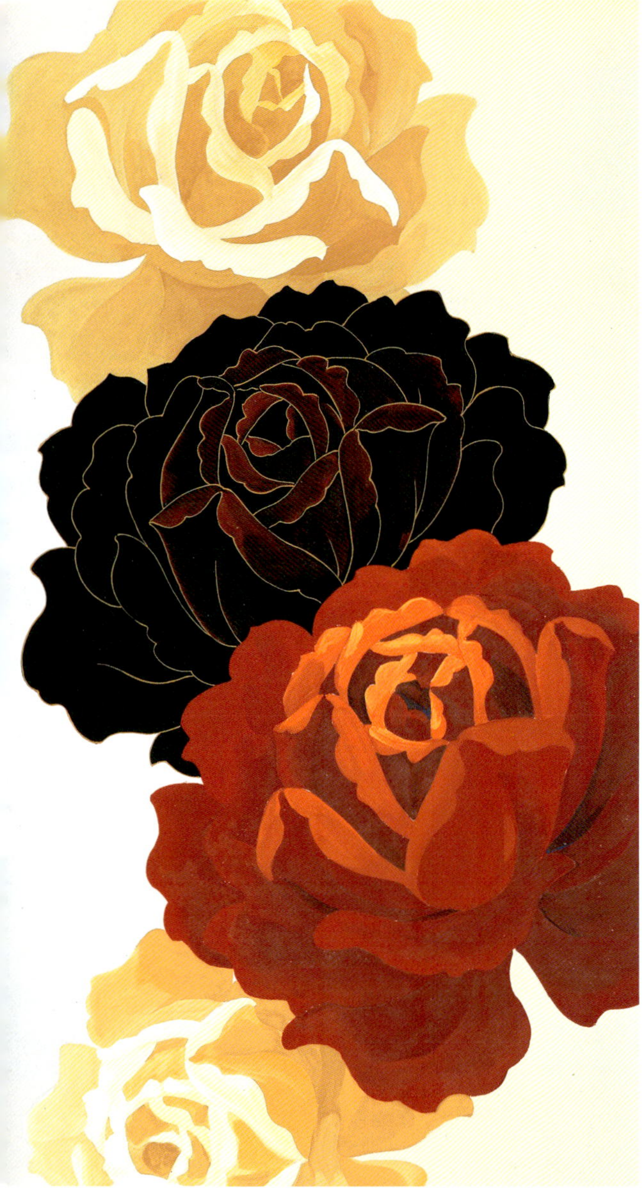

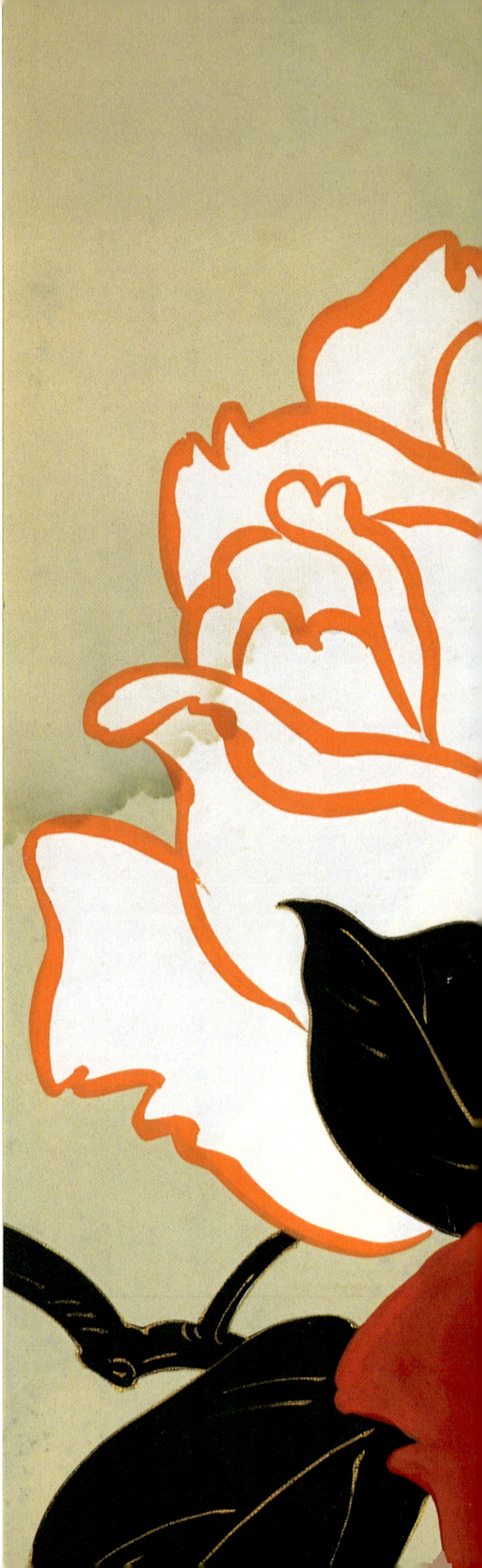

120
109

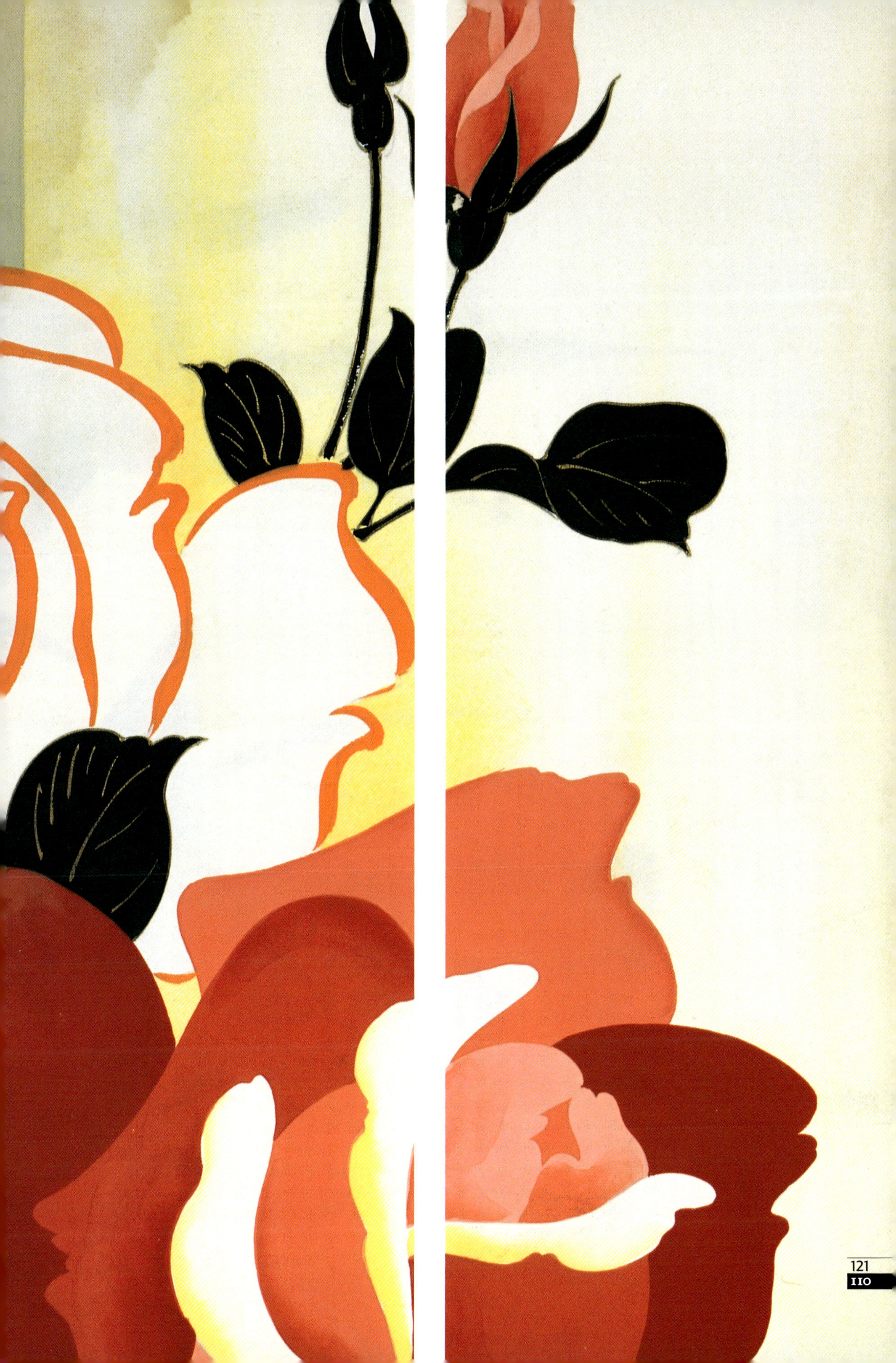

122
III

123
112

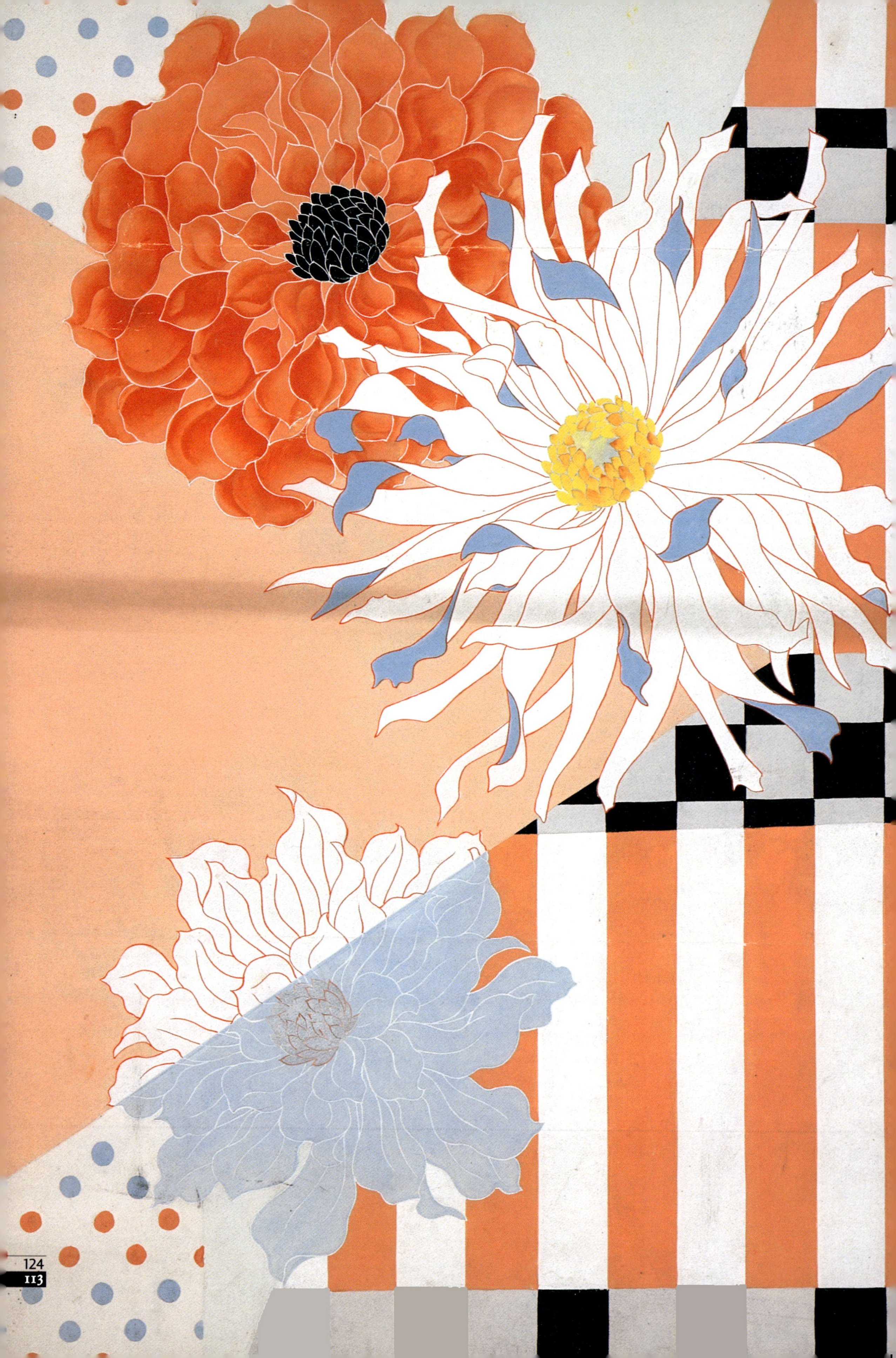

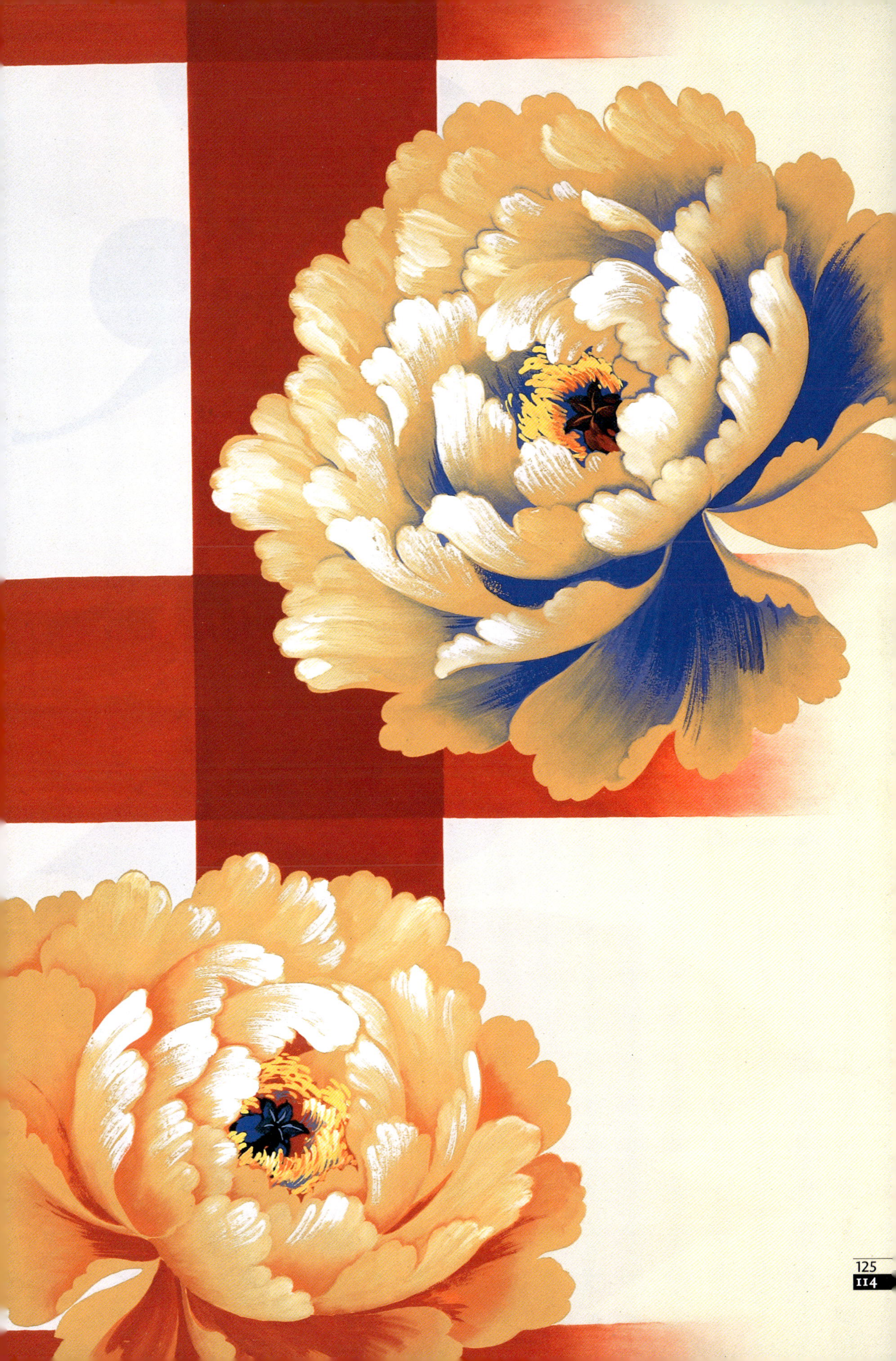

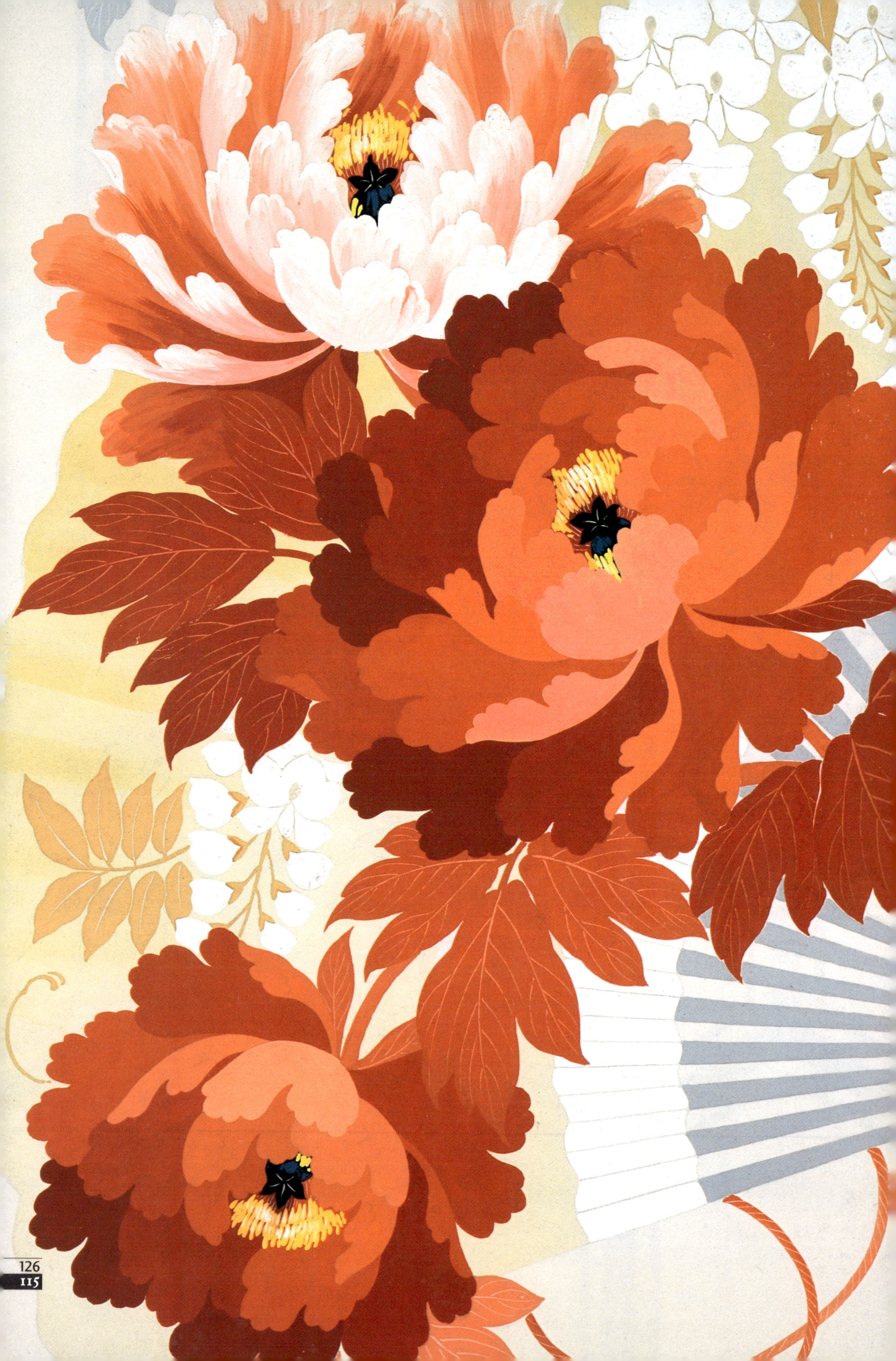

127
116

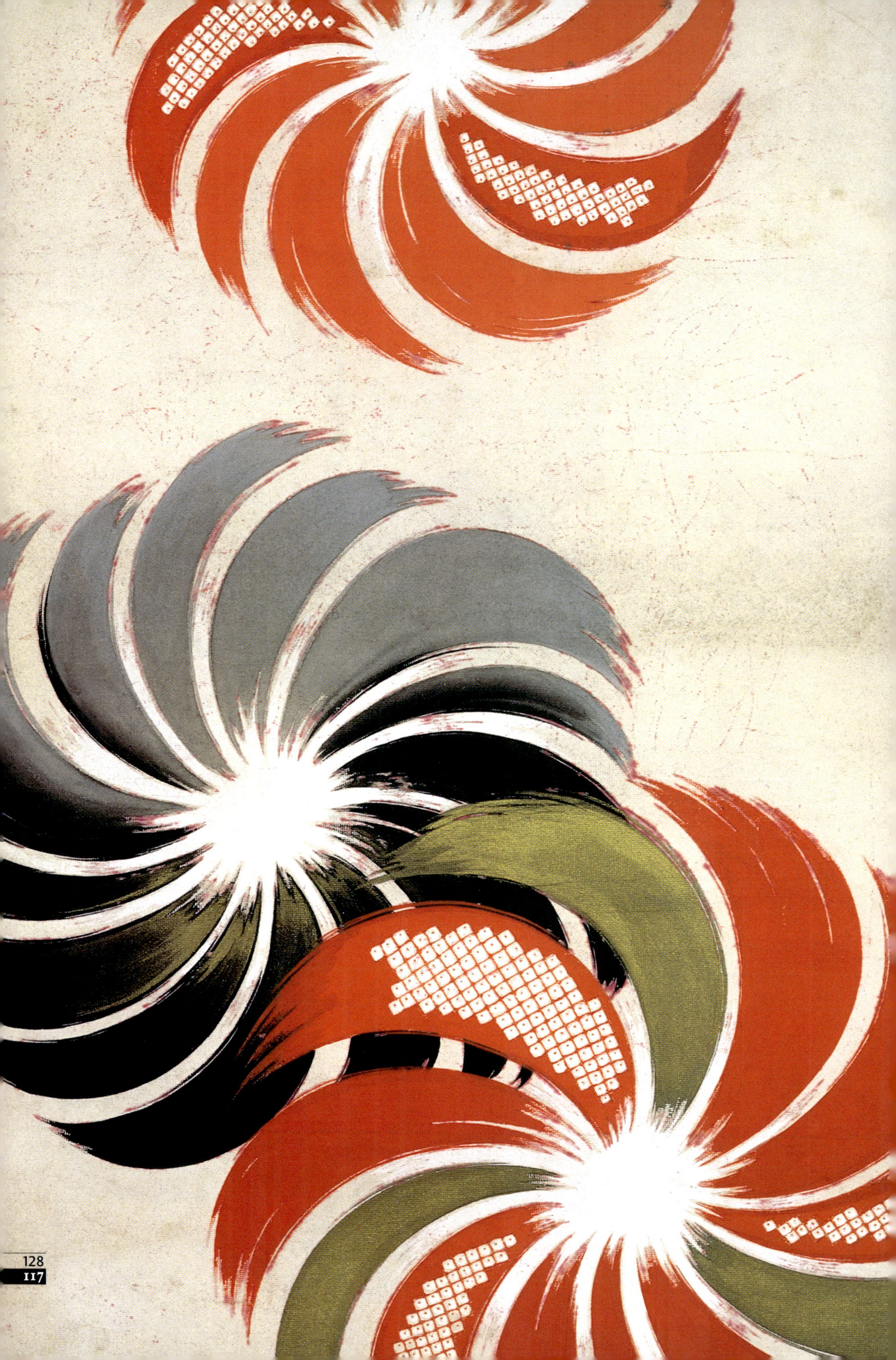

129
118

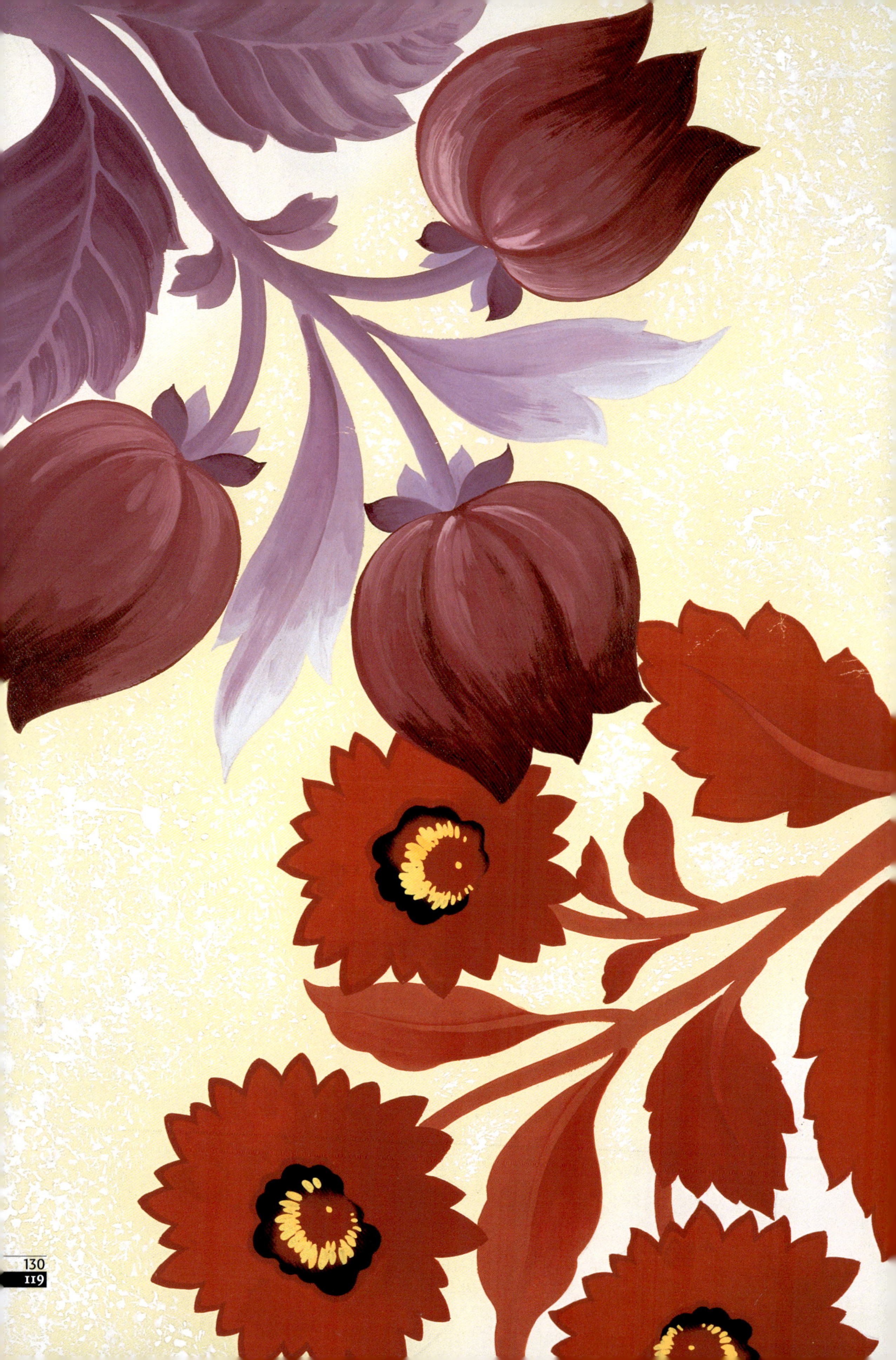

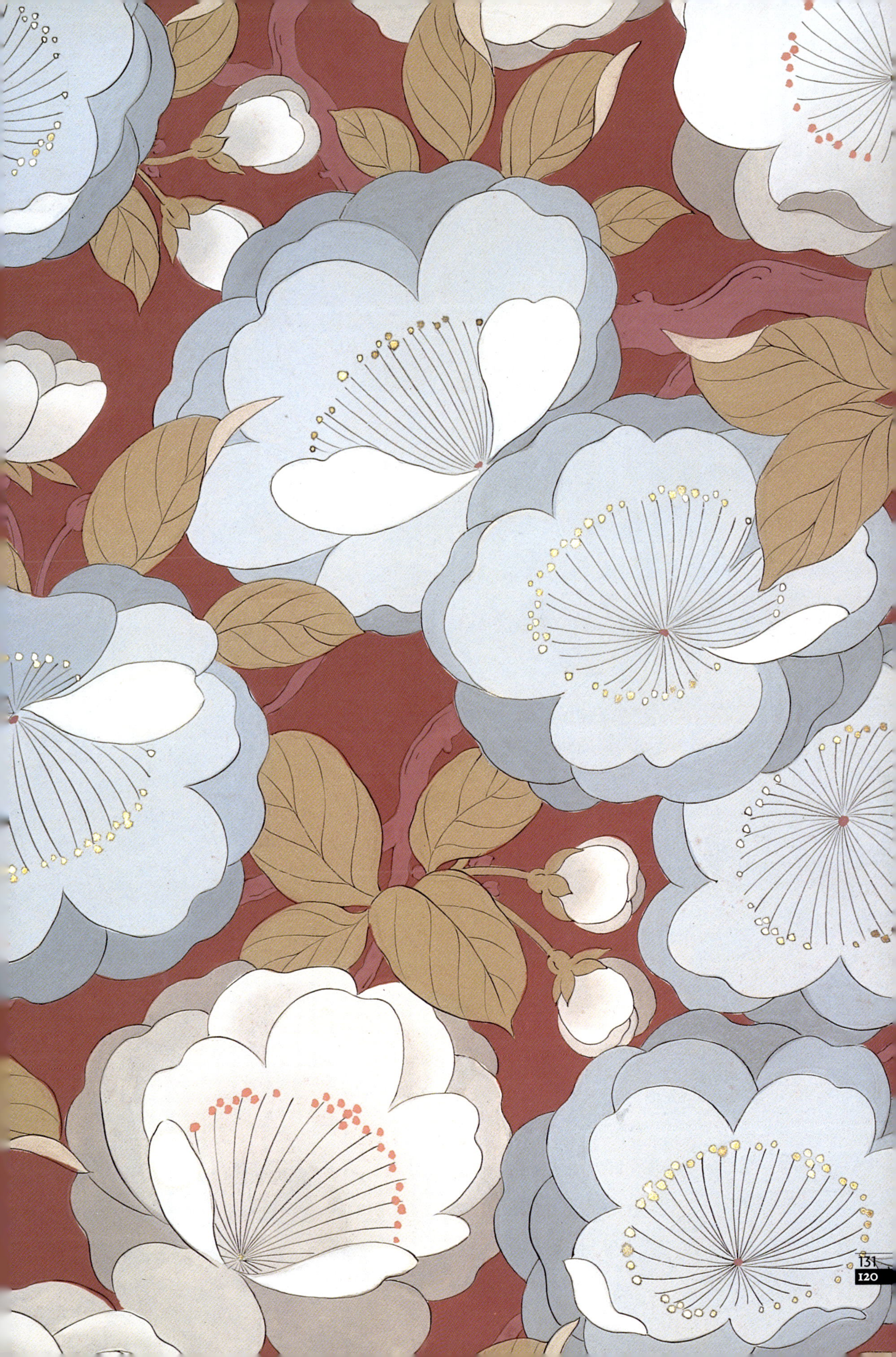

132
121

122

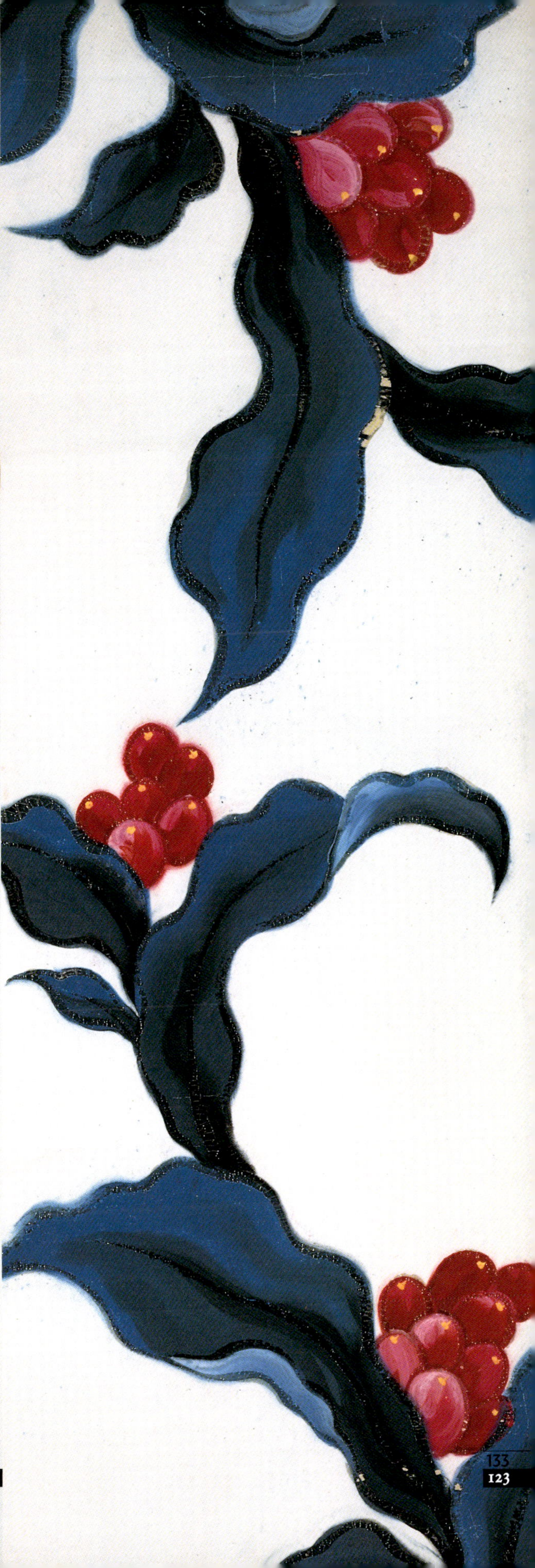

123

134
124

135
125

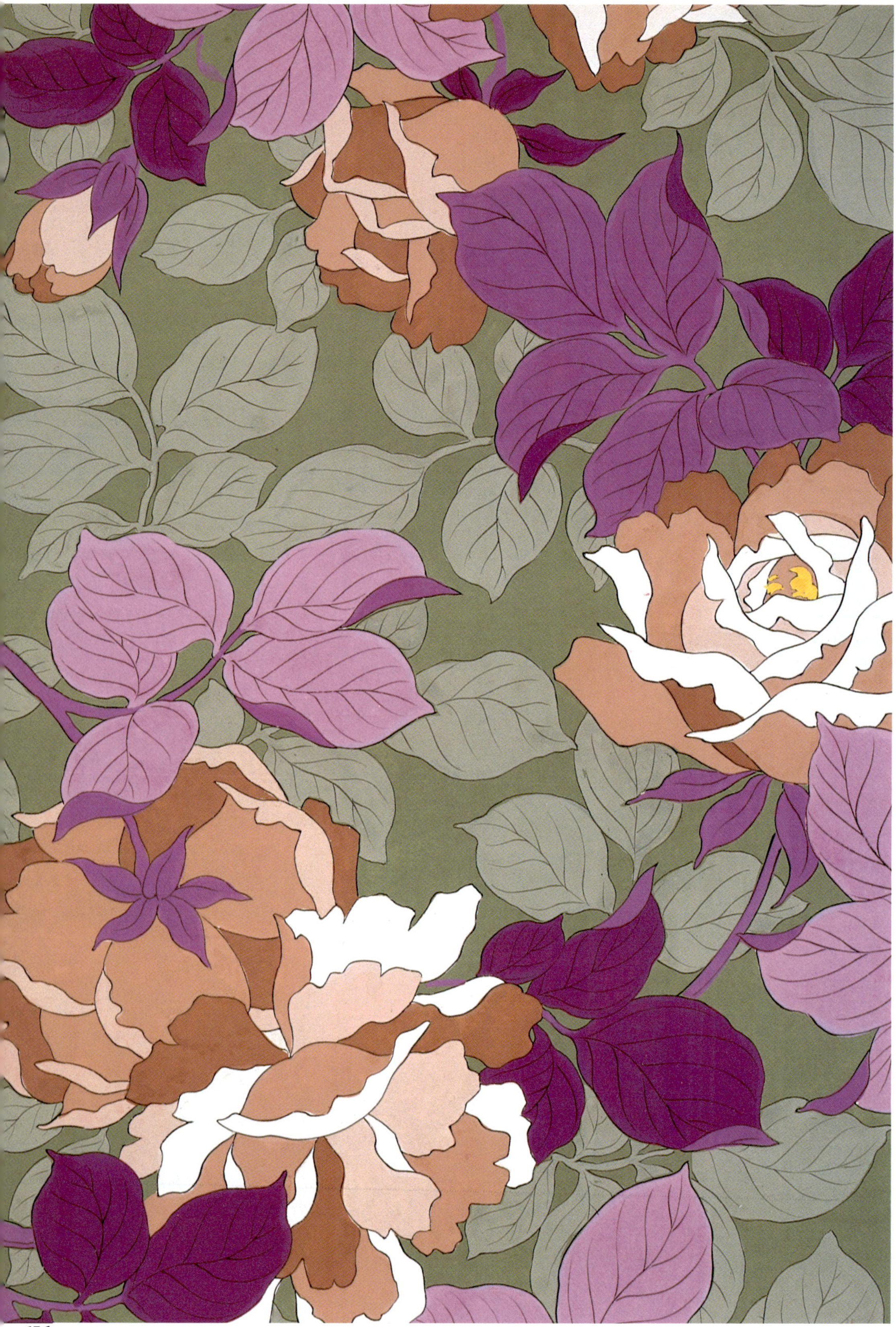

137

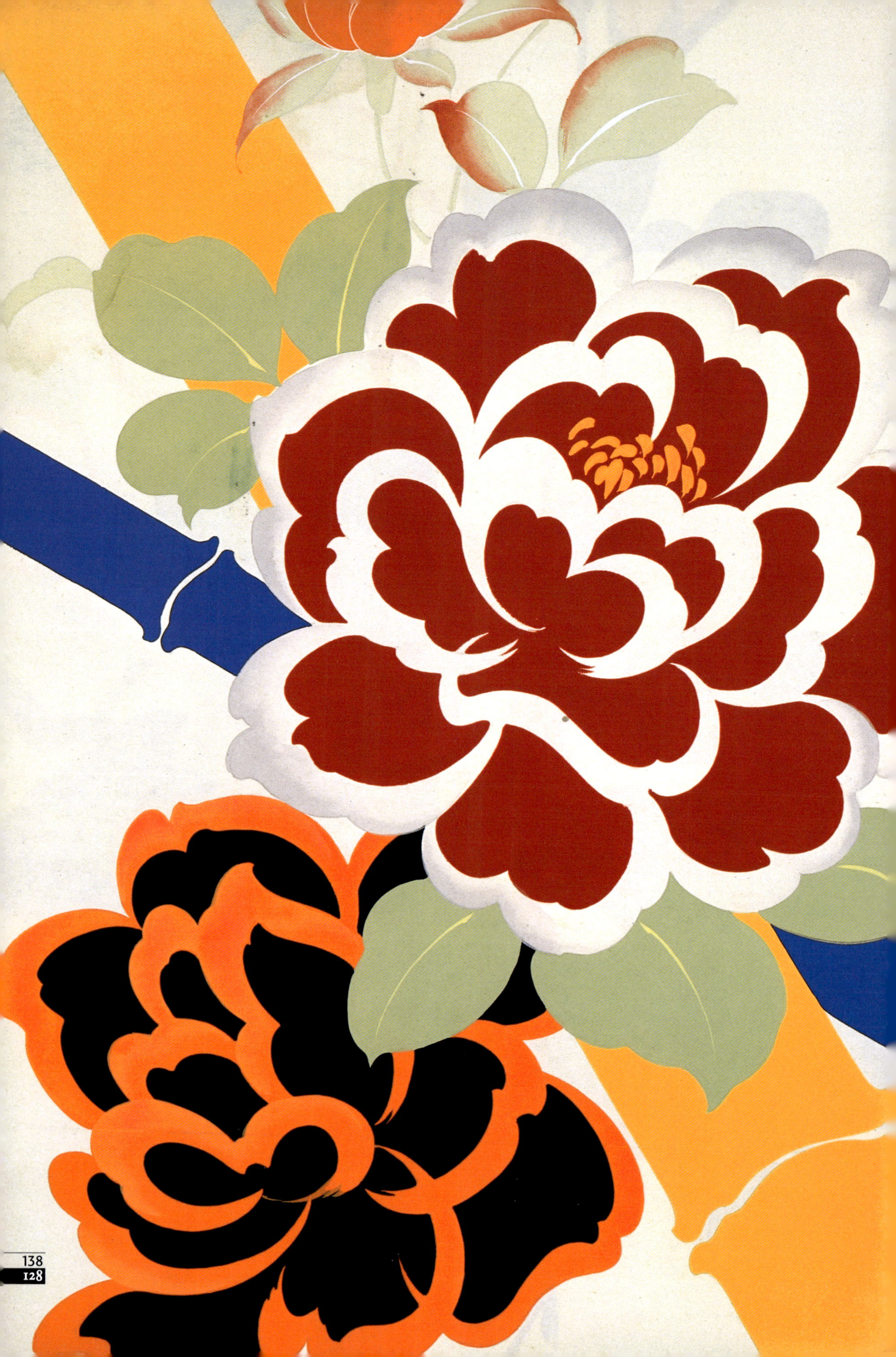

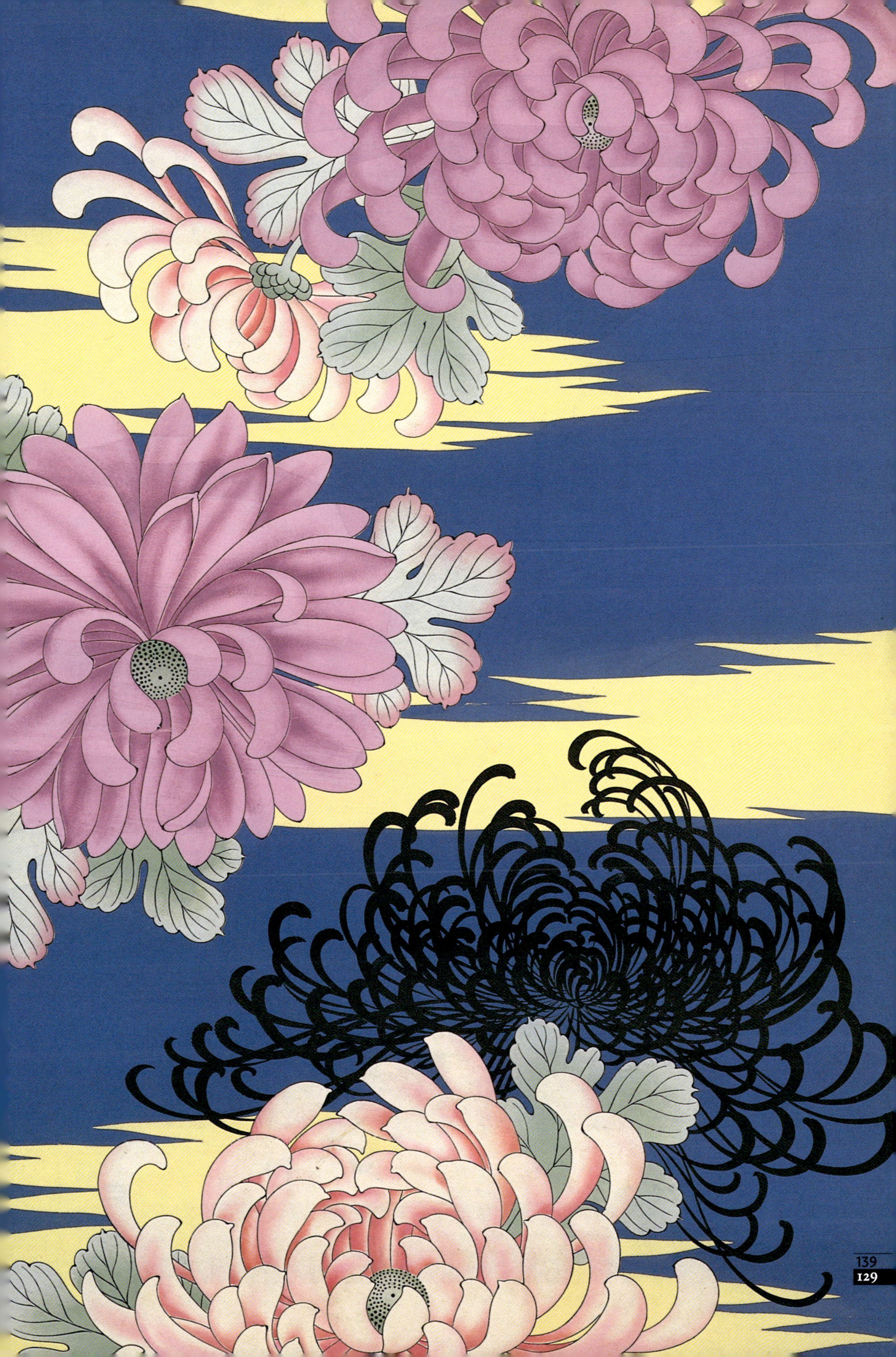

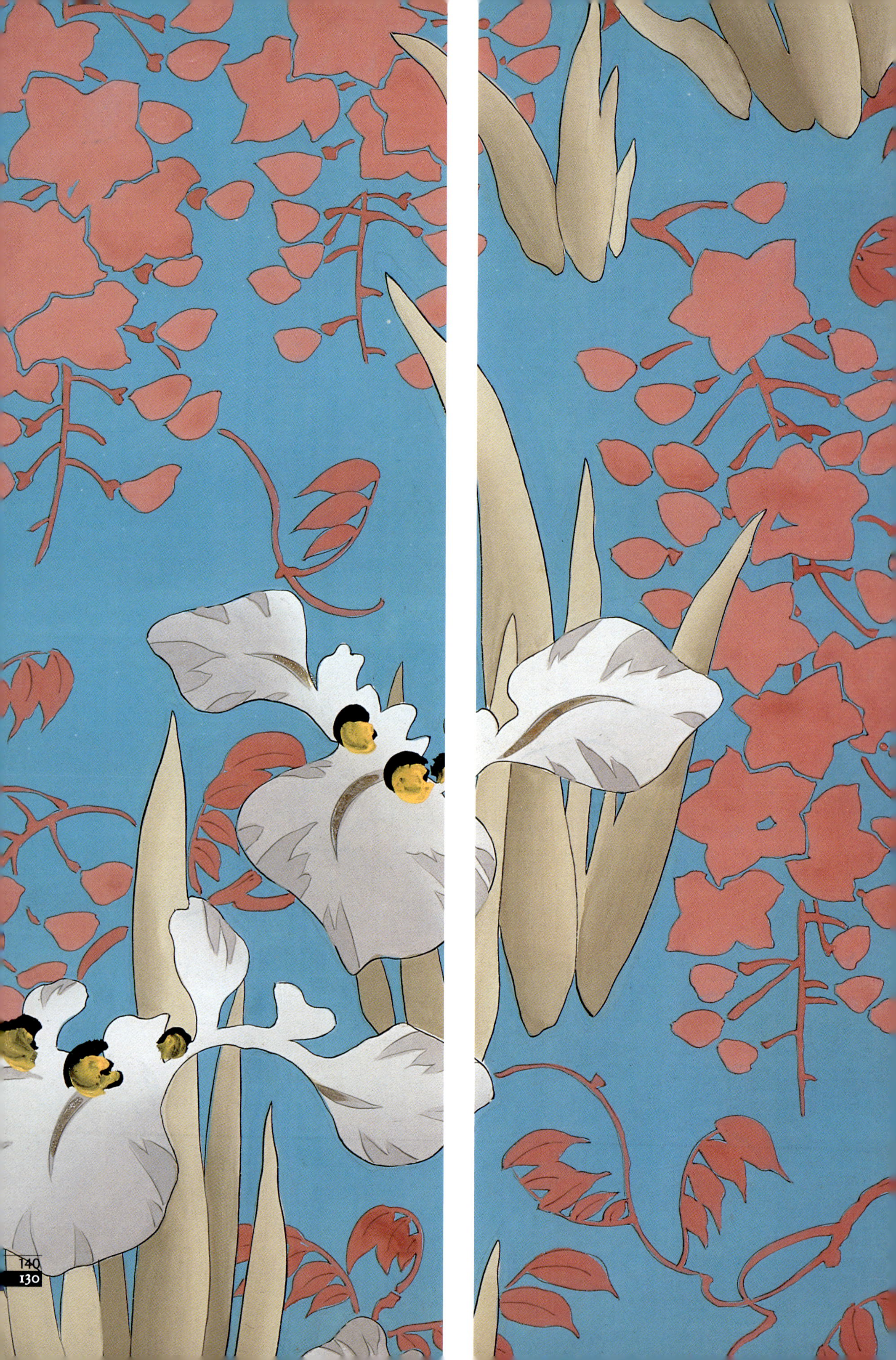

141
131

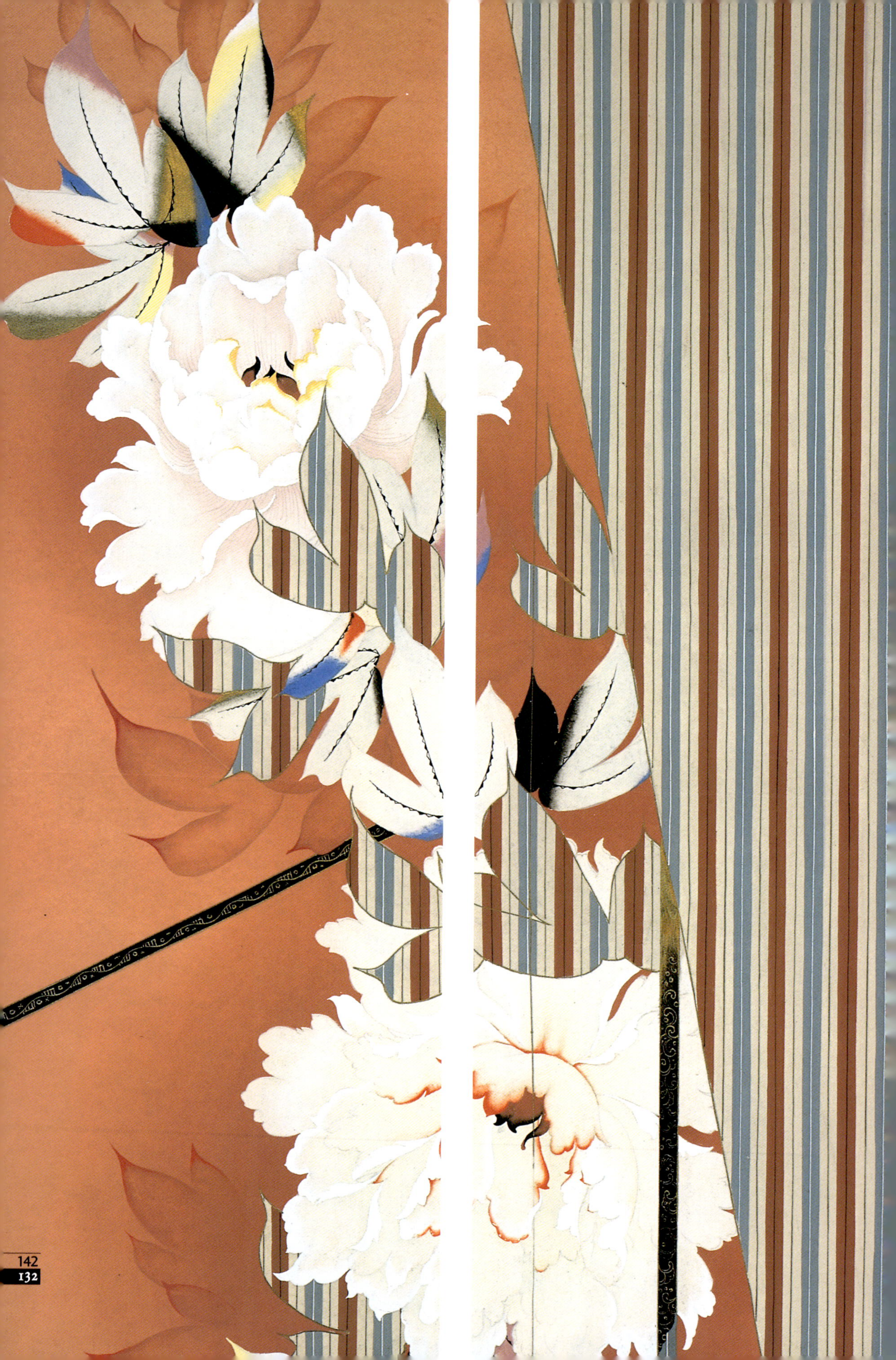

143
133

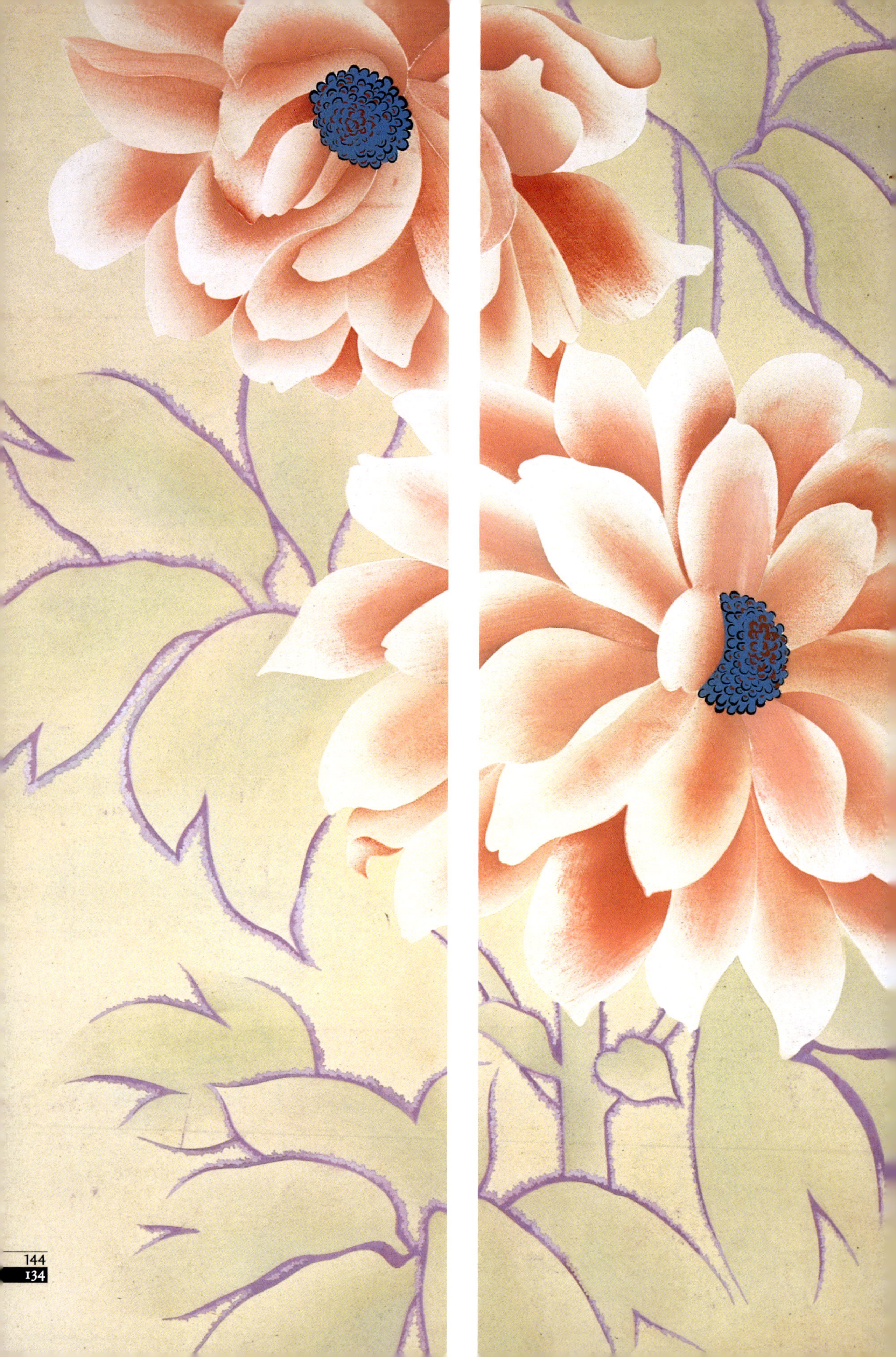

135

145
136

146
137

138

147
139

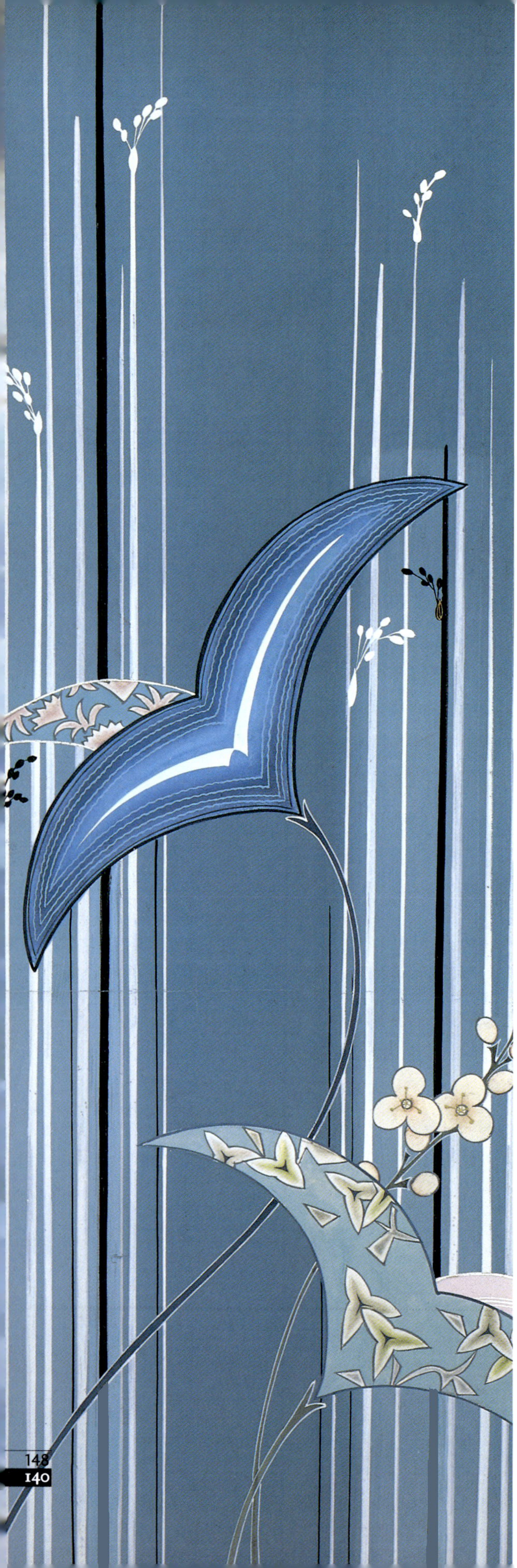

140

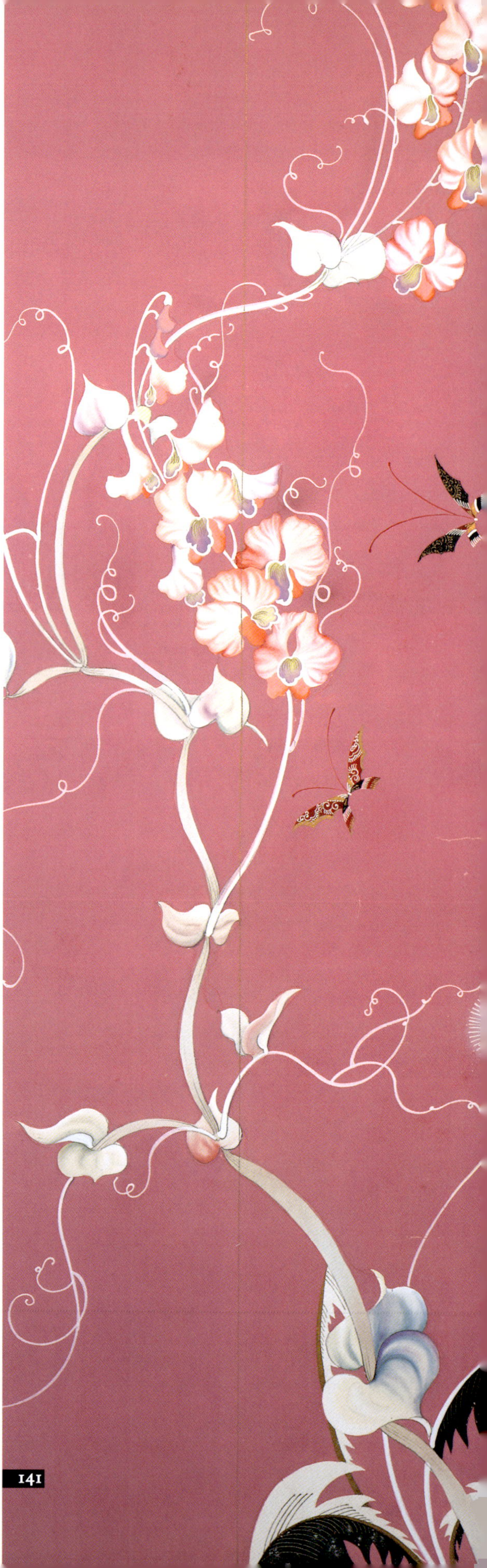

141

142

149
143

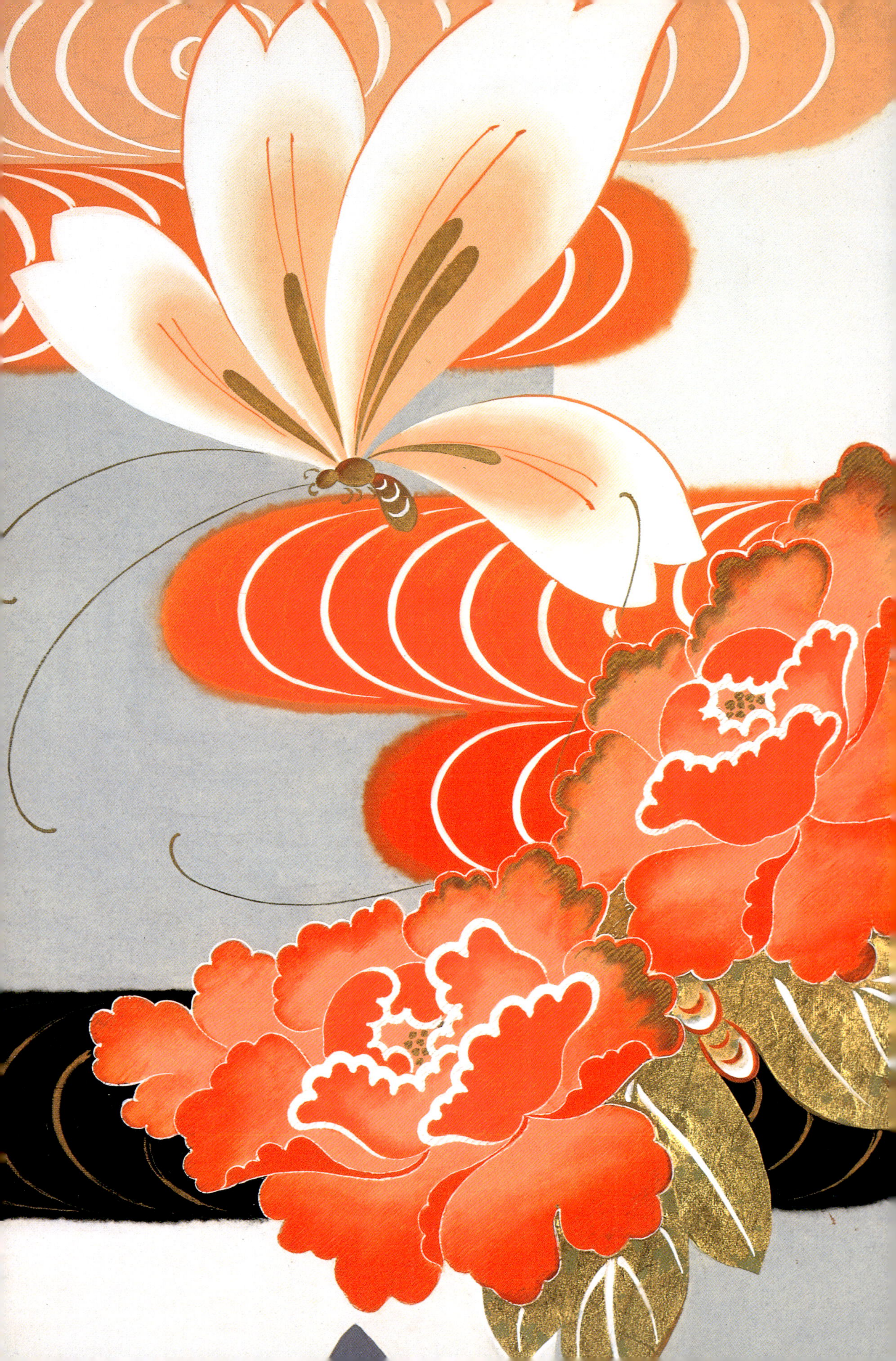

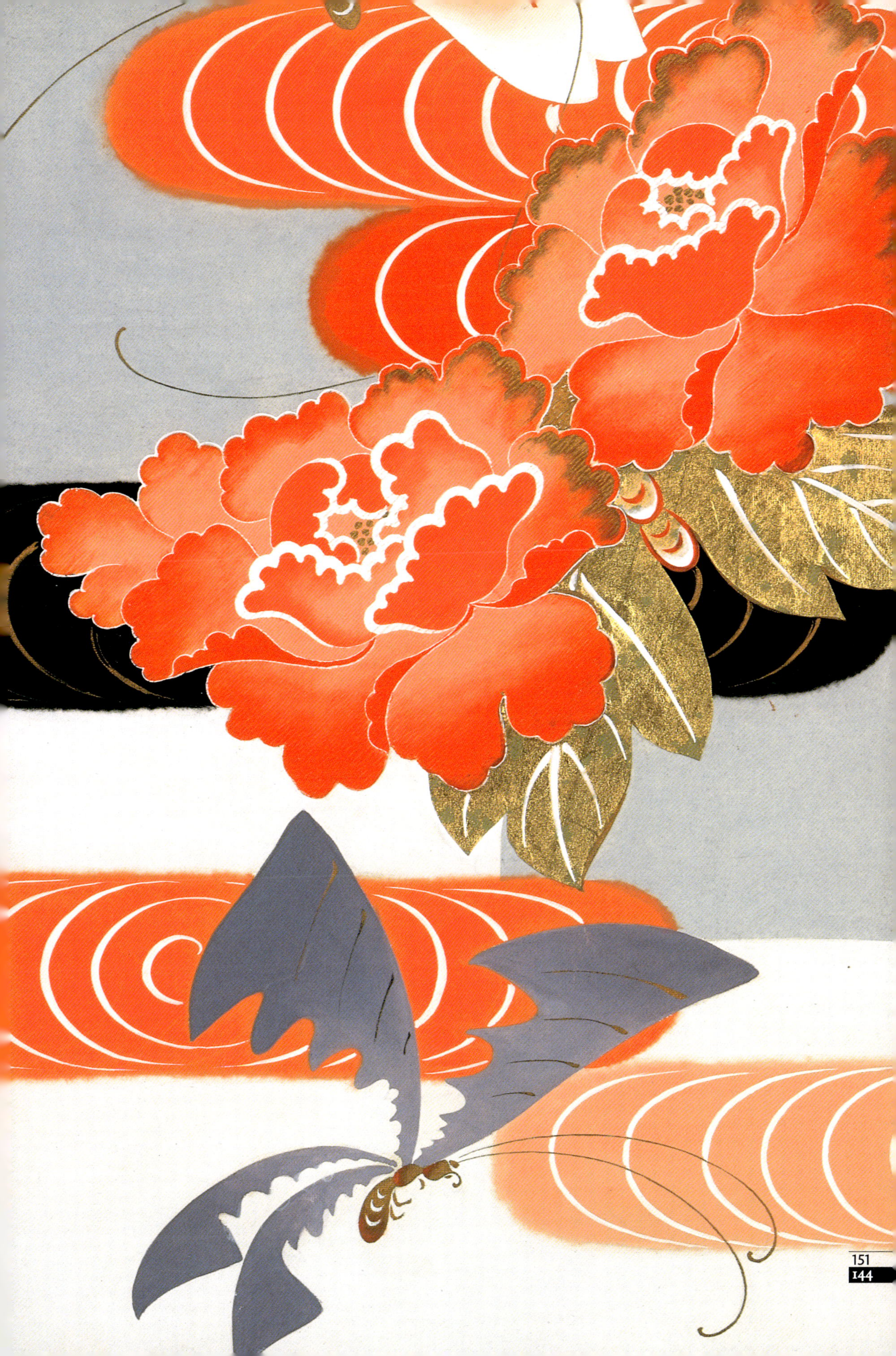

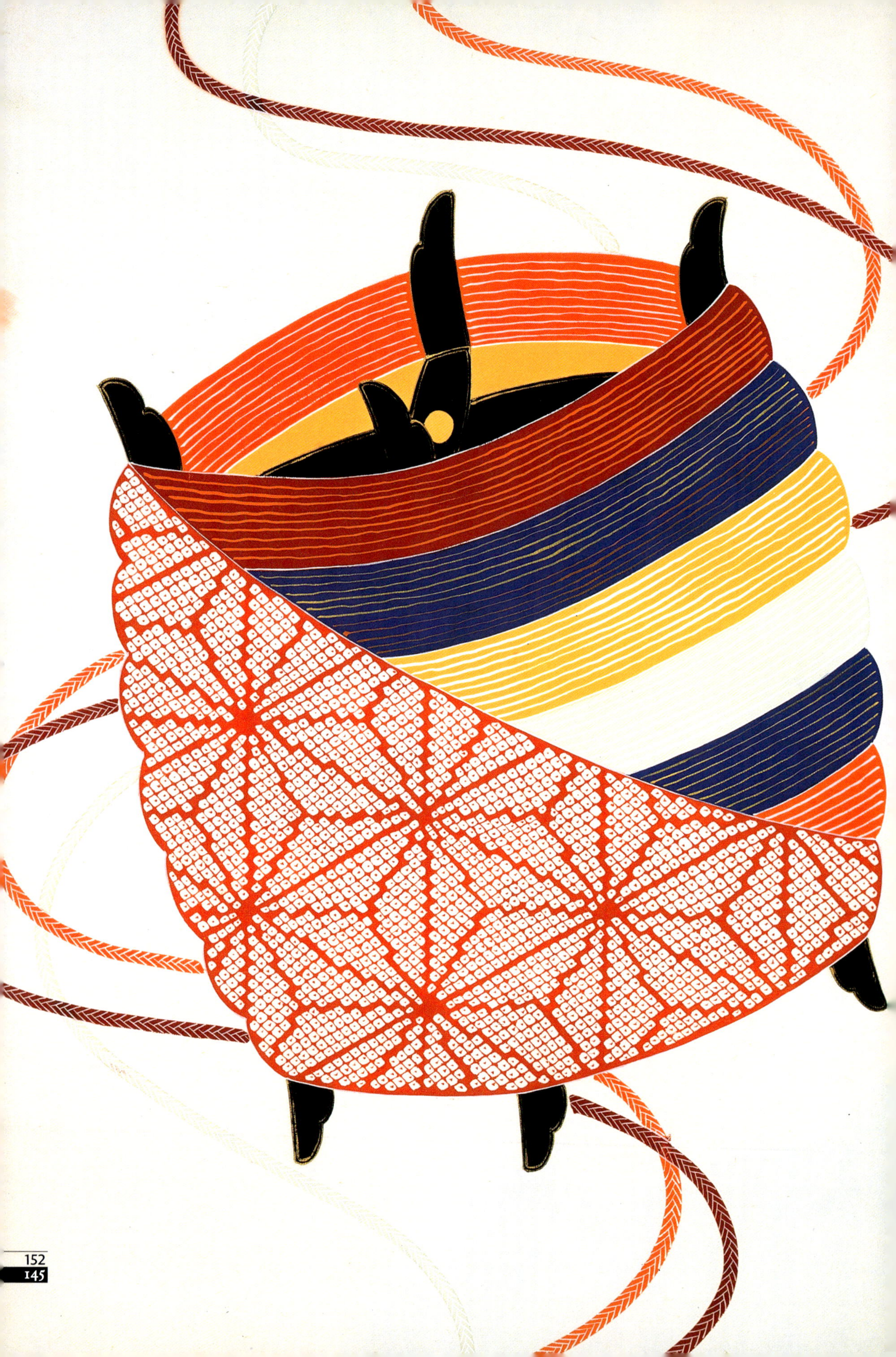

153
146

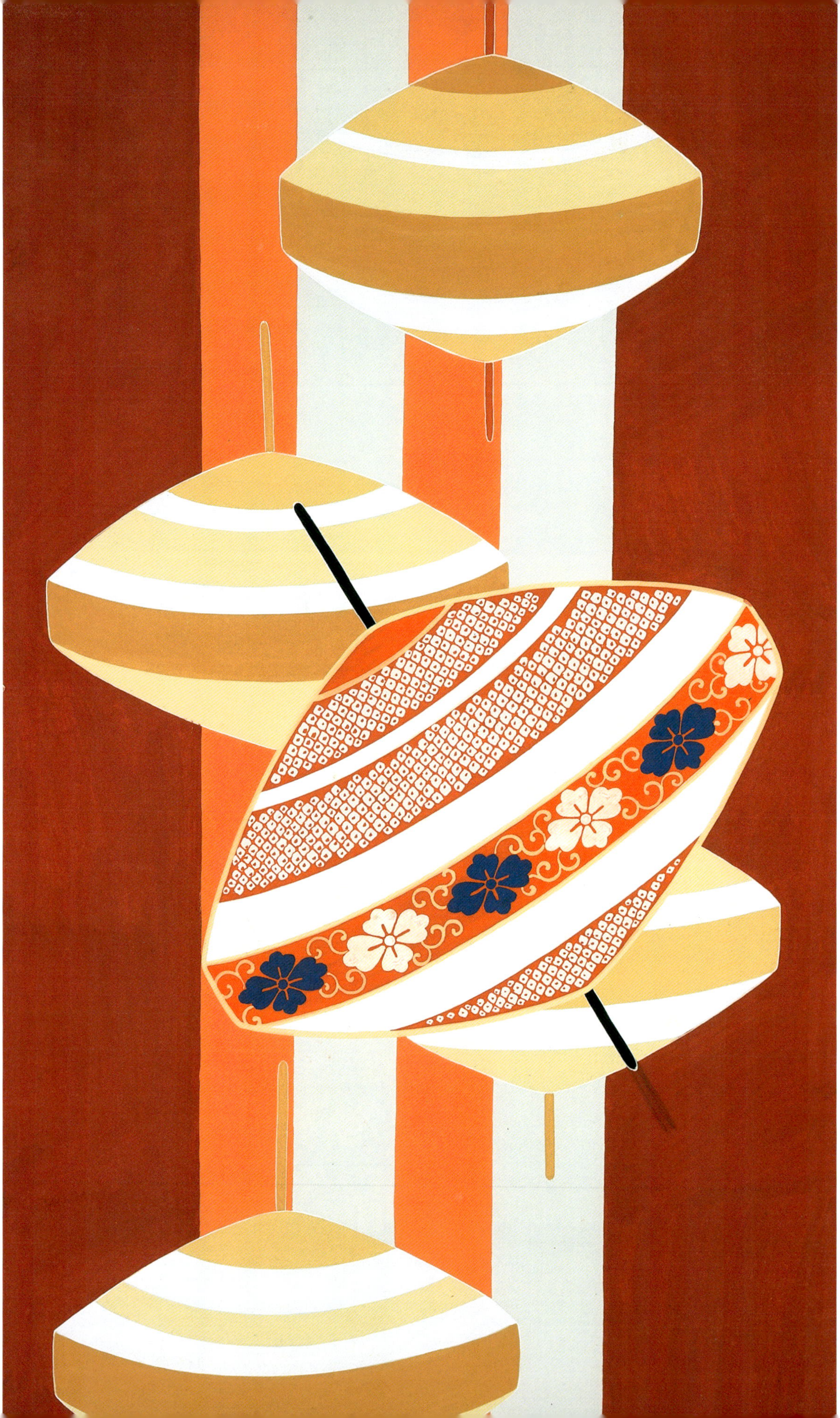

155
148

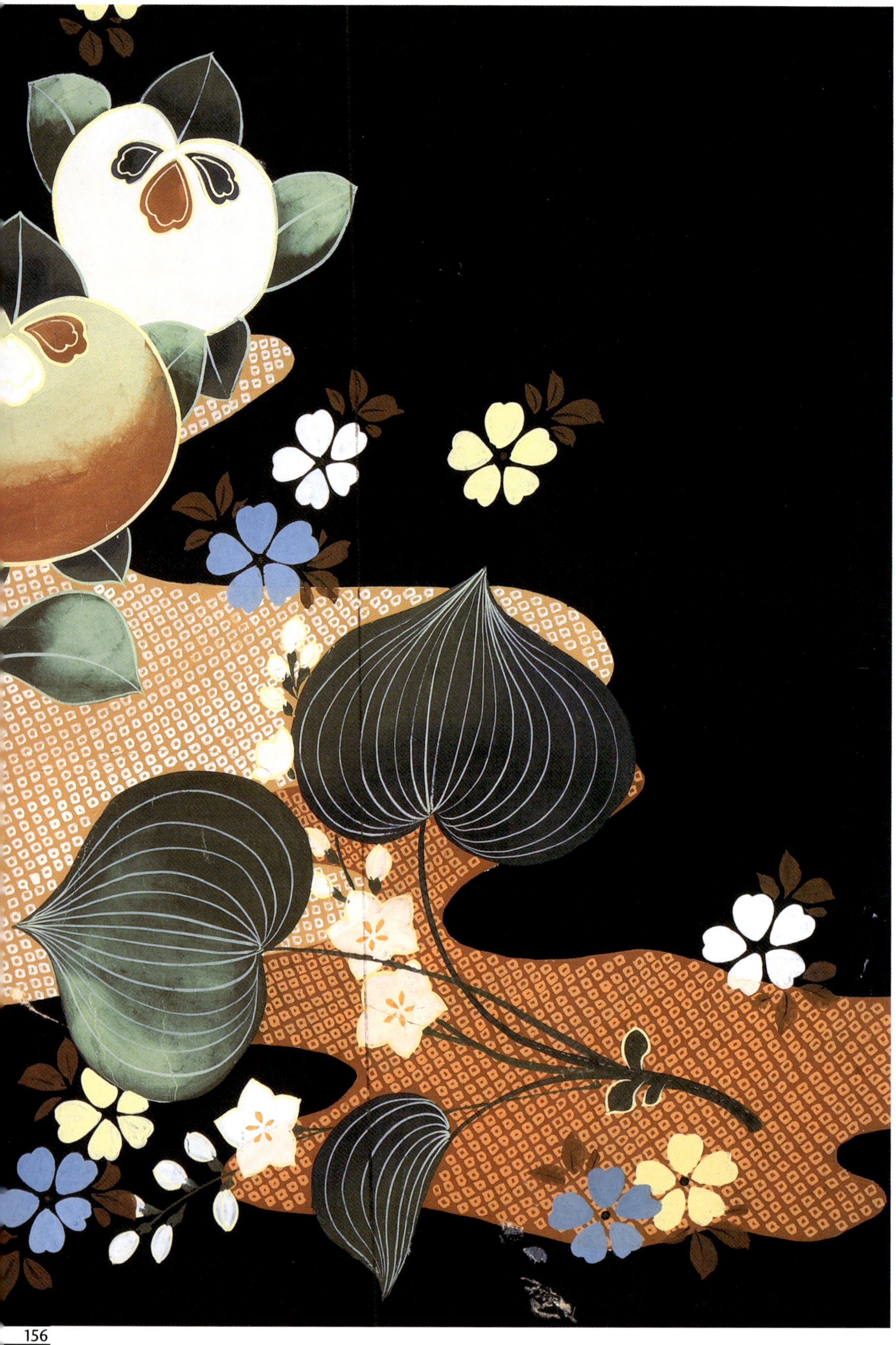

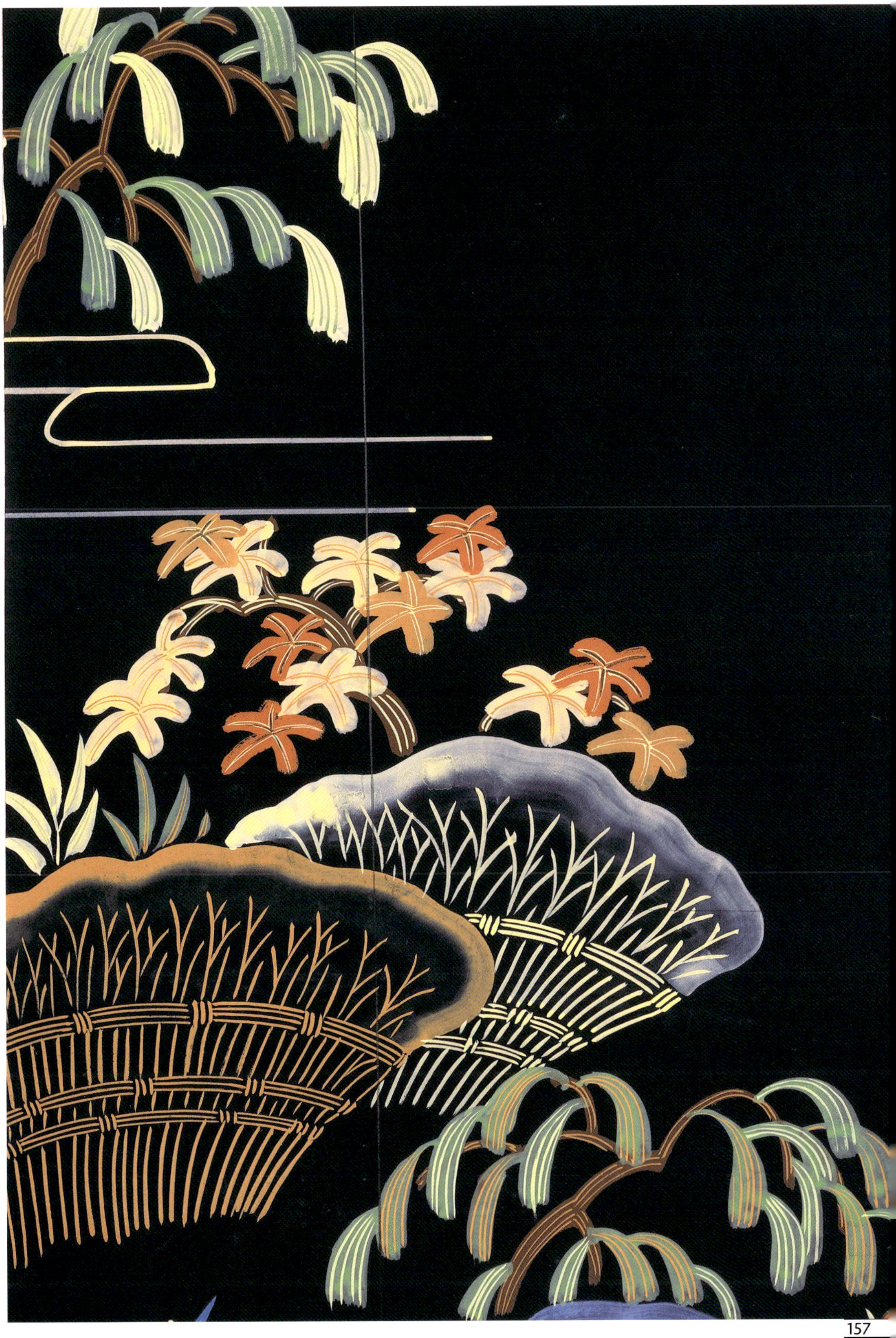

158
151

159
152

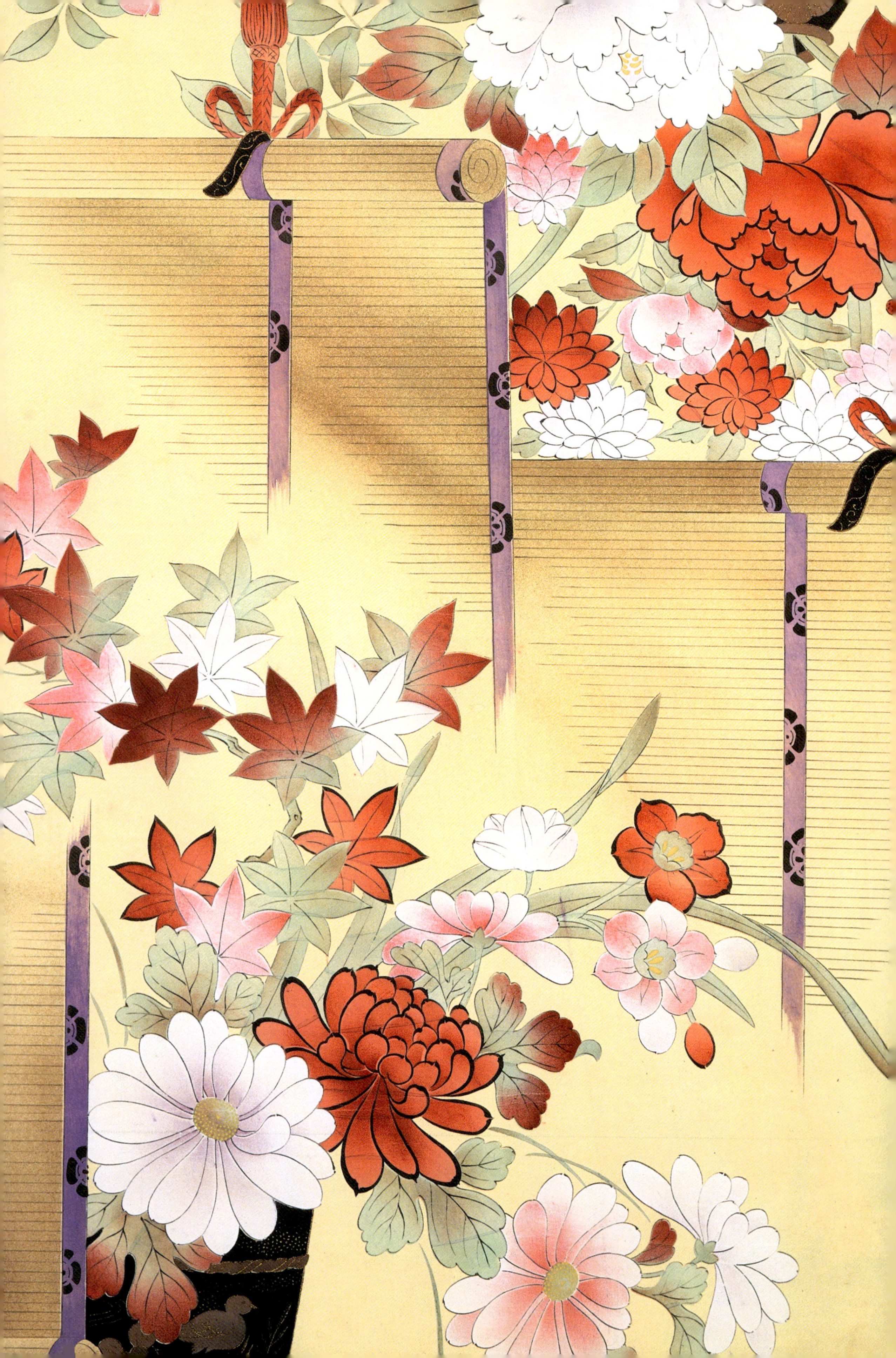

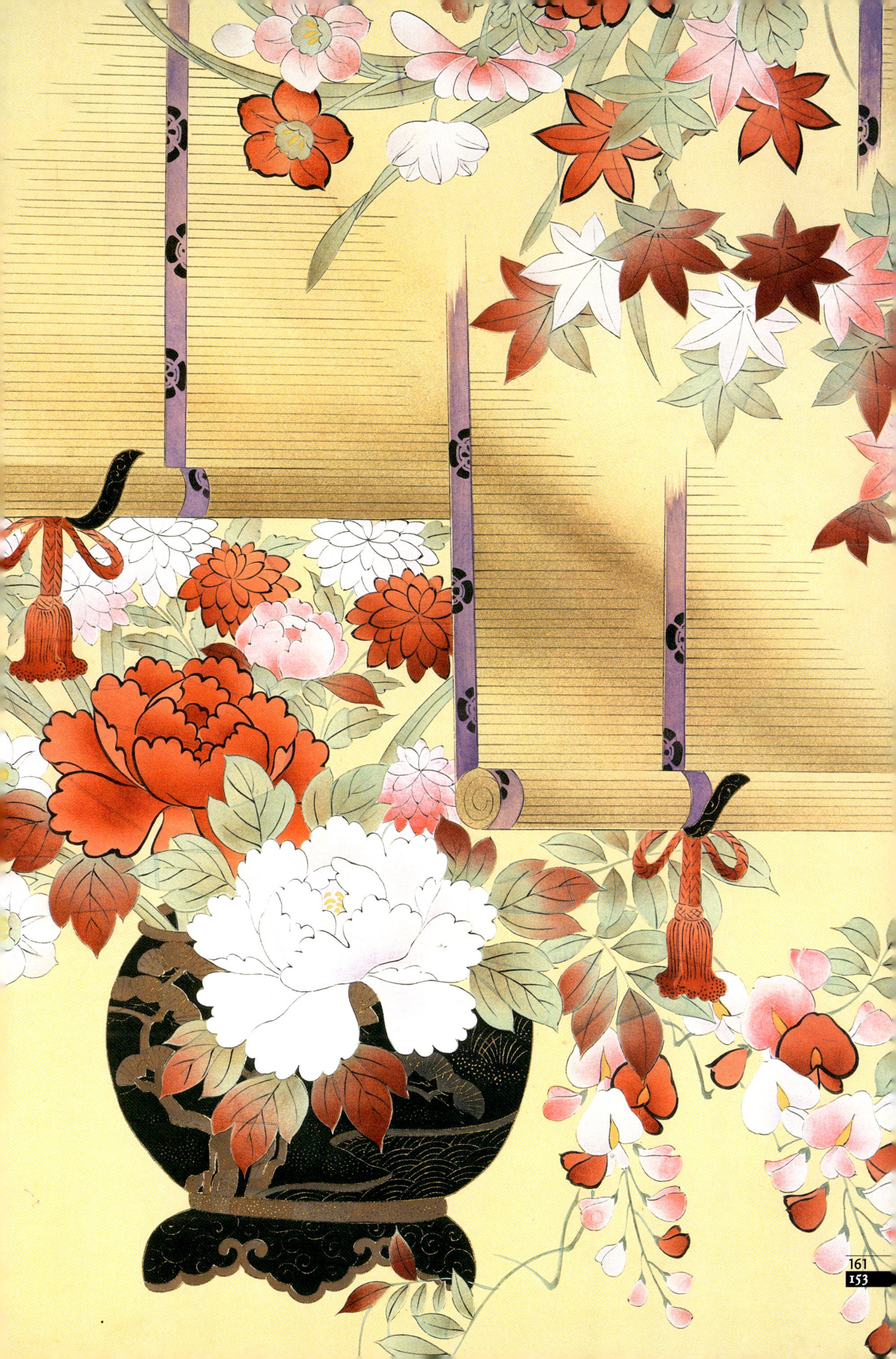

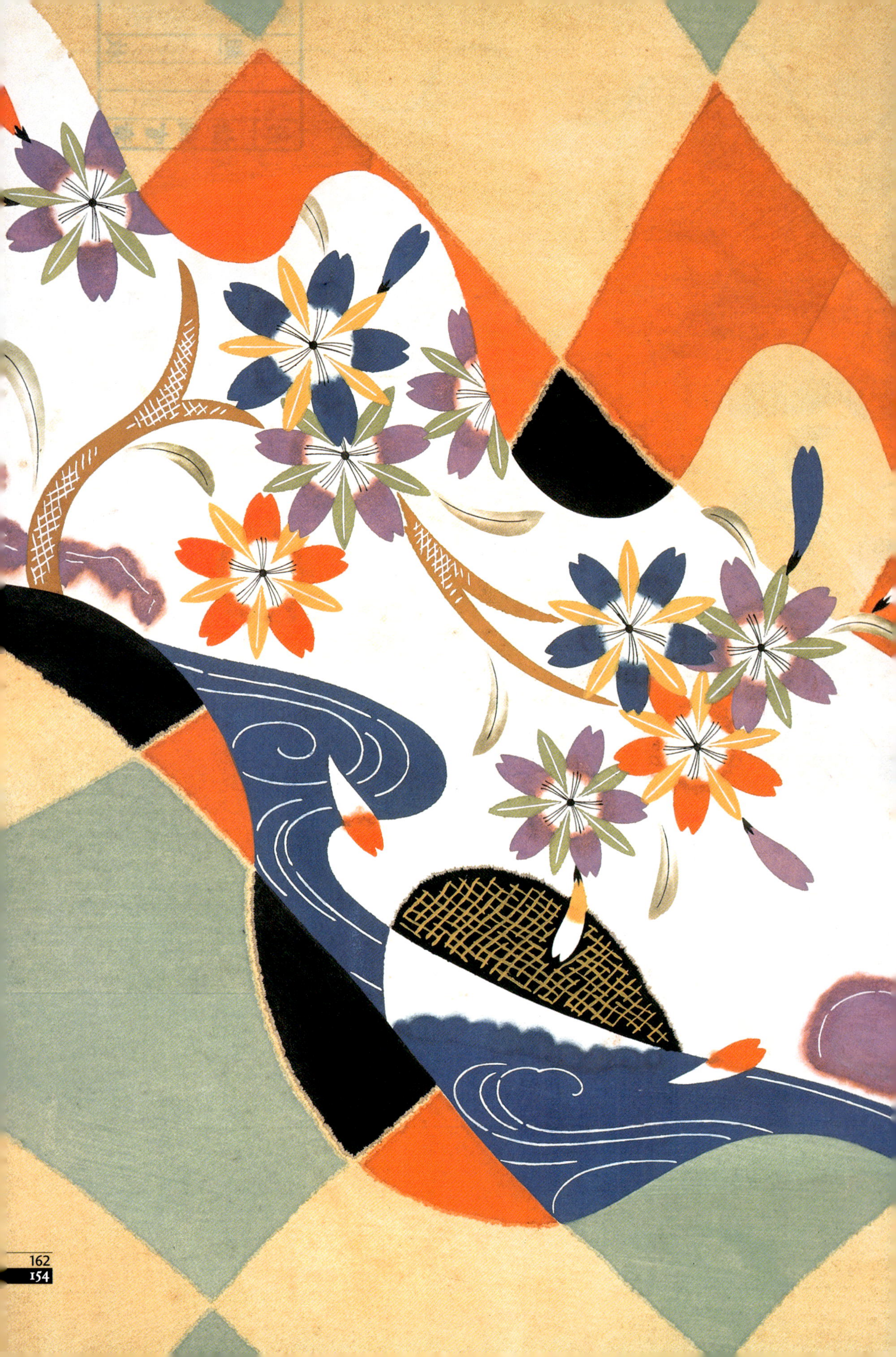

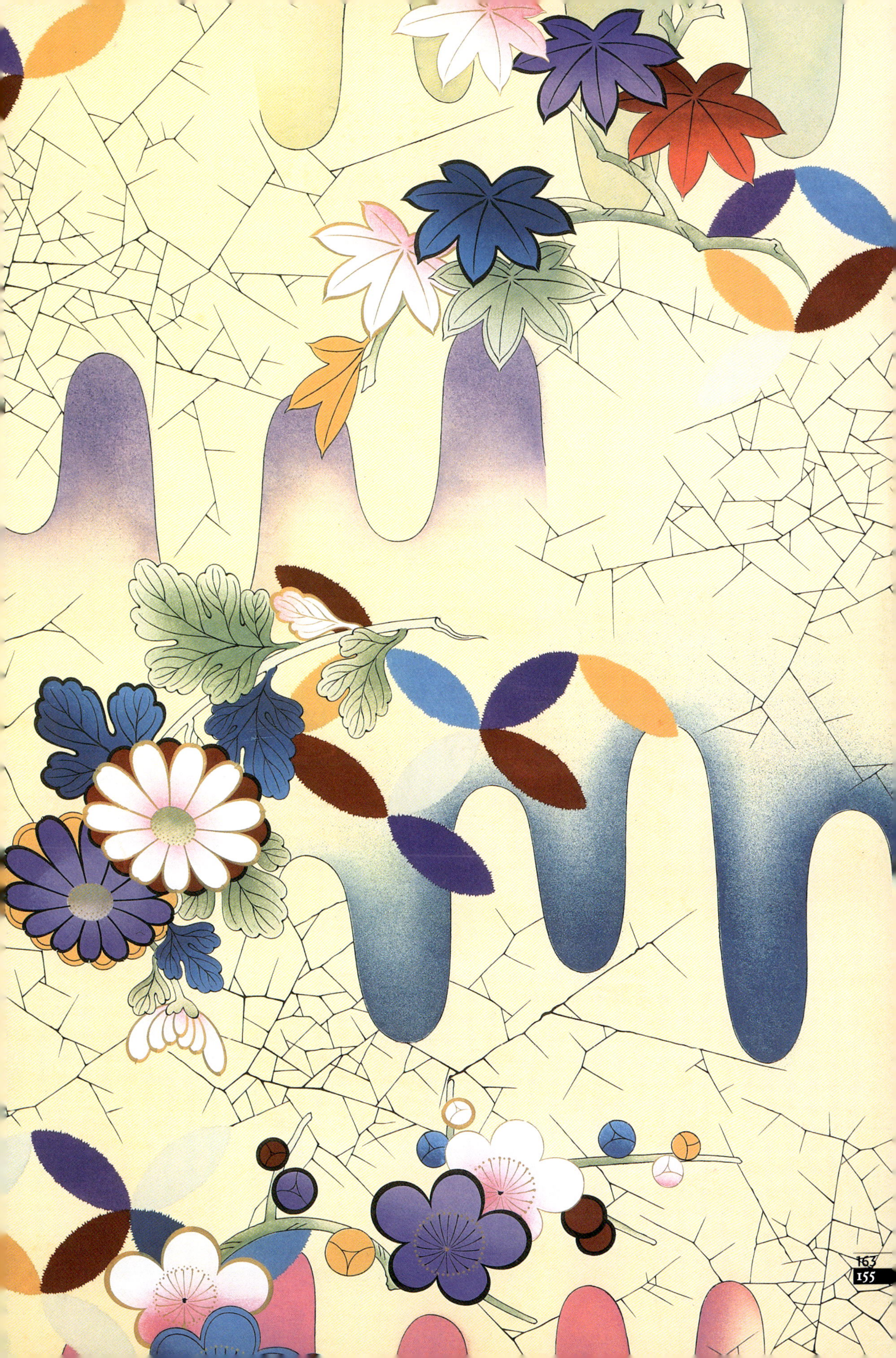

156

157

158

165
159

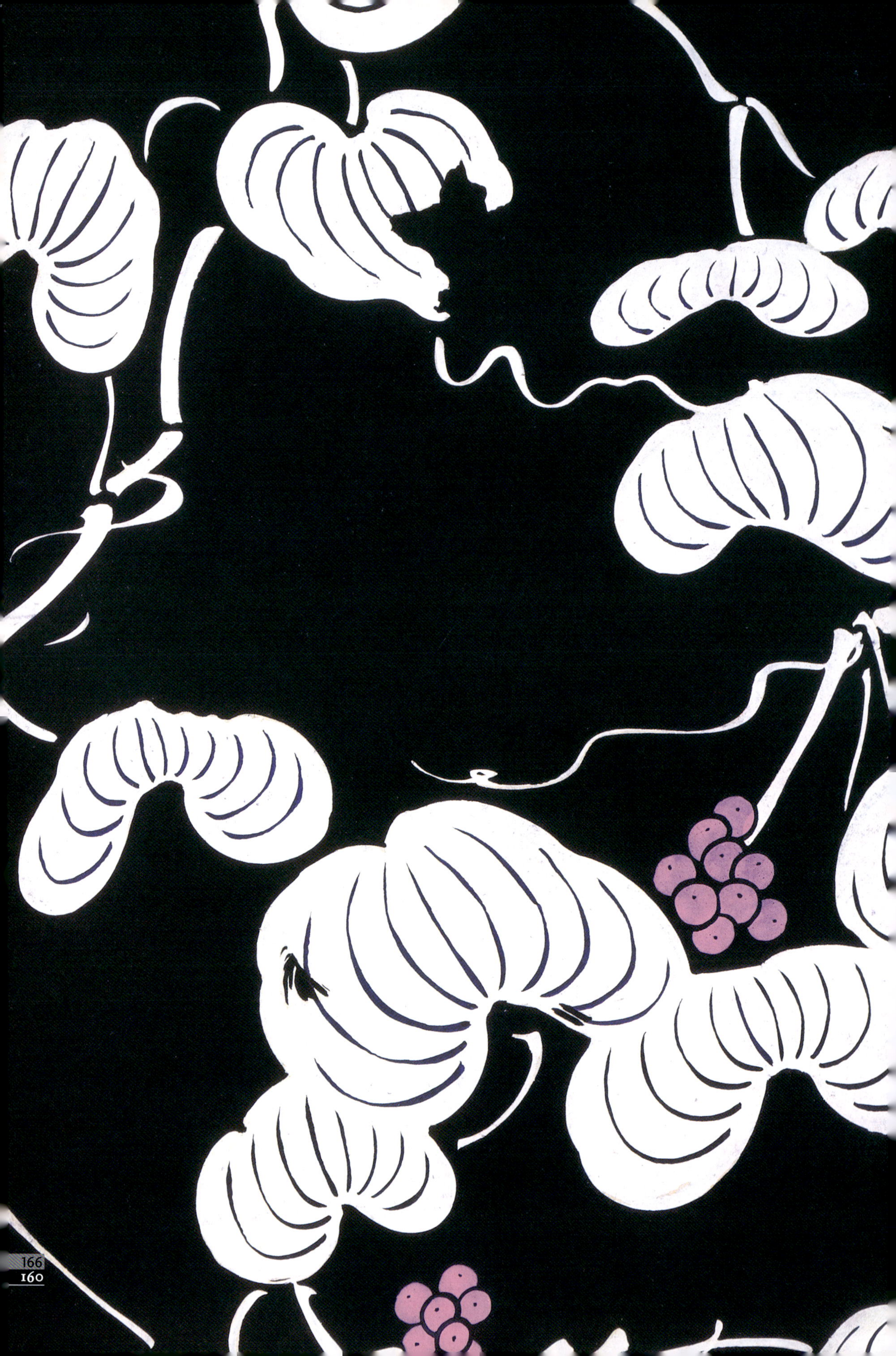

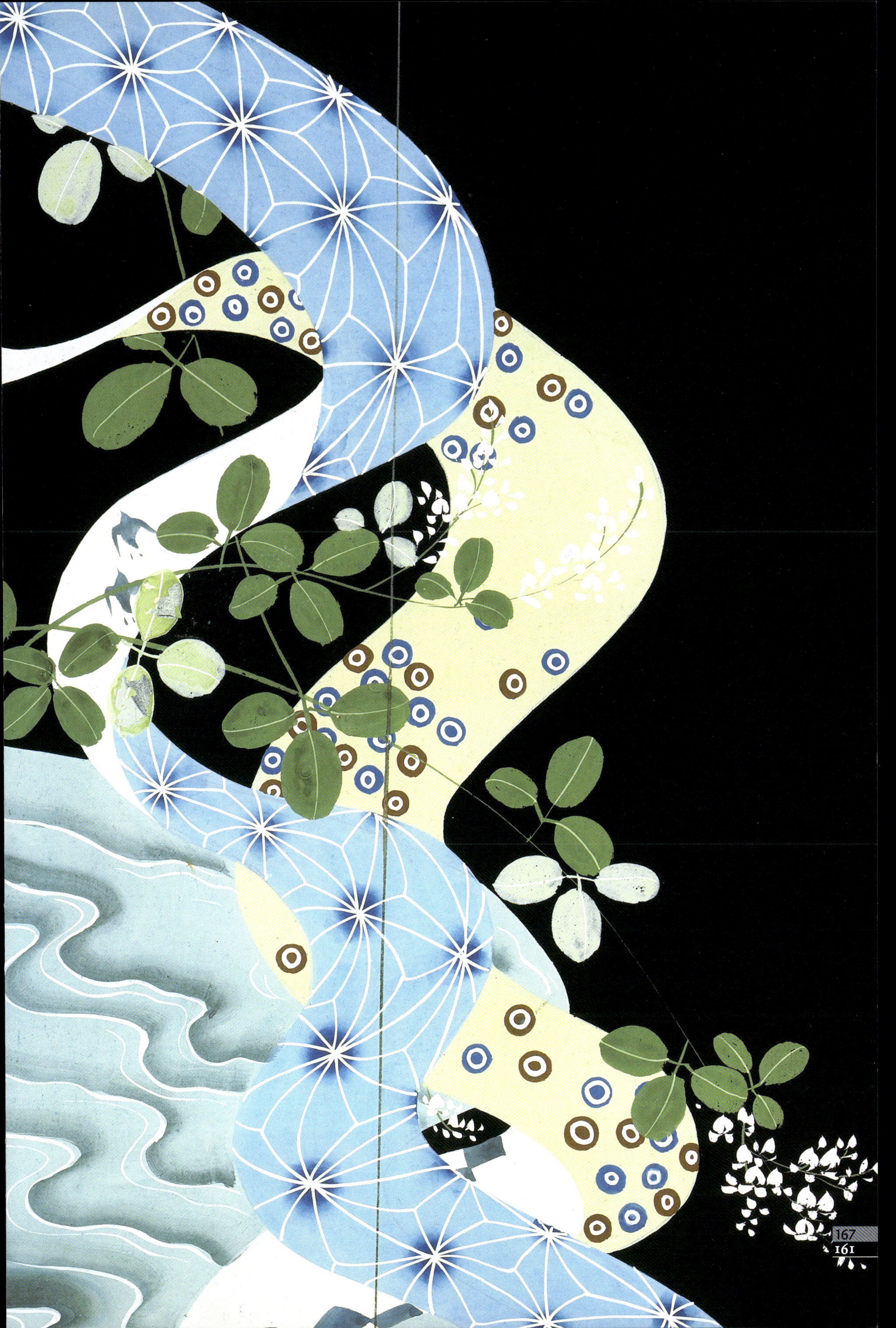

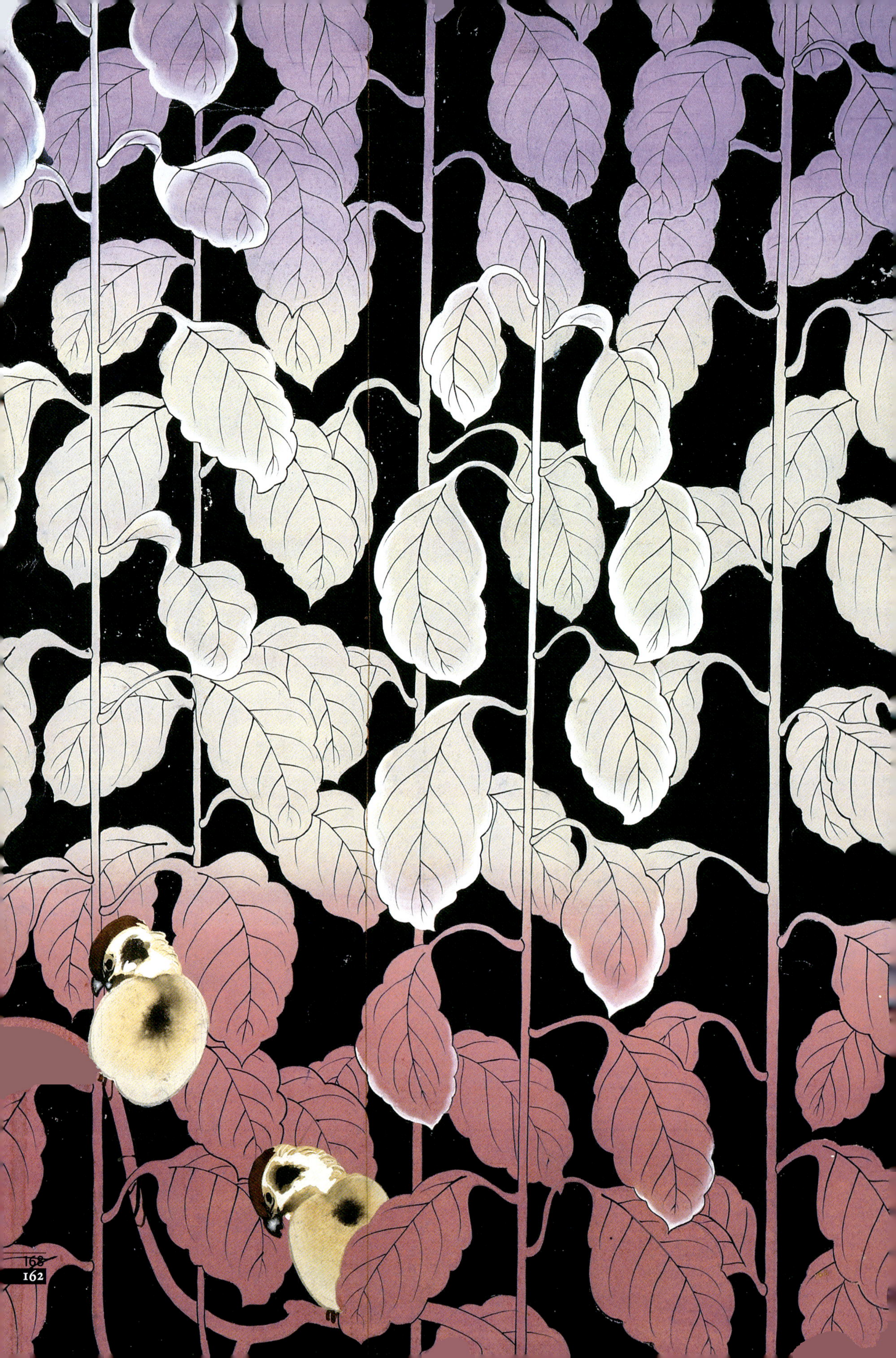

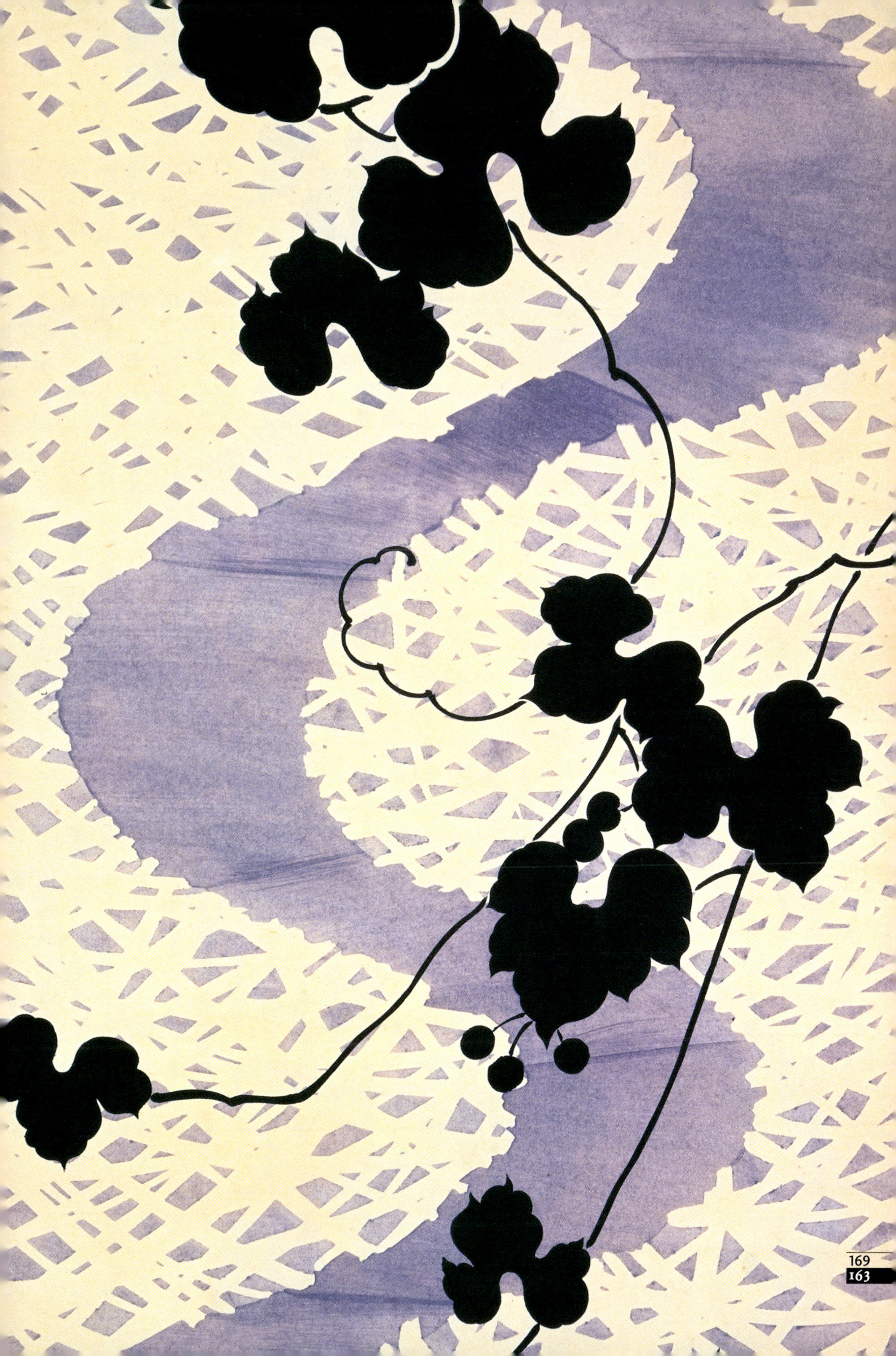

170
164

165

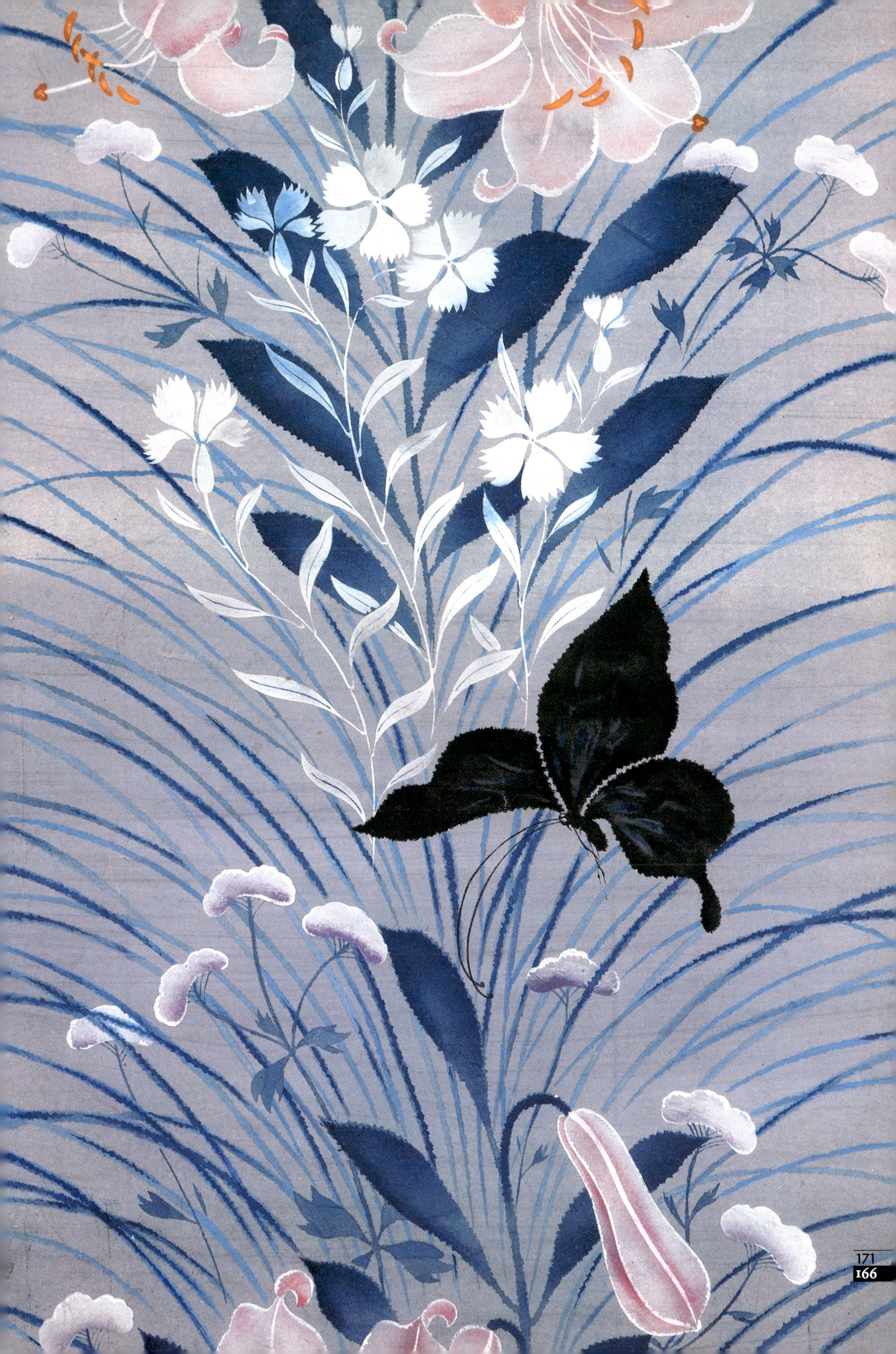

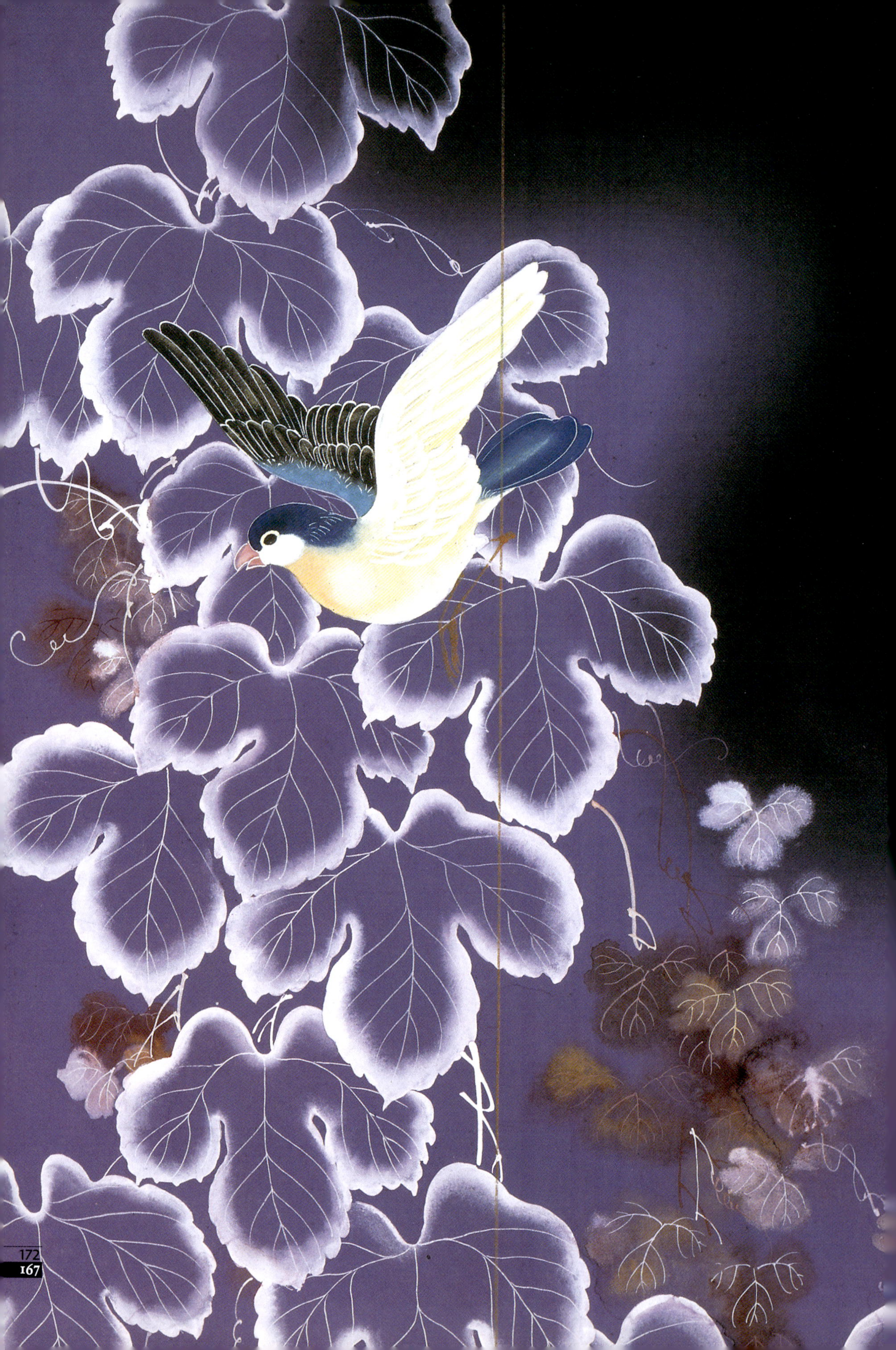

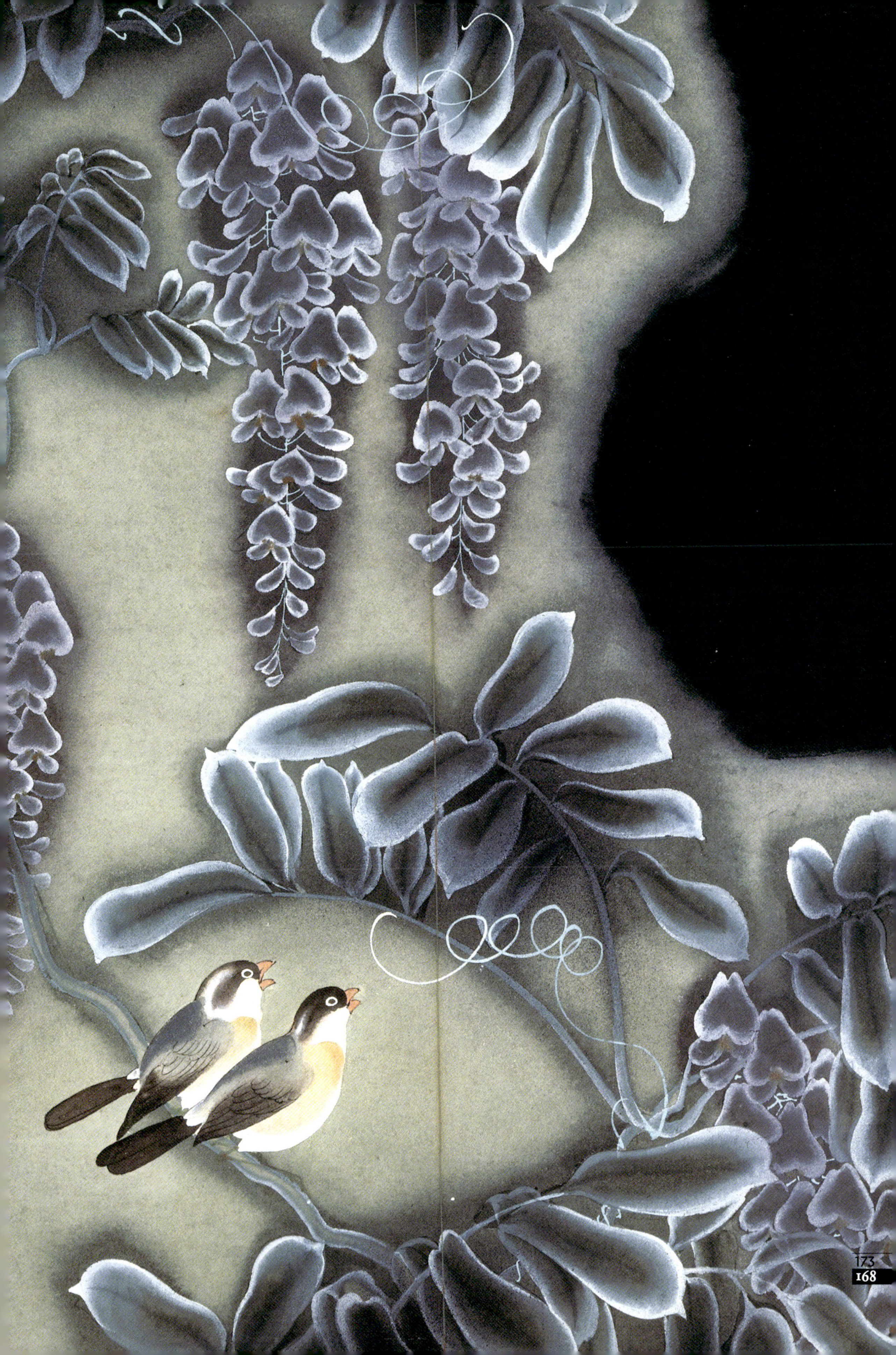

174
169

175

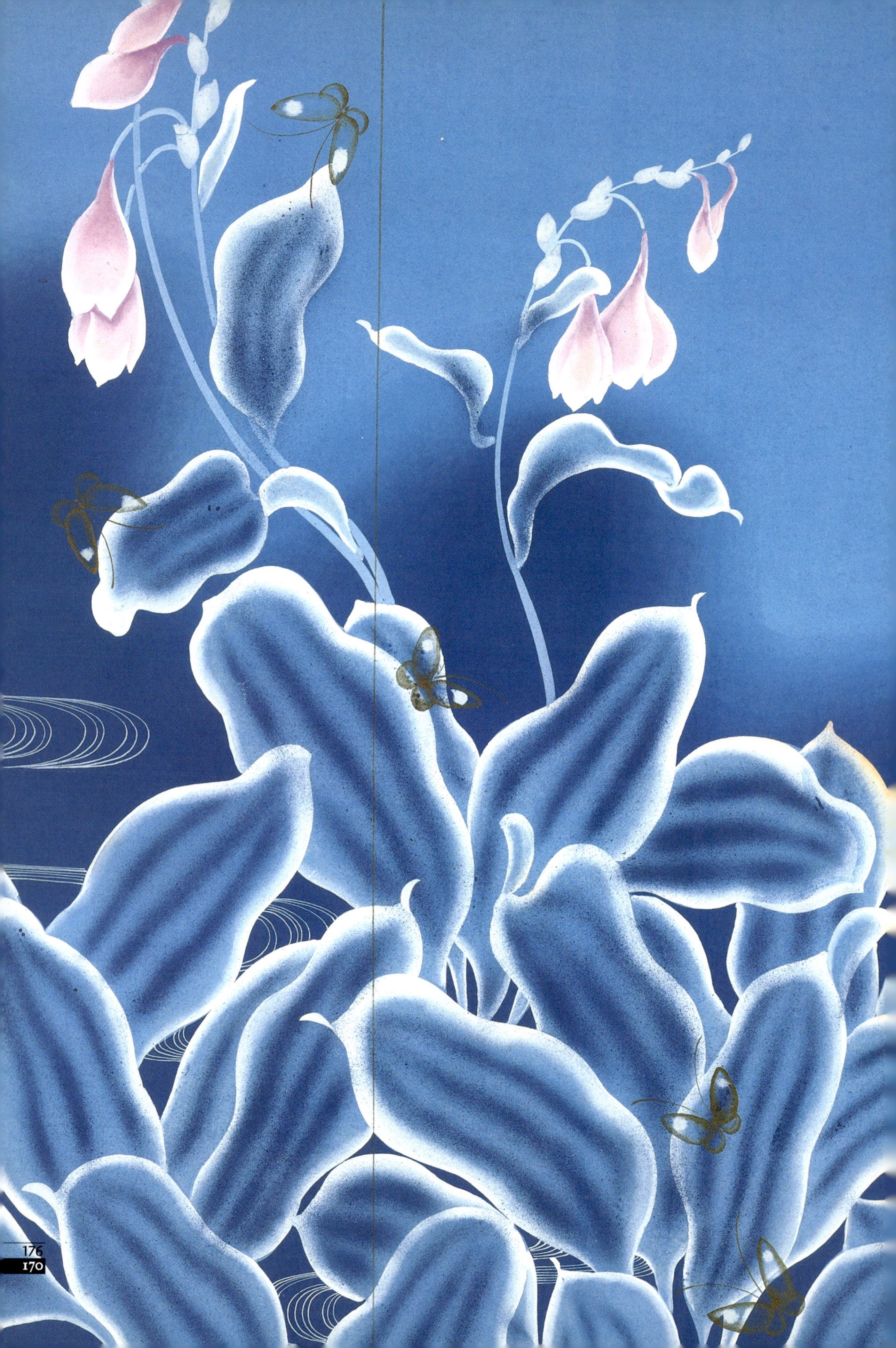

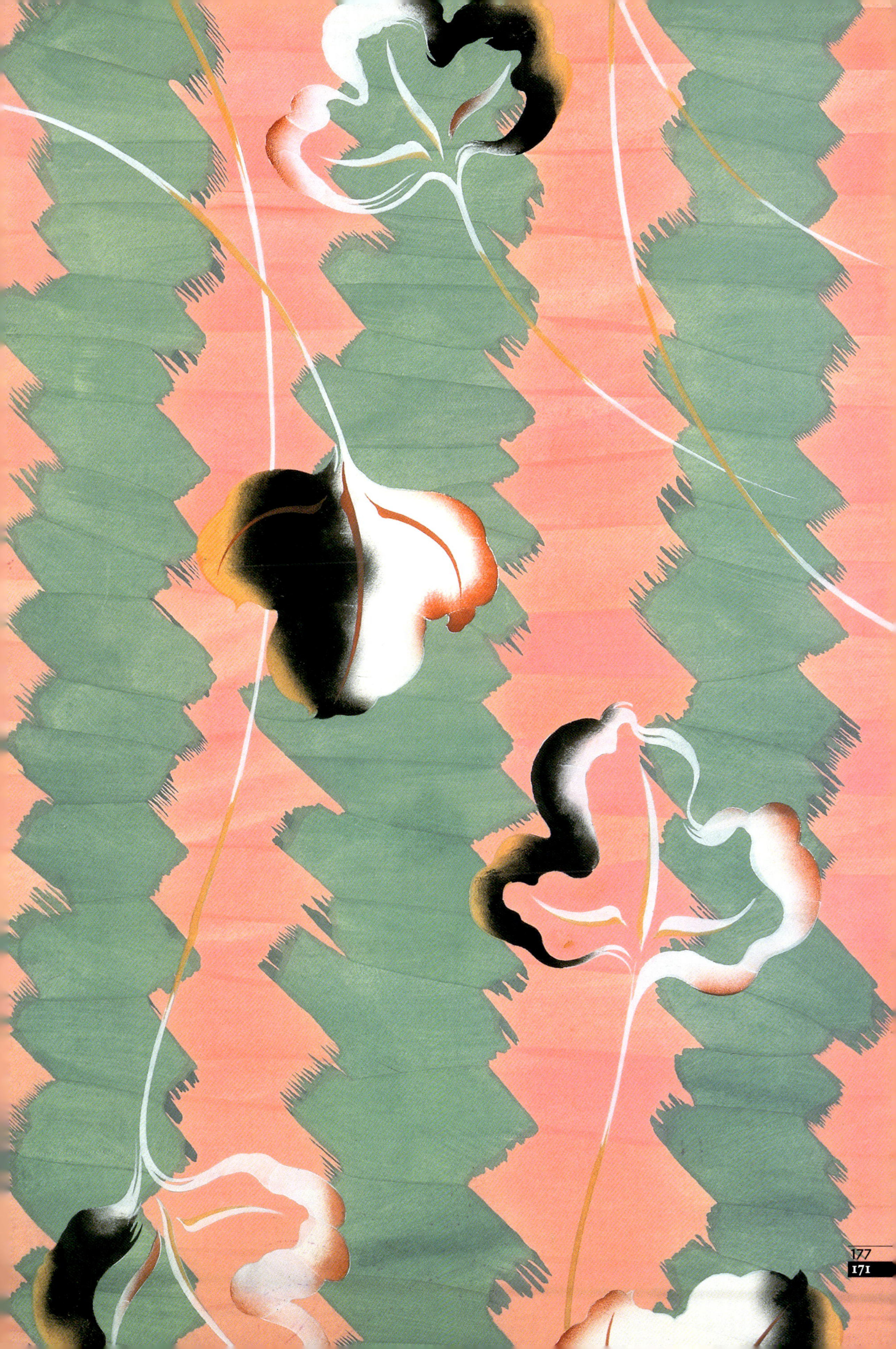

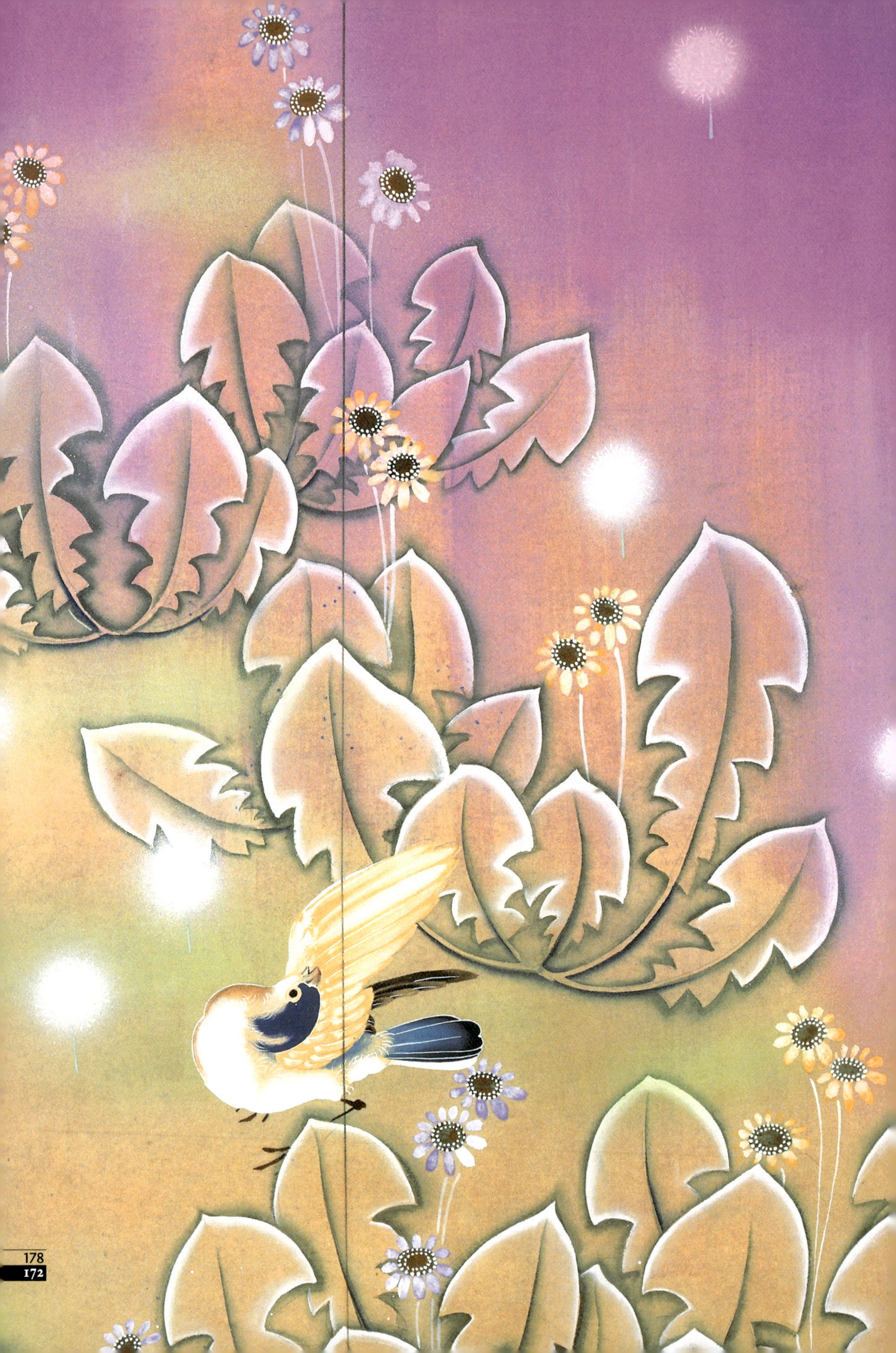

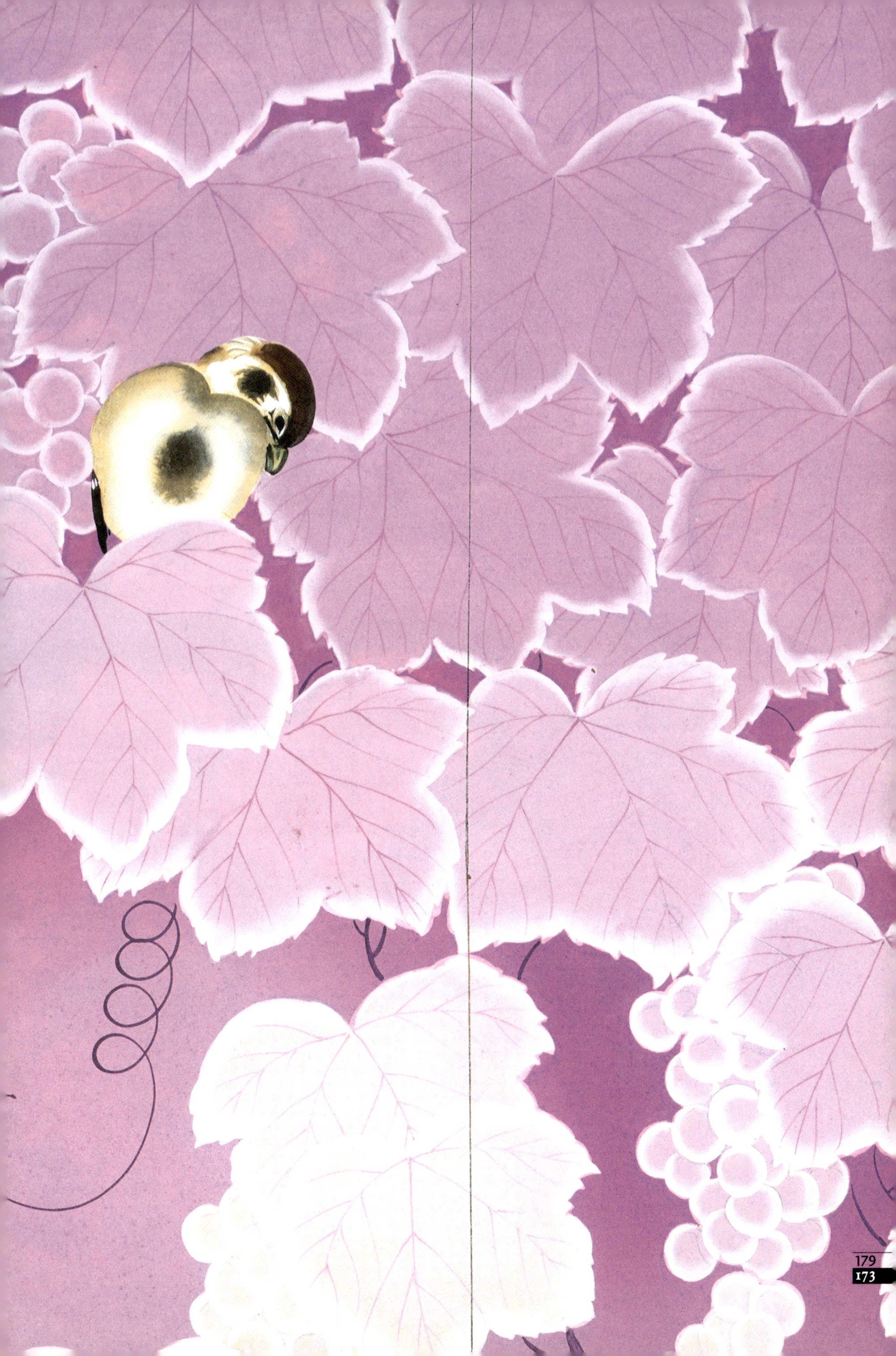

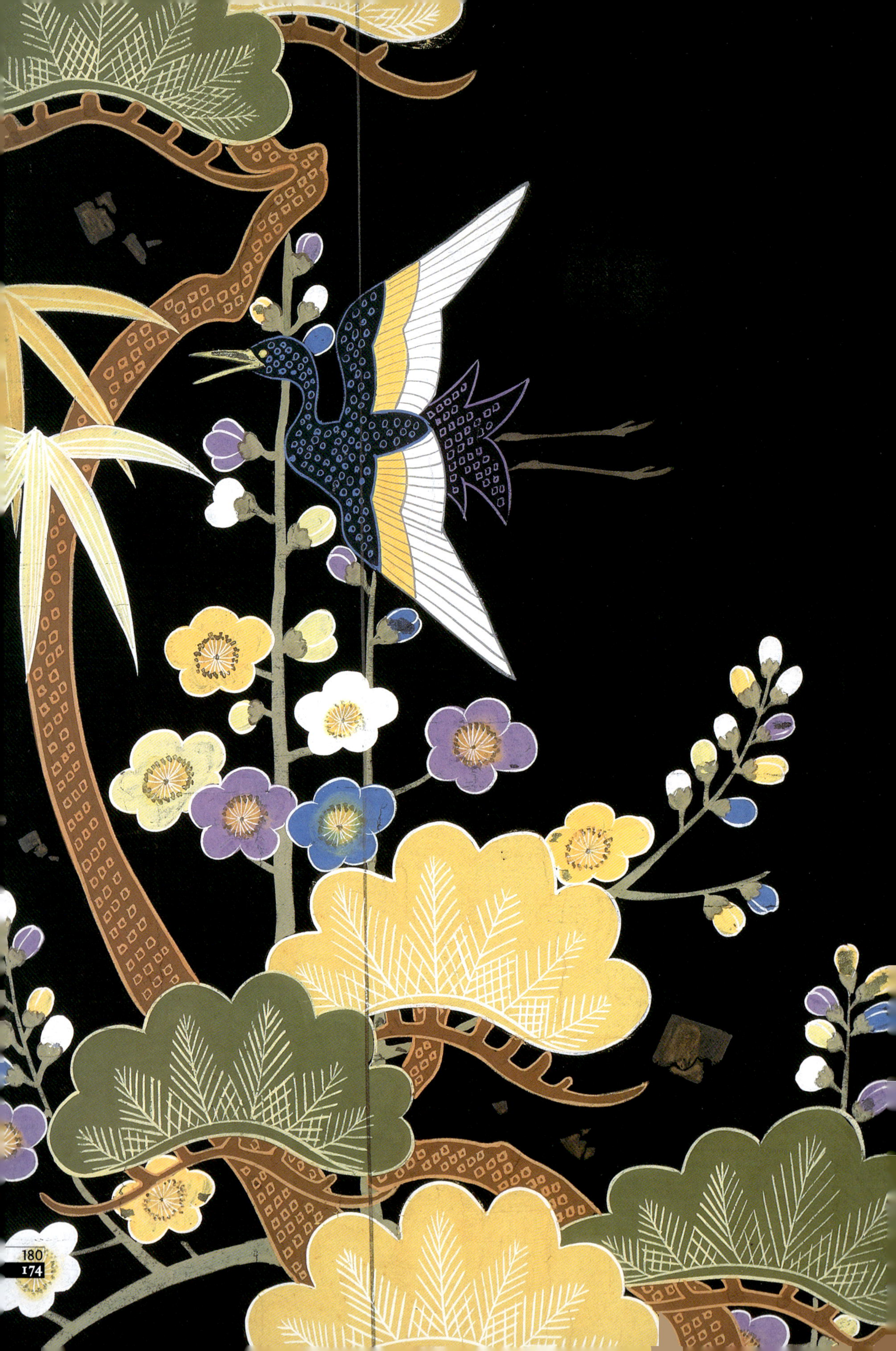

175

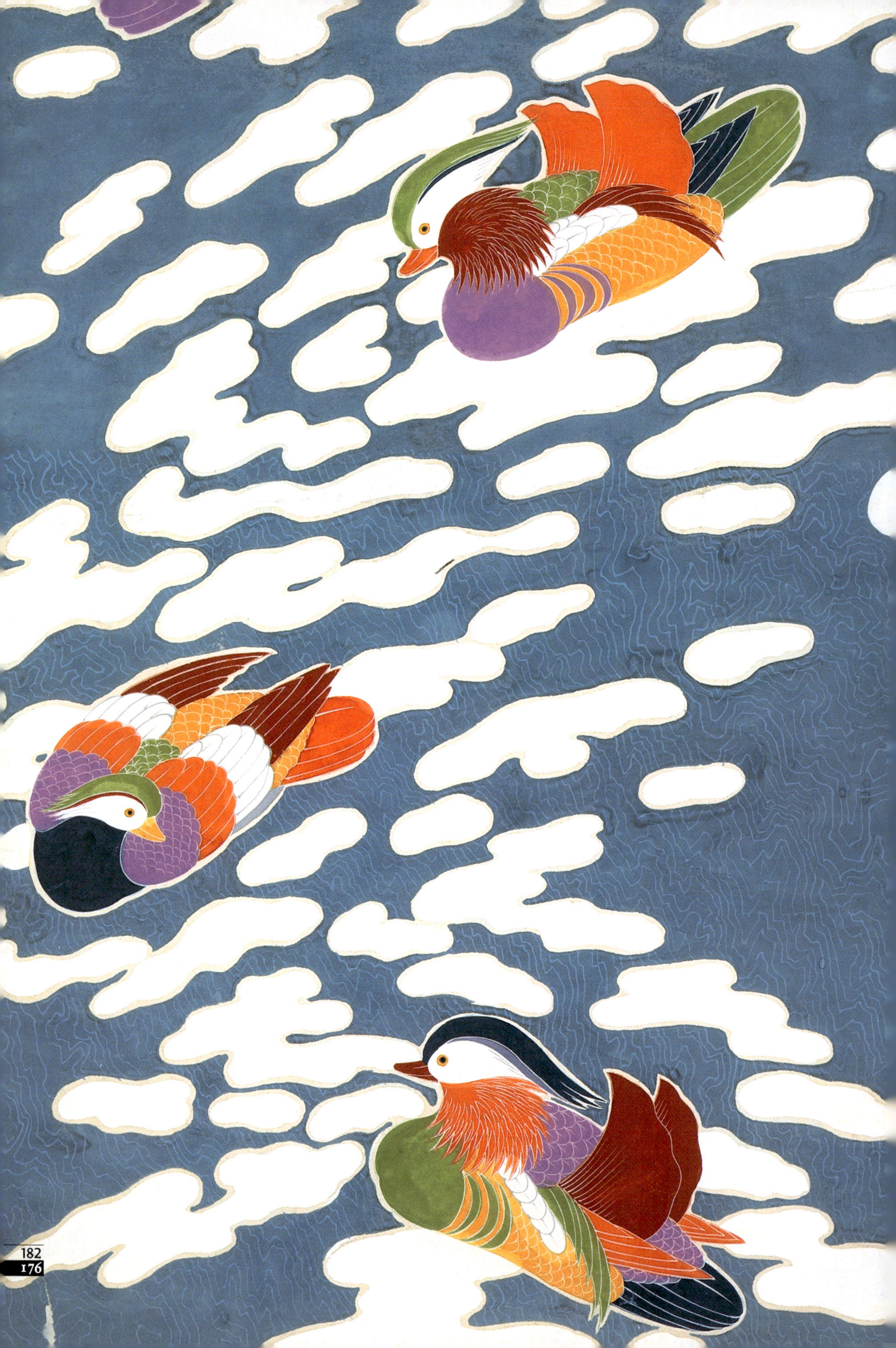

183
177

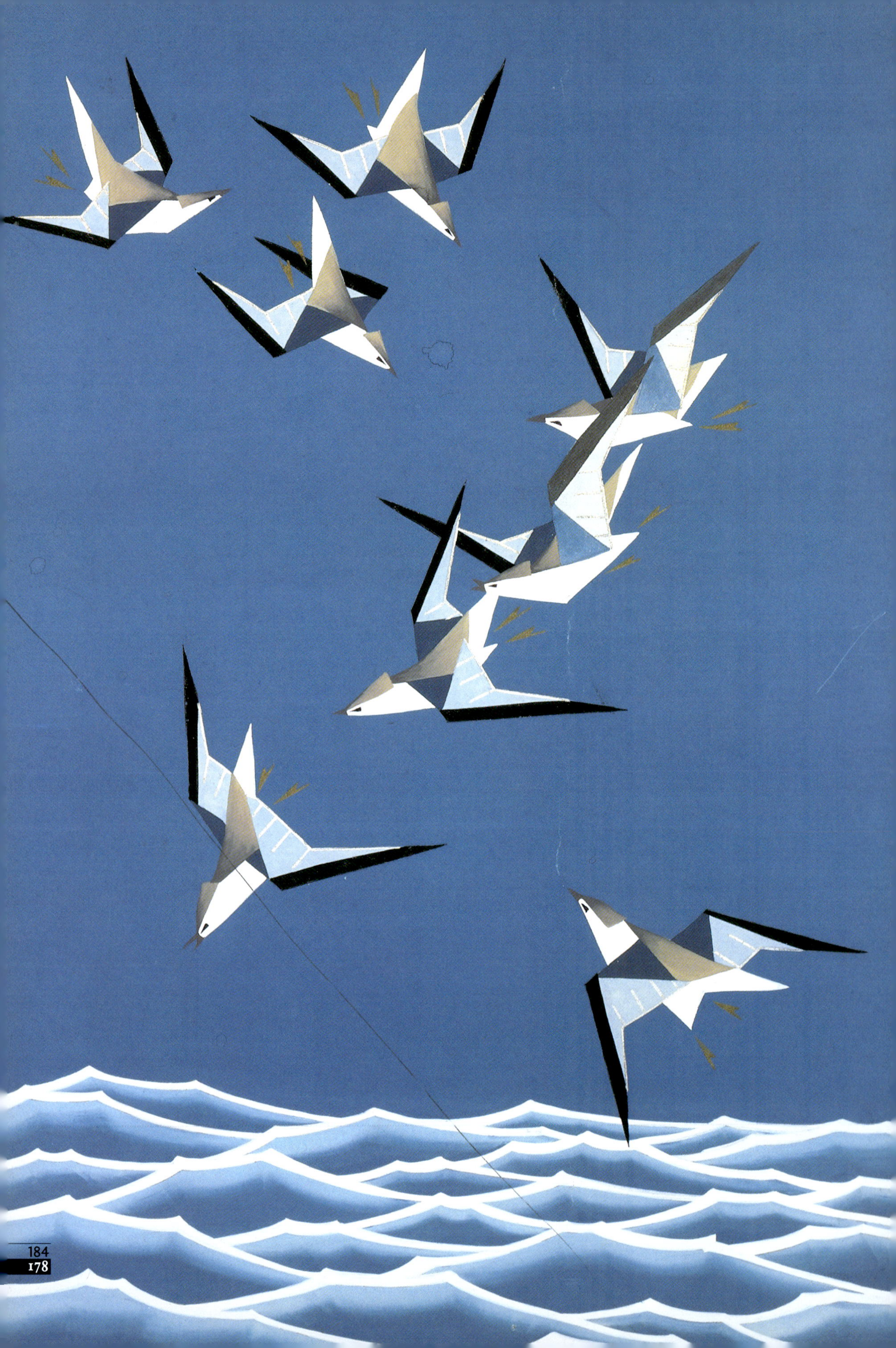

185
179

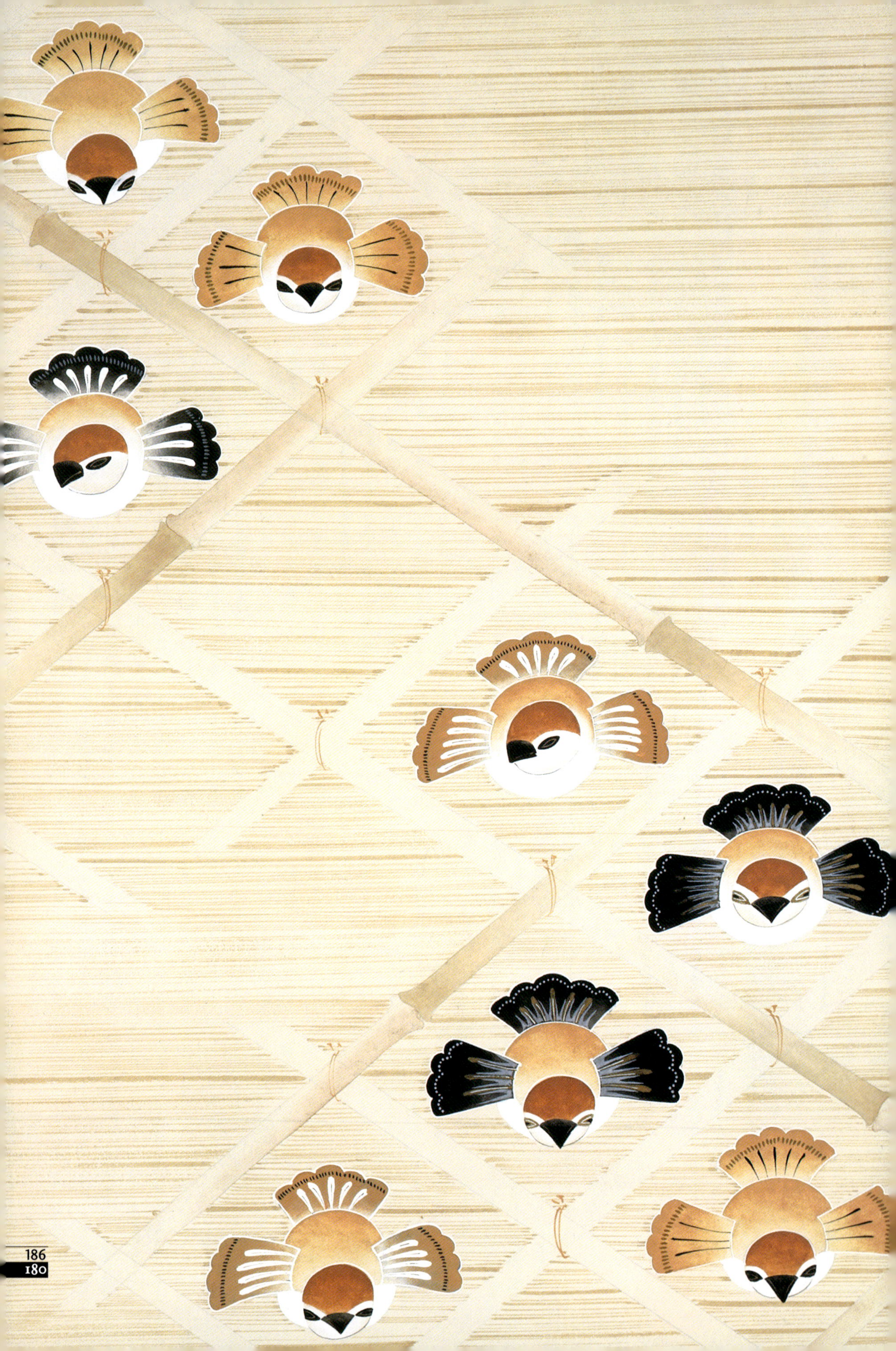

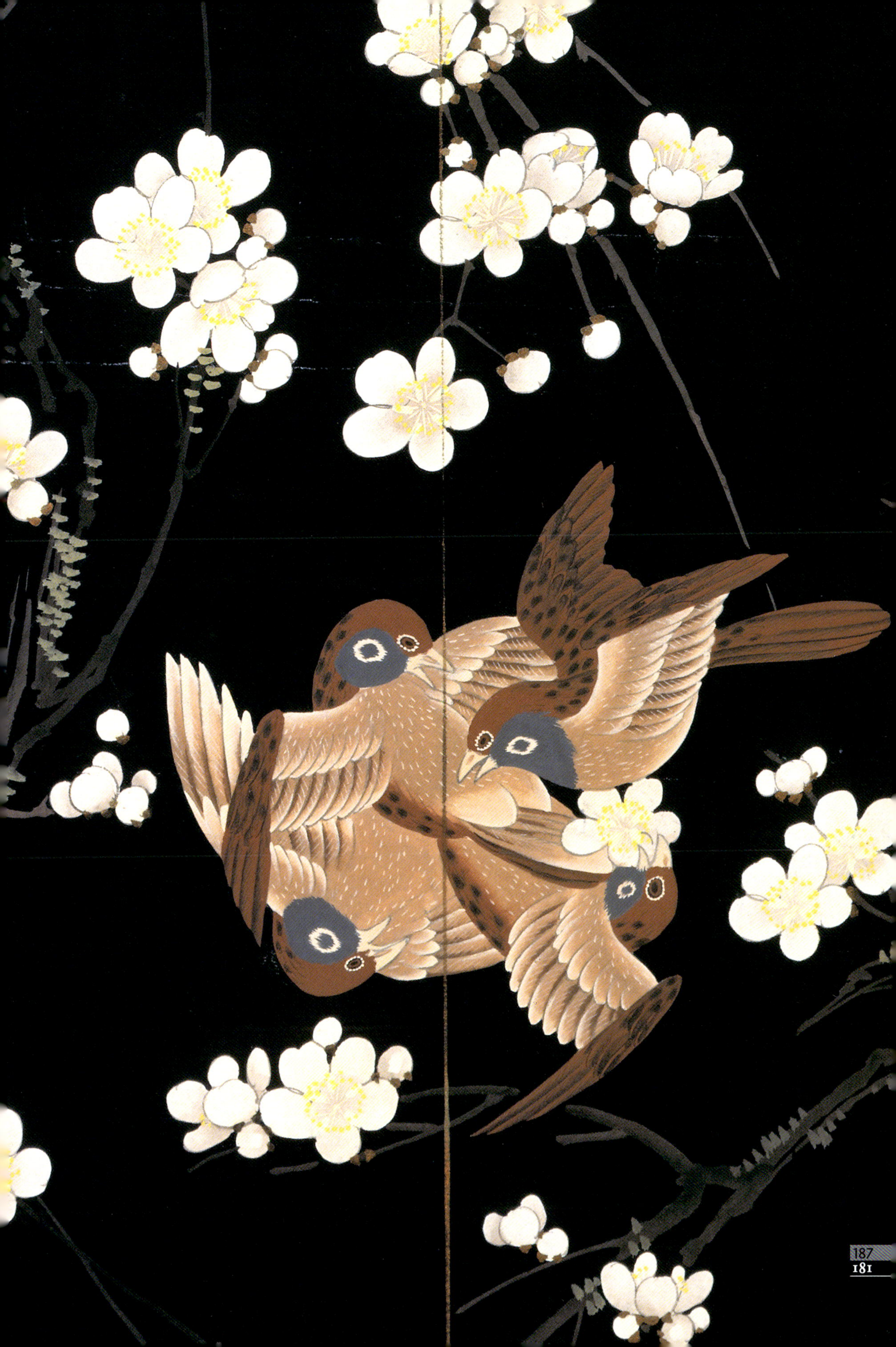

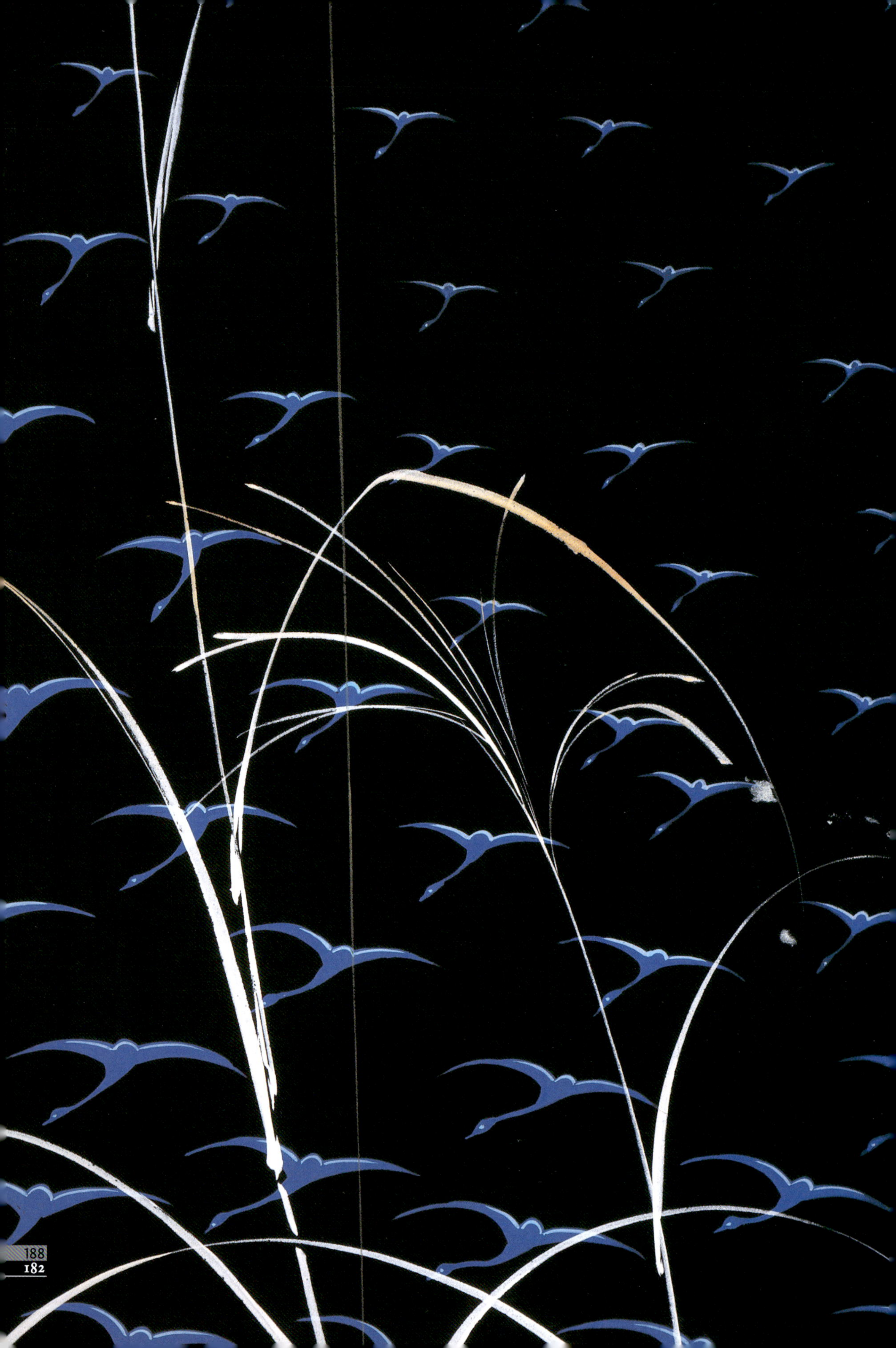

189
183

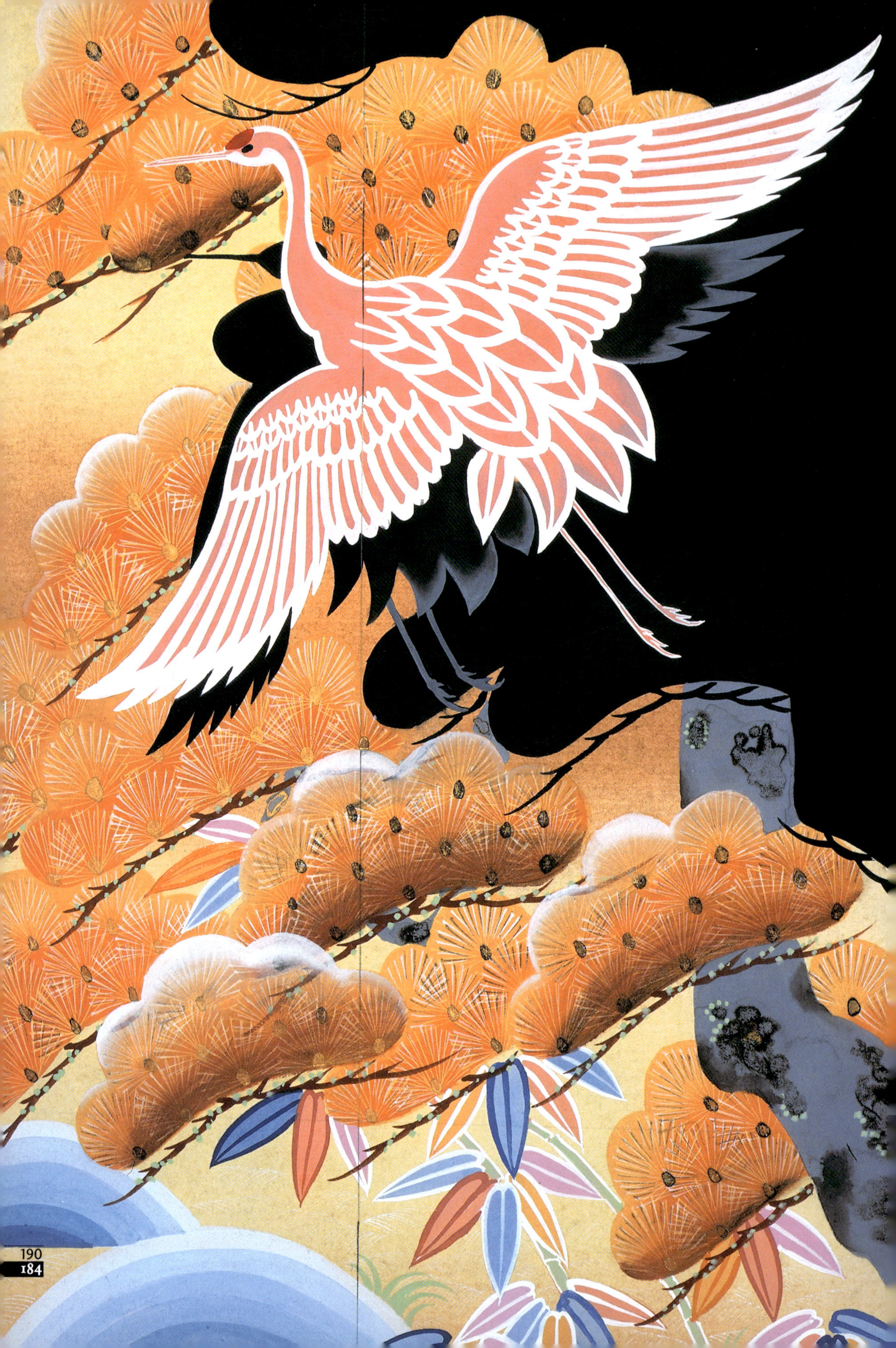

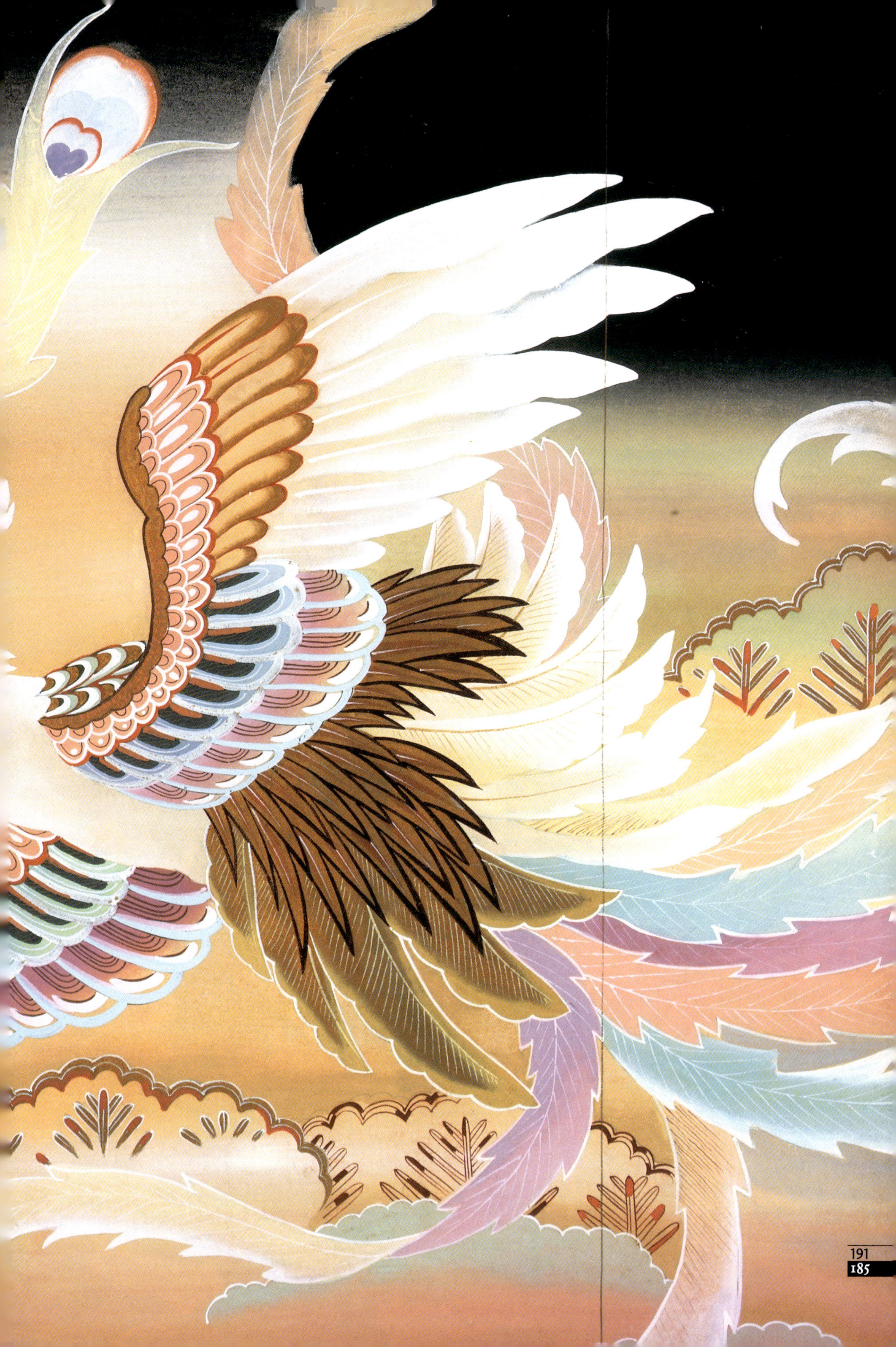

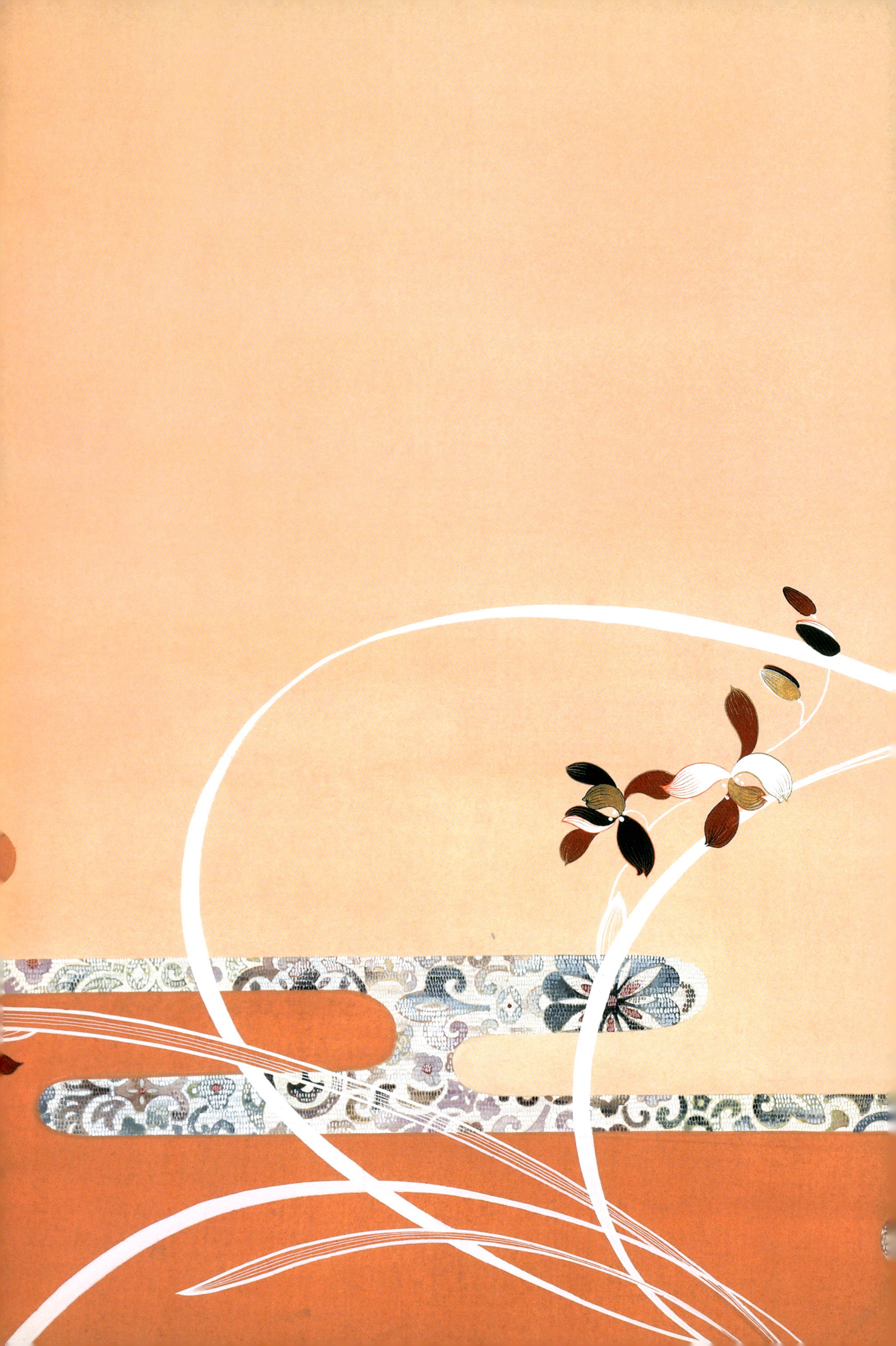

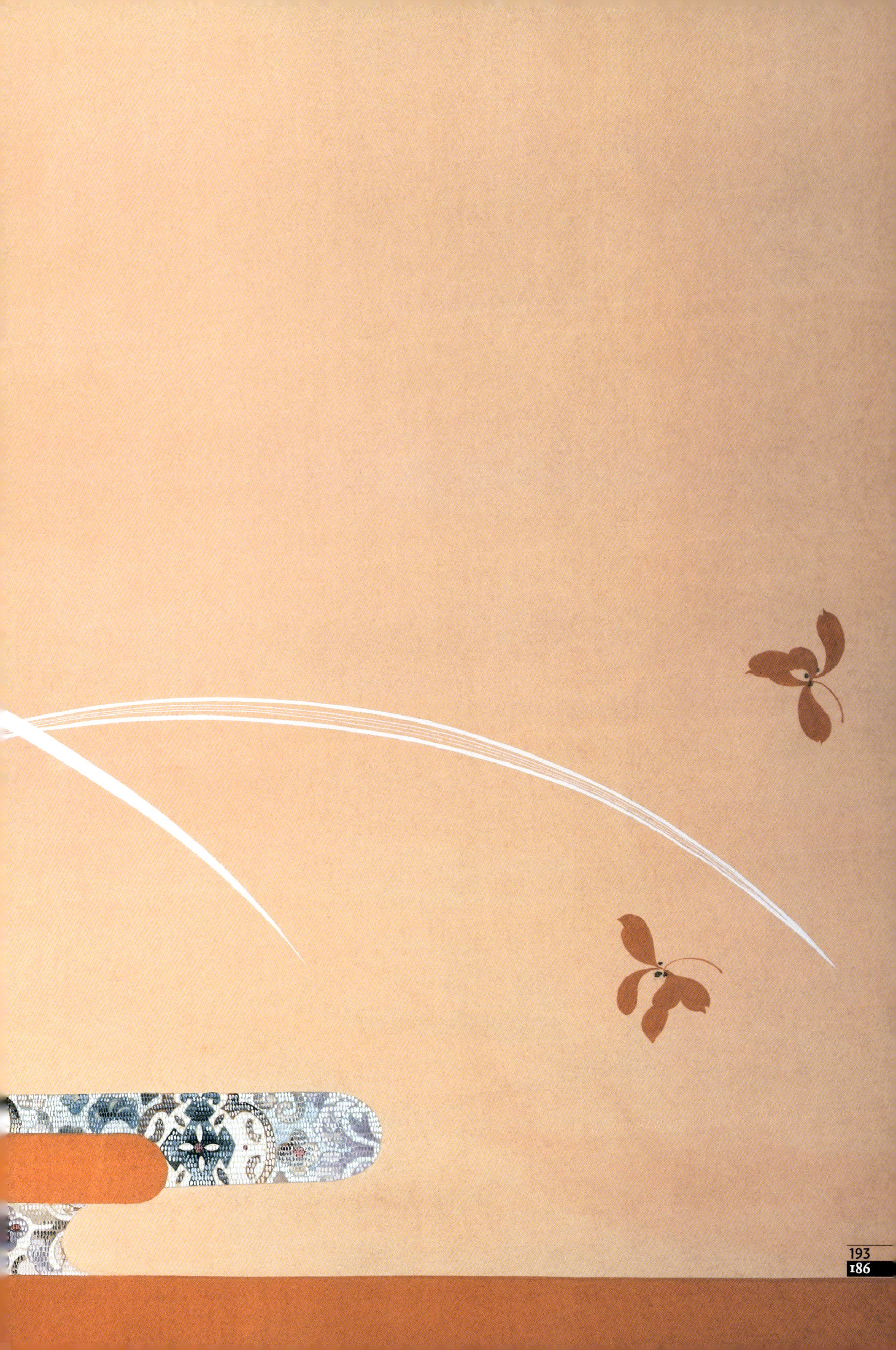

194
187

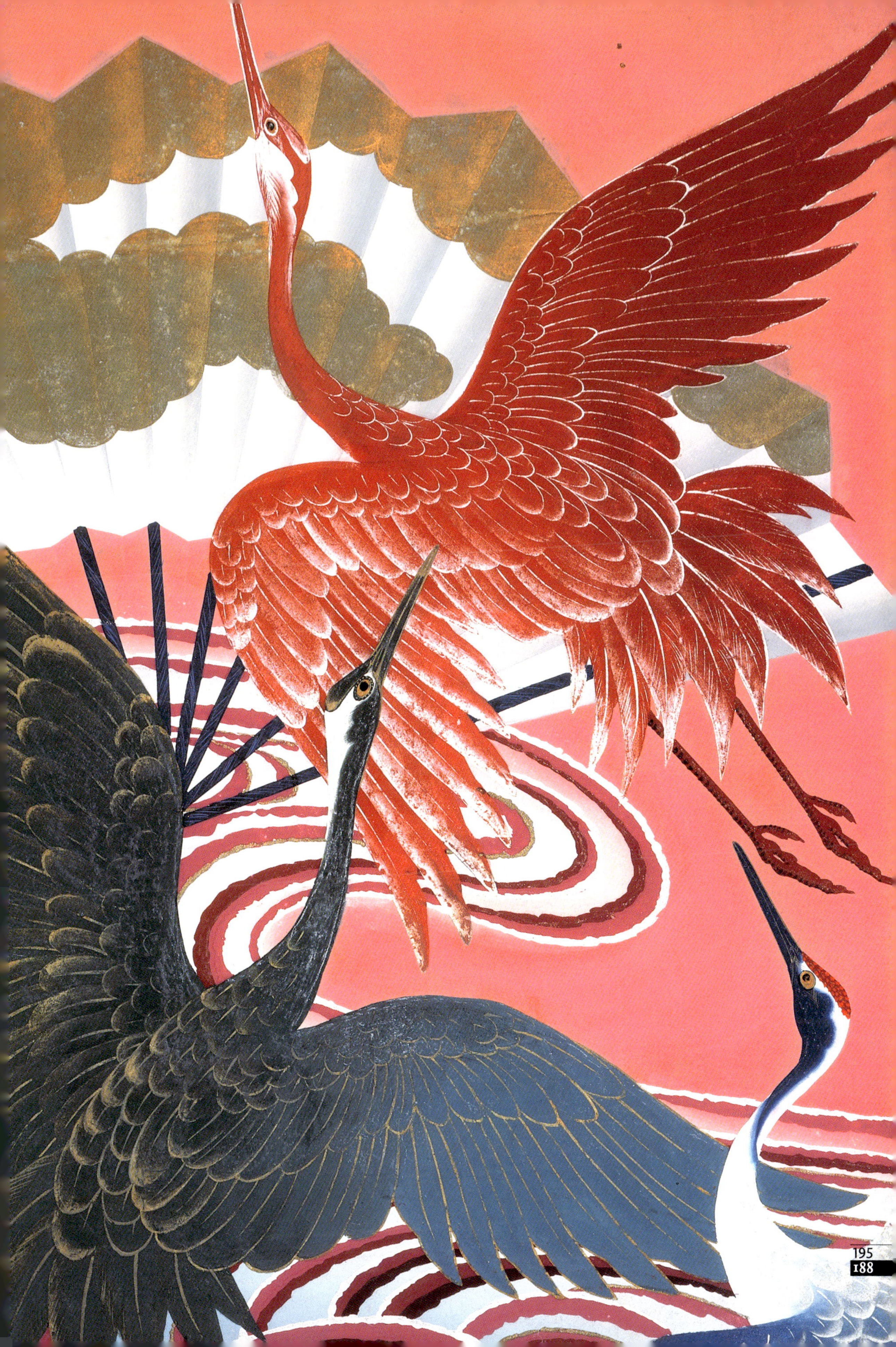

折ツル

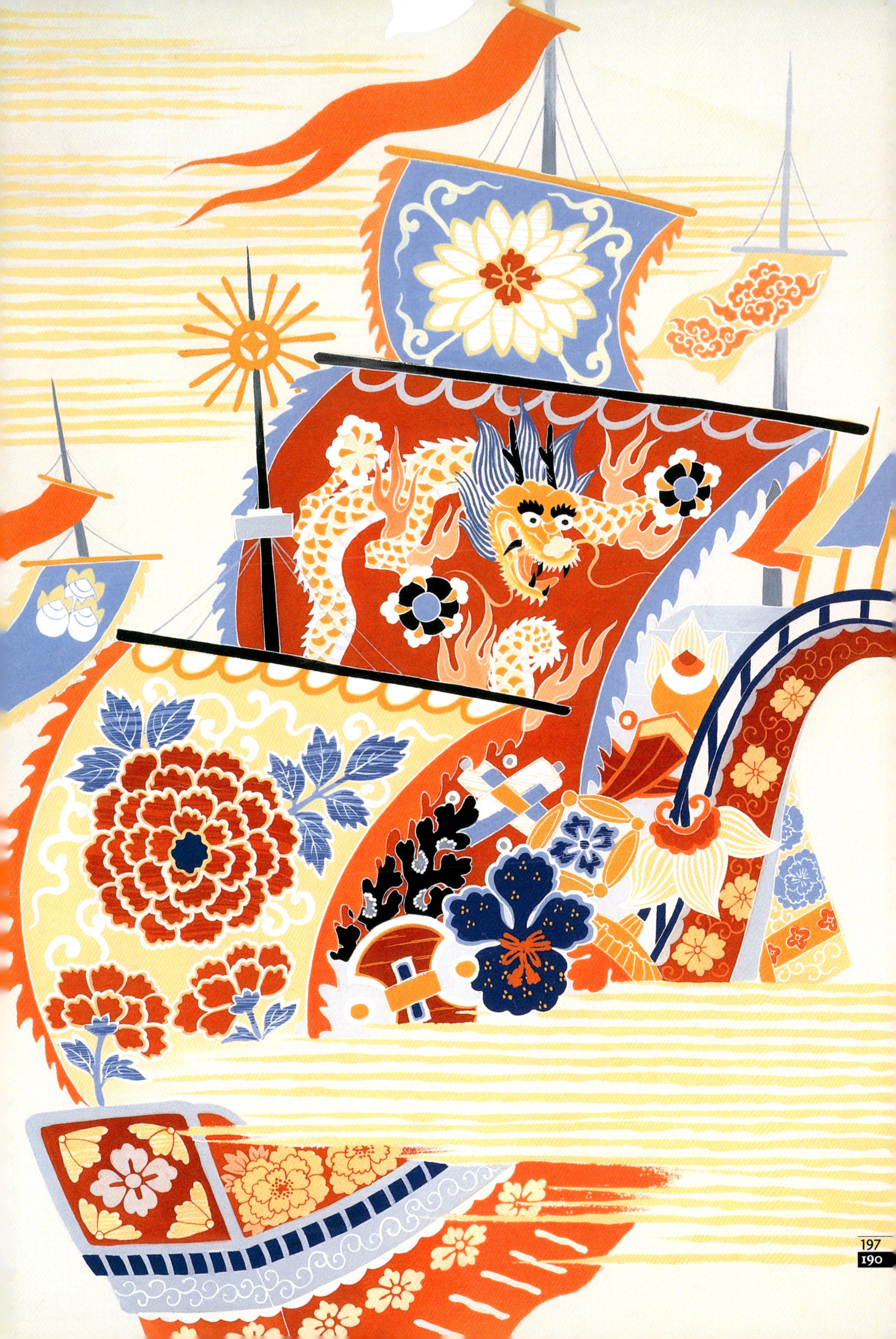

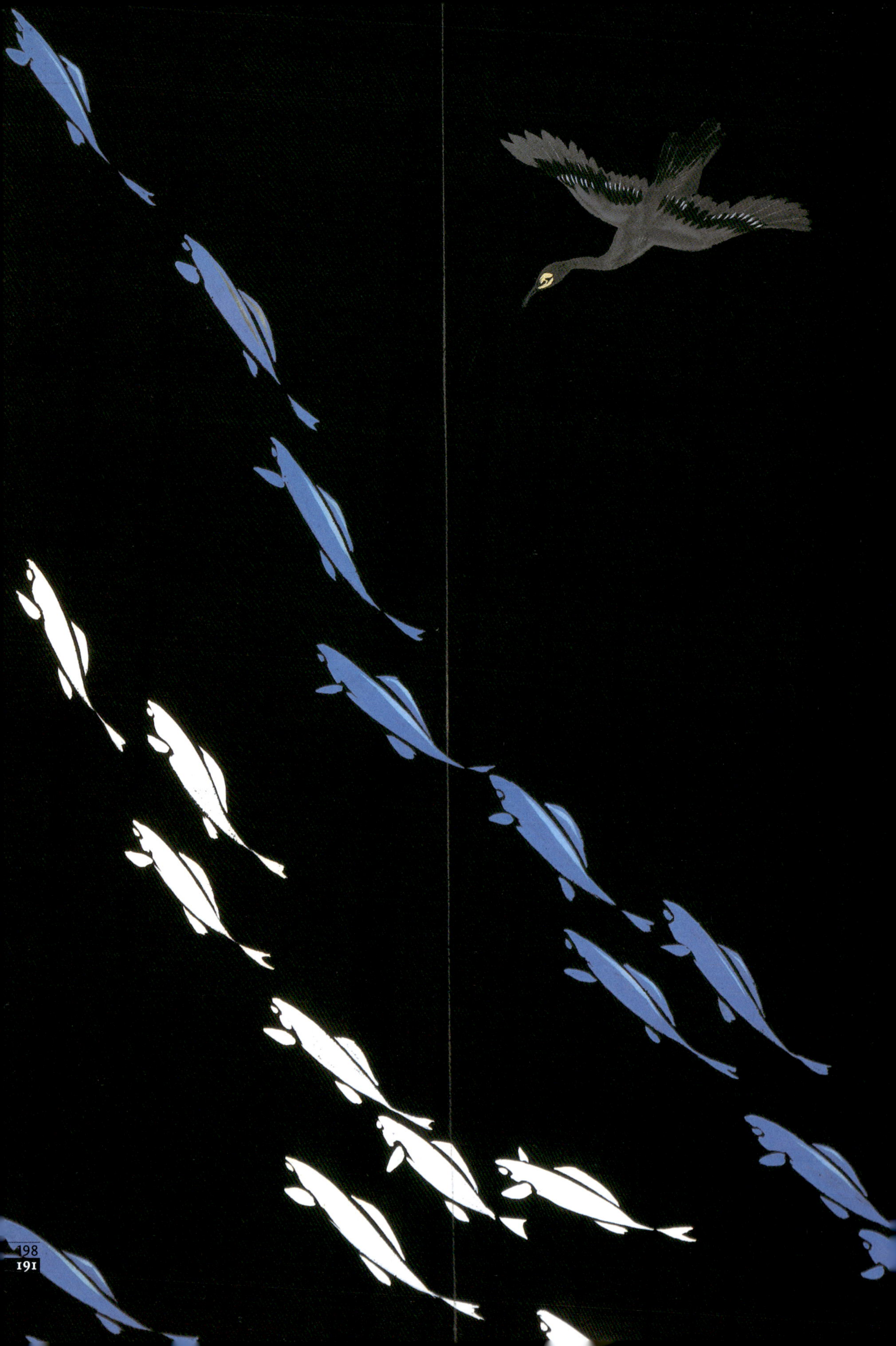

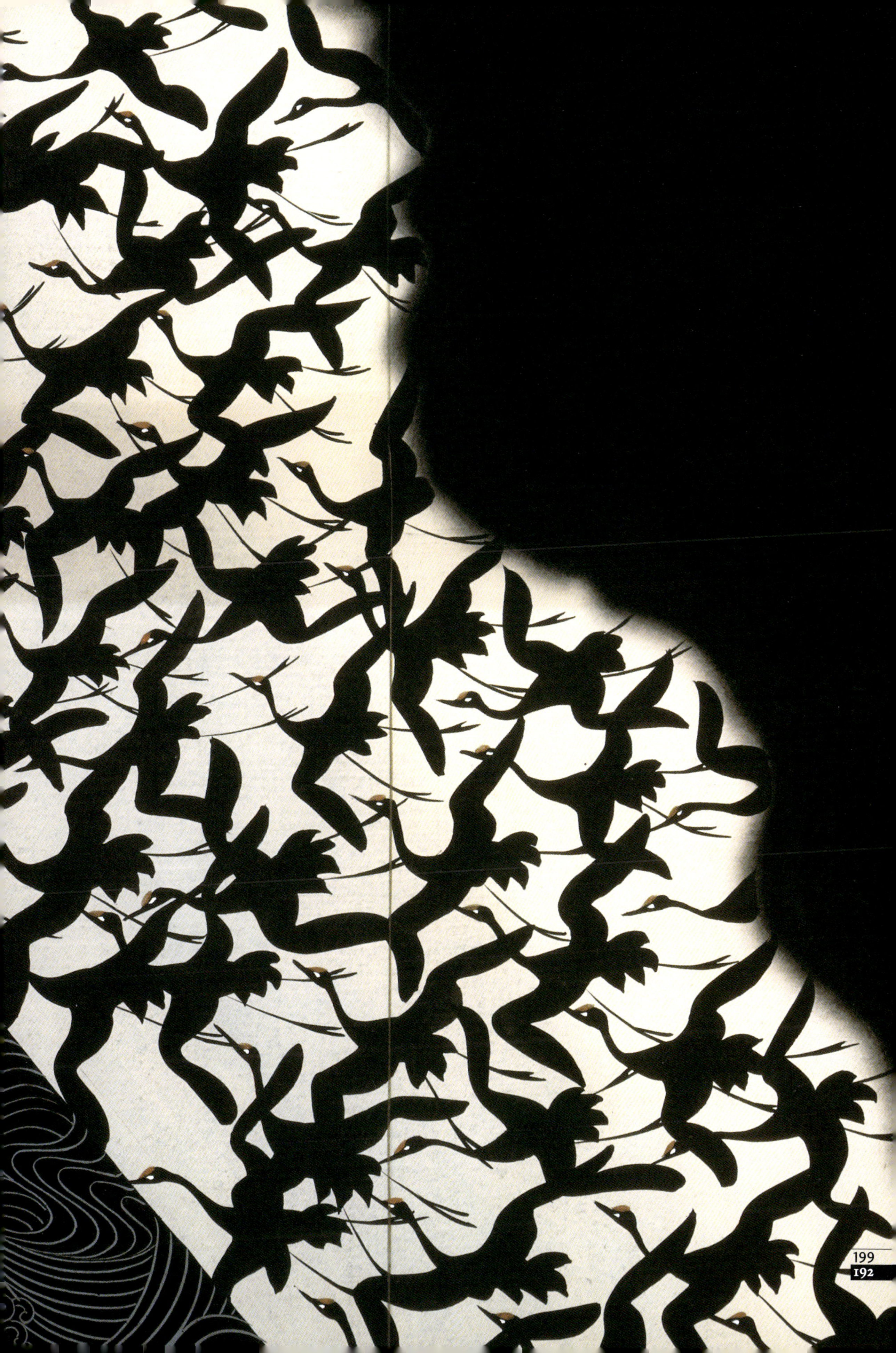

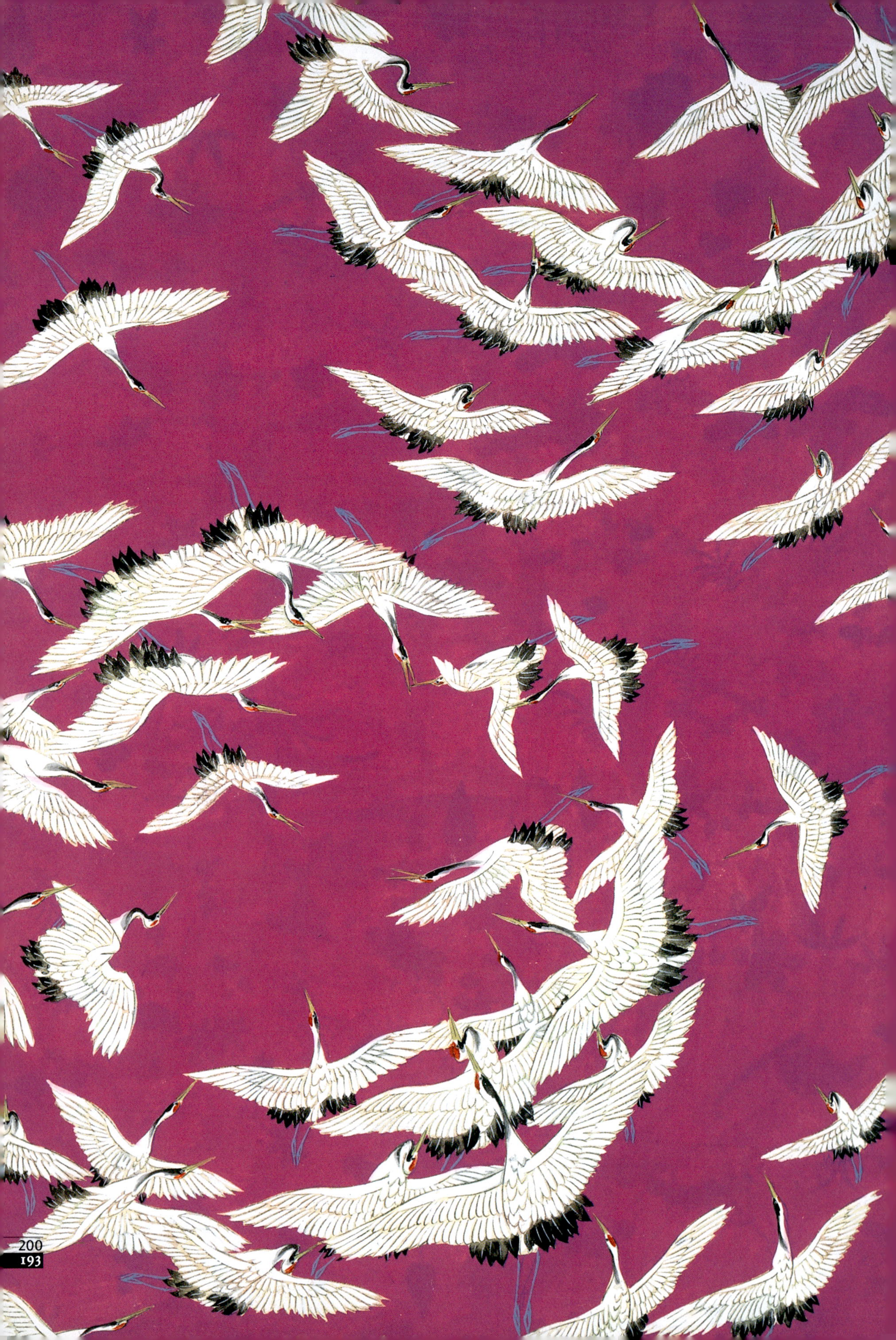

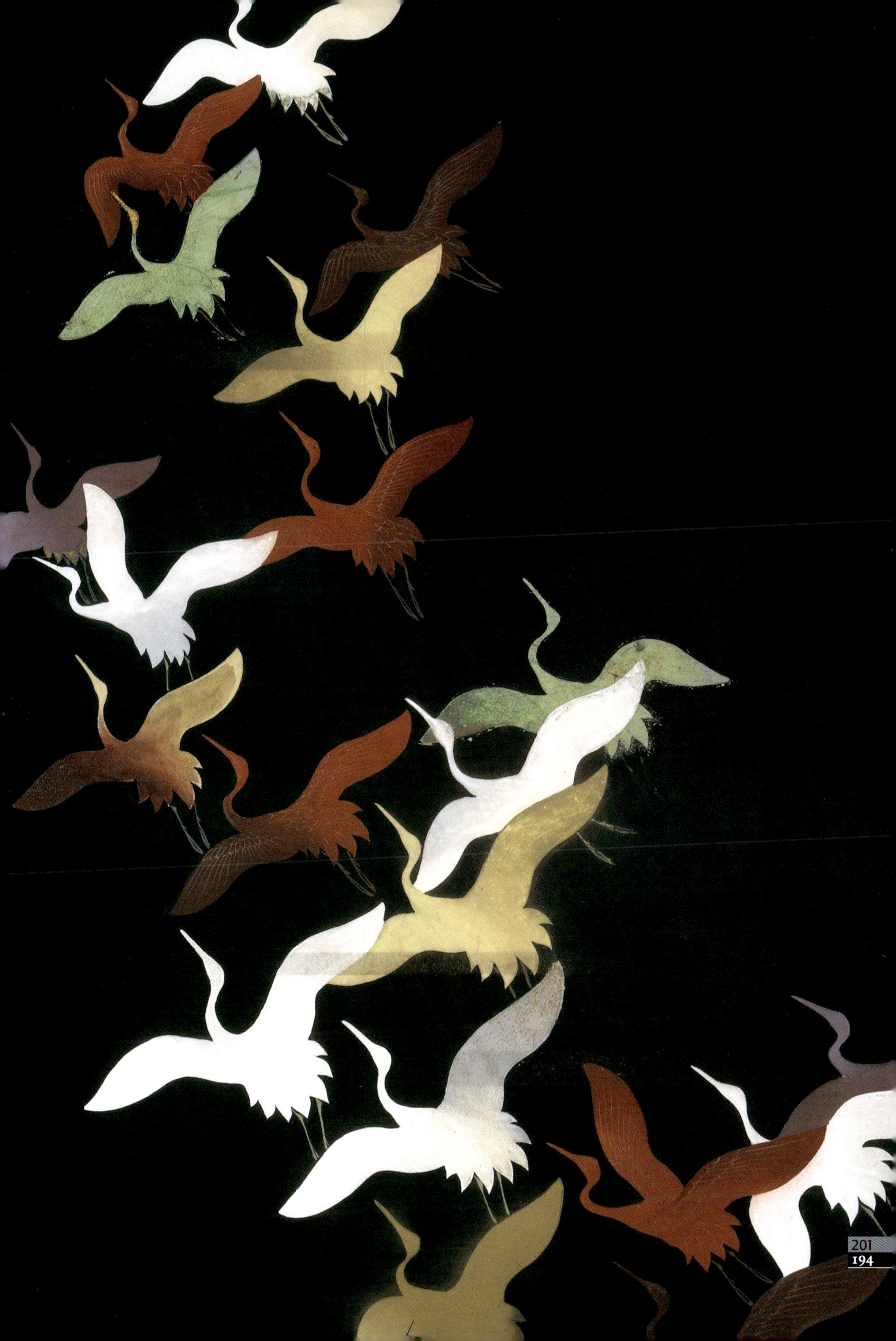

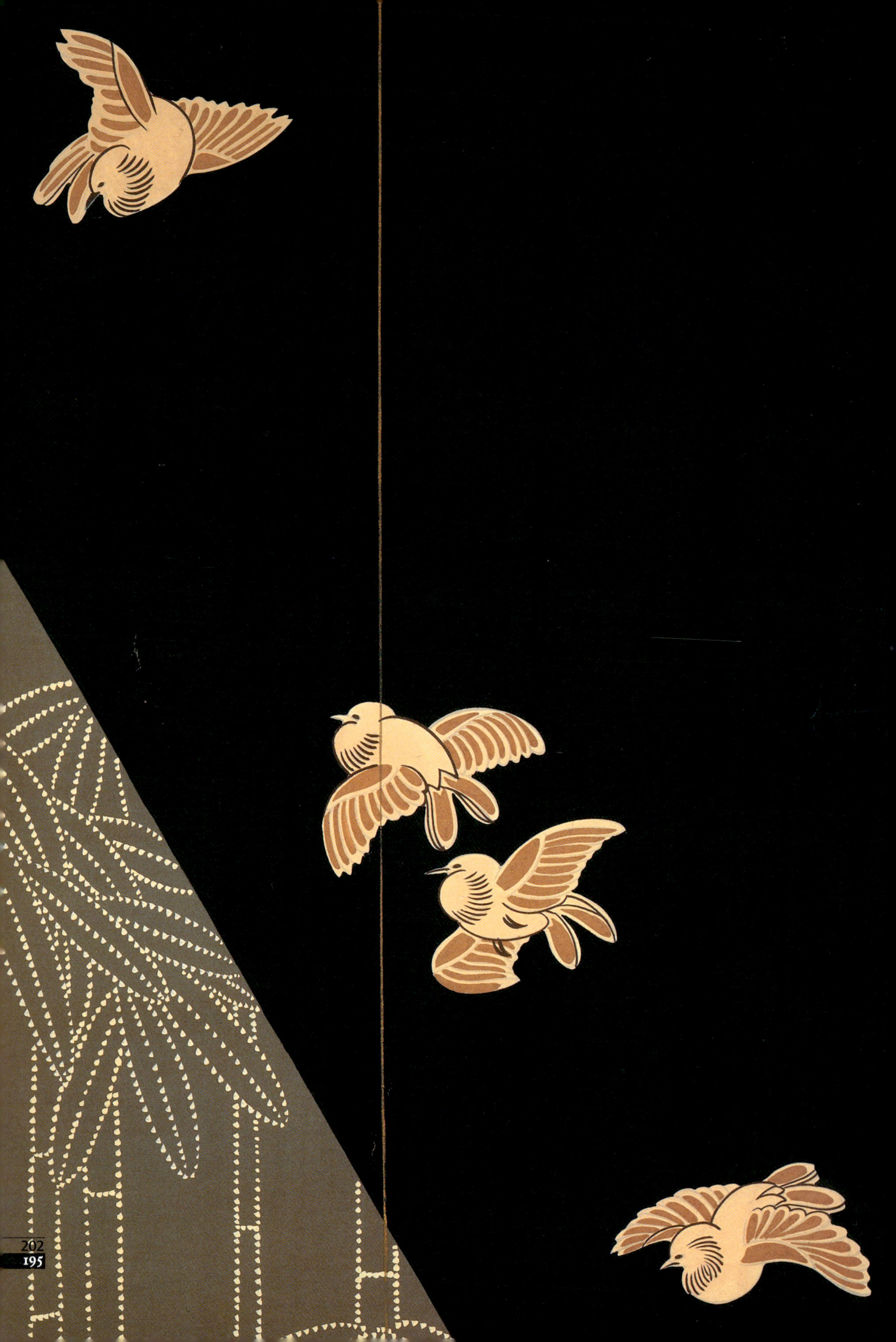

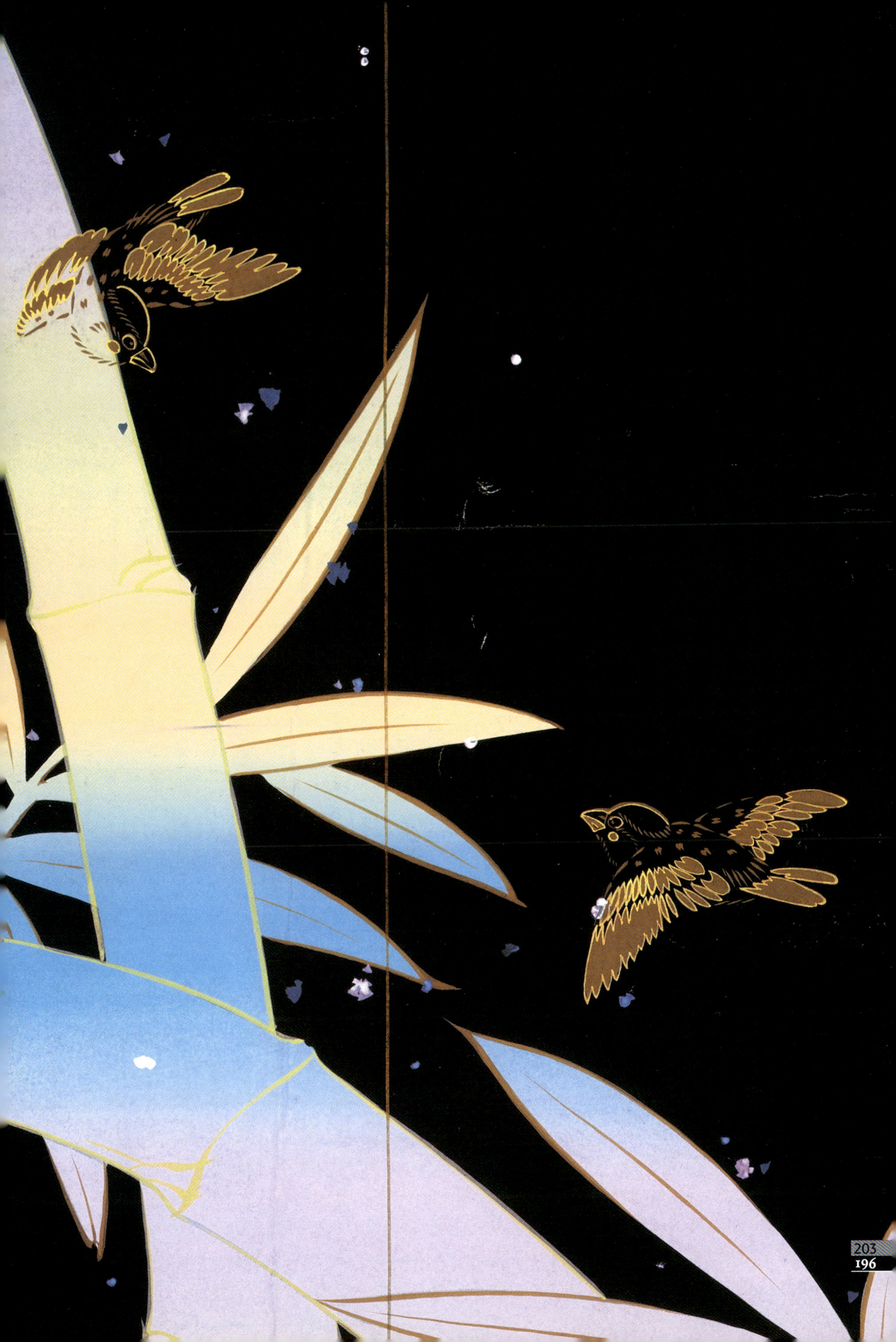

204
197

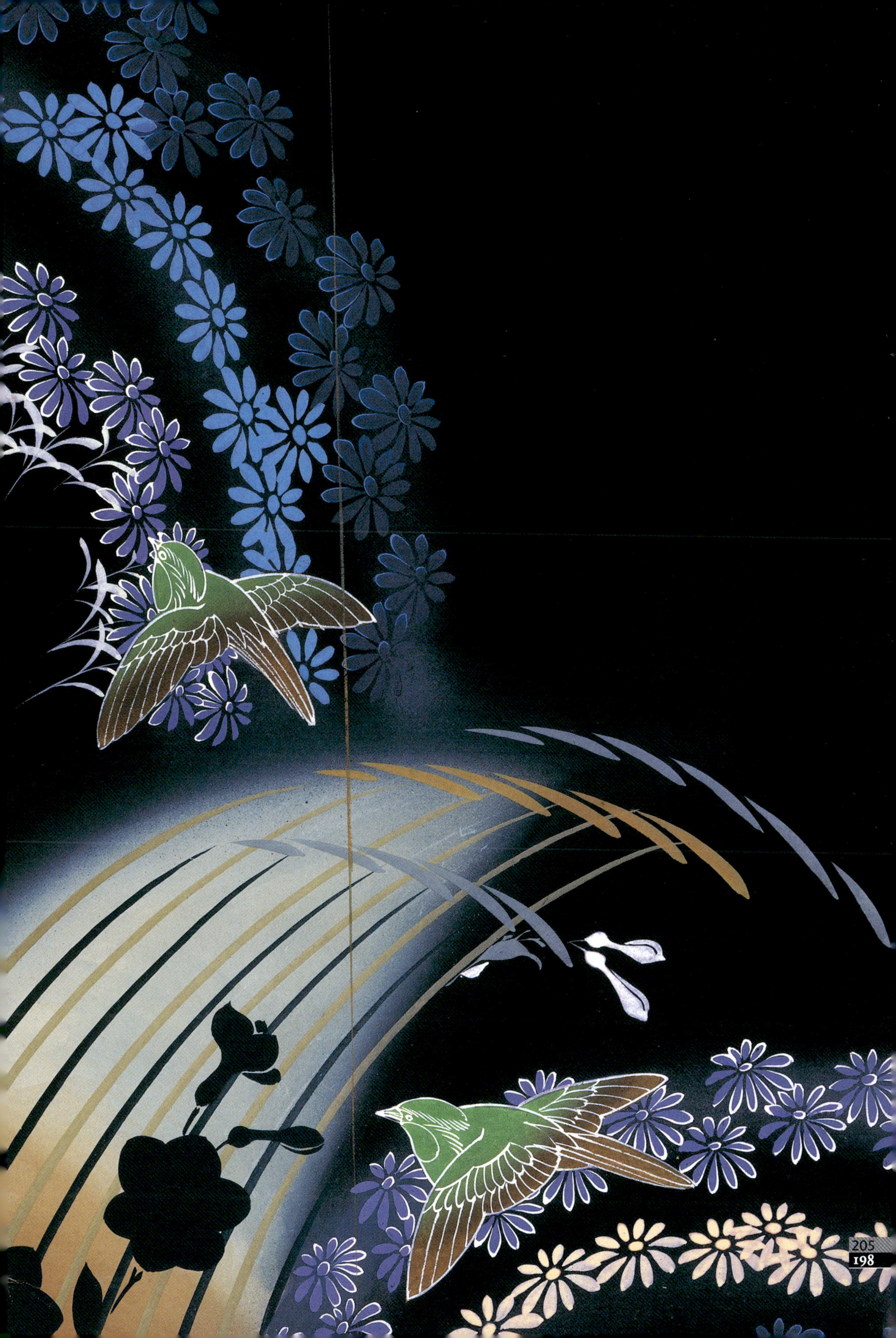

染人

山岡 古都

　独自の創造力により次々と話題作を発表し、多くのファンを魅了し続けた染色作家。多くの文化人や知識人との交流、テレビ番組の時代衣装の制作、文化活動の推進などあげればきりがないほど多岐にわたって活躍した人物だ。

　染色を始めたのは昭和26年、15歳の時であった。当初から美しい色を奏でる古代の染めに興味を持った山岡氏は、天然の草木による染色方法の研究に明け暮れる日々を送った。その結果、草木、草根、実皮、花粉、昆虫、貝などといった天然素材によって染めた作品を次々と発表し、若くして草木染の第一人者となる。

　やがて京都の染色作家を代表する、巨匠としての地位を確立していく。そんな山岡氏にとって、昭和48年大きな転機が訪れた。当時、大阪学芸大学教授で日本染織文化協会会長であった上村六郎氏から、沖縄の古紅型を救うために、沖縄に行って欲しいと頼まれたのである。戦後、沖縄の紅型は色が落ちるという評判が広がり、滅びゆく運命を辿りつつあったのだ。そこで自身の草木染の技法を伝えるために、那覇市に染色の研究所として「首里琉染」を設立する。暖かく水がきれいな沖縄は、染色の創作環境に適しており、山岡氏の作品がより発展していくきっかけとなった。

　その後、昭和50年には石垣島に「八重山琉染」を開設。本書に掲載した絵模様は、すべてこちらに所蔵されている着物の下絵である。これらは山岡氏が、近江のある田舎町の倉に、きちんと揃えて丁寧に保存されているのを見つけて入手したものだ。戦時中、京都にも爆撃の恐れがあることを危惧した誰かがこの地に保存したのであろう。山岡氏は後に、入手したときのことを次のように語っている。

　「私はそれを見た時、何百人の絵師達に一度に出逢う感動を味わった。それは、この図案が明治から昭和の初期に京都で描かれた、図案家と呼ばれる以前の下絵師、絵描きの手による図模様であったからである。この時代の図案は、花一つをとってみても何度も写生が丹念にくり返され、現代人の知り得ない努力の積み重ねと必死な使命のようなものを見るようであった。」

　こうした着物の下絵は、図案として使用された後、通常は外部へ流出しないように処分されてしまったので、資料として残らないものであった。

株式会社 古都

山岡古都氏のブランド商品「古都染人」「薬墨」「SOMEDONO」等が制作されている工房。膨大な蔵書や研究資料も保管している。

住所：〒615-0881 京都市右京区西京極北大入町32
電話：075-312-6286　ＨＰ：http://www.koto.cc/

八重山琉染

世界有数のサンゴの群落地・石垣島白保にある染工房。サンゴの形そのままを東洋古来の拓本技法で染め上げた、サンゴ染の作品などが制作されている。

住所：〒907-0242 沖縄県石垣市白保145

びんがた工房 首里琉染

かつて綾門大道(あいじょうふみち)と呼ばれ、首里城へ向かう人々を迎え入れた中山門(ちゅうざんもん)跡に建つ合掌造りの建物。1～2階では、紅型の反物やグッズの販売と伝統的な古美術を展示。3階は、職人たちが働く紅型工房となっている。

住所：〒903-0825 沖縄県那覇市首里山川町1-54
電話：098-886-1131　営業時間：9:00～18:00
定休日：年中無休　ＨＰ：http://www.shuri-ryusen.com/

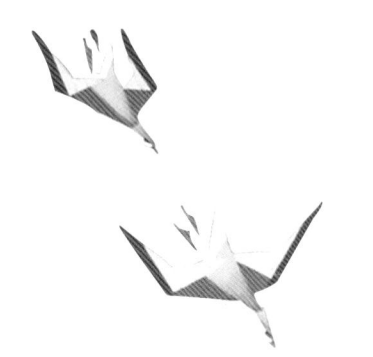

京きものデザイン下絵集 ① モダンアート
The sketches of the Kyoto Kimono Vol.1: MODERN ART

八重山琉染 蔵
Property of the Yaeyamaryusen

2007年7月25日　初版第1刷発行

編　者　山岡古都
発行者　今東成人
発行所　東方出版株式会社
　　　　〒543-0052　大阪市天王寺区大道1-8-15
　　　　TEL.06-6779-9571　FAX.06-6779-9573

撮　影　寺島郁雄・柴田明蘭
編　集　福田綾美（ライムワークス）
デザイン　田積司朗・竹内幸生（パルアート株式会社）
印　刷　泰和印刷株式会社

ⓒ 2007 Printed in Japan
乱丁・落丁本はお取り換えします。
ISBN978-4-86249-069-8